# ARTETERAPIA Y RESILIENCIA

## TÉCNICAS Y TALLERES PARA TODAS LAS EDADES

María Cecilia López

EDITORIAL MAIPUE

**Arteterapia y resiliencia. Técnicas y talleres para todas las edades**
María Cecilia López

1ª edición, mayo de 2021
4ª reimpresión, febrero de 2026

ISBN: 978-987-8461-00-7

Arte de tapa: María Eggers Lan, "Concepciones", acril. s/tela y tec. mixta, 2017
Diagramación: Mariana Cravenna
Corrección: Silvina Crosetti

López, María Cecilia
Arteterapia y resiliencia : técnicas y talleres para todas las edades / María Cecilia López.- 1a ed. - Ituzaingó : Maipue, 2021.
320 p. ; 22 x 15 cm. - (El hombre es tierra que anda. Artes plásticas)

ISBN 978-987-8461-00-7

1. Psicología. I. Título.
CDD 150.28


Tel.: 54 (011) 4624-9370 / 4458-0259
Zufriategui 1153 (1714) – Ituzaingó
Pcia. de Buenos Aires – República Argentina
Contacto: promocion@maipue.com.ar / ventas@maipue.com.ar
www.maipue.com.ar

Queda hecho el depósito que establece la Ley 11.723.

Libro de edición argentina.



Se terminó de imprimir en febrero de 2026 en Talleres Gráficos Elías Porter. Plaza 1202 - CABA

# Índice

*La creatividad requiere el coraje*
*para soltar certezas.*

Erich Fromm

# Palabras iniciales

Cuanto más aterrador se torna lo razonable y coherente; cuando ya no alcanzan las palabras para decir lo indescriptible; cuando la locura nos rodea; cuando ya nada inspira; cuando todos los horizontes han desaparecido; cuando la única verdad se hace mentira; cuando todo lo conocido es ficción; cuando los espejos caen y ya nada se extraña; cuando la oscuridad es la única posibilidad; cuando cualquier concepto se transforma en basura; cuando el dolor nos cuela el alma; cuando ya ni sabemos quiénes somos, cuando lo bello y lo feo y la vida y la muerte dan lo mismo; cuando la única posibilidad es desaparecer, aparece el arte. El arte es magia, el poder más grande de la existencia; un espejo de posibilidades, purga de mentiras, abismo; un llamado a no rendirnos. Idioma universal, ADN de la existencia, eso es el arte. Cuando aparece inquieta y cuando huye se extraña. El arte sana porque va más allá de las contradicciones; es un grito que vomita sentido. El arte supura heridas, es brisa para la vida, un maestro que invoca a nuestra esencia, un susurro del Más Allá. El arte devuelve esperanza, puja por continuar, perder el miedo, rebelarse, decir el horror sin llorar. El arte es guerra; sus espadas: el sonido del color, la poesía de la danza, el aroma de la melodía. Ante el arte, todo golpe, todo insulto, humillación, burla, desprecio, se hacen nada. Hay una humanidad que agoniza, que nunca ha conocido la paz, que no sabe del verde ni del rosa ni del amar porque nunca se ha animado a pintar desde otra perspectiva. Cuando Rodin se quedaba ciego su *Pensador* lo llamó a la reflexión; cuando Beethoven se quedó sordo hizo oír al universo entero la *Quinta Sinfonía;* cuando Van Gogh moría en la pobreza sus cielos estrellados lo hicieron sentir rico; cuando Dalí deliraba, sus relojes derretidos le enseñaron que no solo el tiempo es relativo. El arte llega a nuestra vida y nos trasciende, otorga sentido al sinsentido, se ríe del drama, llora, agradece, hunde sus entrañas en las sombras más hondas de la existencia, nos demuestra que crecer es nuestro único destino y a medida que lo andamos el pasado se desvanece en infinitas posibilidades. El arte desafía las tumbas. Hay tantos que aún subestiman el poder de una obra de arte, ¡no tienen ni idea de cómo leer sus mensajes! Ojalá todo el mundo se animara a ser un artista. No hace falta tener una gran cultura ni tiempo para hacer arte: siendo hijo de peones, a los 22 años, desde su metro y medio de altura, Miguel Ángel se animó a tallar el *David*, y un pedazo de mármol le demostró que héroe es quien enfrenta su destino a pesar de sus dudas y temores. Con su "Verde que te quiero verde...", García Lorca pudo darse cuenta de que la música de la poesía rompía el significado de la mera palabra. Nadie te puede asesinar cuando una poesía te vuela la cabeza. Ninguna persona que esté escuchando *Imagina* puede ser agresiva. Todo quien haya visto la película *La vida es bella* entiende que la fantasía resulta clave a la hora de rescatar a un niño del peor de los infiernos porque solo la fantasía es capaz de construir futuro. Estamos transitando por una época histórica traumática, dos de los peores tabúes de la humanidad están cayendo a pedazos: el incesto y el patriarcado. Esta situación está cambiando los conceptos de familia, justicia, verdad y memoria. Ya nadie parece caminar por bases sólidas, nadie tiene el futuro asegurado. Vaya a saber por qué la incertidumbre genera tanta impotencia y cada vez son más los que se refugian detrás de la violencia para demostrarse que no han perdido el control. Matar mujeres, vengarse en sus propios hijos, parece haberse convertido en el método predilecto de muchos hombres para evadir sus propios demonios. Más y más inmigrantes refugiados y tsunamis por todos lados; y en medio de este caos social, son las víctimas quienes terminan rogando por ayuda cuando se las acusa sin piedad de mentir o, peor aún, de tener una memoria falsa: "¿Sabe qué? Todo lo que recuerda nunca le sucedió. Se le va a brindar un espacio para que aprenda a revincularse con su violador". Miles de delitos por agresiones sexuales caen a diario en la grieta de la impunidad y la gente termina sola, resolviendo sus problemas con fármacos, alcohol, suicidios o drogas. El perdón exprés no es perdón, es pura parodia; solo cuando nos conectamos profundamente con nuestro odio es que logramos tomar la suficiente distancia como para querer saber de qué se trata el amor. Los efectos del siglo que pasó aún nos persiguen; y mientras tratamos de esquivar el eco de tanto dogma heredado, nos confundimos hasta el punto de llegar a creer que traición es ser fiel a uno mismo. Urgen planes de acción social que inviertan en construir una sociedad creativa, entusiasmada por superar la línea de pobreza espiritual. ¿Y si nos damos una oportunidad? Los milagros suceden cuando nos repensamos; ahí es donde damos el salto. El cielo aparece cuando mirando a otro descubrimos para qué hemos nacido. El arte es sendero; nosotros, misterio. A veces, es pateando el tablero que la vida comienza a mostrar su juego. ¡Si todos los habitantes de este planeta abriésemos la puerta para salir a jugar, seríamos testigos de una Era de paz! La revolución se asoma cada vez que nos rebelamos frente al culto que hemos hecho del sufrimiento, cuando nos animamos a sonreír a pesar de todo. Brutalidad y abandono constituyen el telón de fondo de la mayoría; sin embargo, el talento no deja de brotar por todos lados. La vida rebalsa posibilidades cuando no olvidamos que las utopías son mapas. Surfeando por la web, sumergidos en una epidemia de cuerpos e ideales cosificados, intentando estar a la moda sin dejar de ser libres, el arte otorga subjetividad, nos rescata; por eso, el arte se ha vuelto imprescindible y no importa si es lindo u horrible, basta con que nos sacuda la neutralidad en la que solemos movemos. Si se educa en el escepticismo, hagamos pues que nuestras escuelas resuciten el arte; nuestra infancia se lo merece, nosotros nos lo merecemos. El arte siempre invita a volar: al mirar aquello que hemos creado, comprendemos que, en el fondo, jamás nos han silenciado. Escuchemos nuestro arte, abramos la puerta para salir a sanar, aunque las bestias sigan intentando hacernos llorar. El arte es terapia porque transforma en parábola cada una de nuestras lágrimas. Para derretir el acero solo hace falta el aroma de una flor, y pintarla. Hemos sobrevivido, bailemos; corramos nuestros propios cerrojos y abramos la puerta para parir pronto este siglo nuevo.

Licenciada María Cecilia López

# Prólogo

Durante más de veinte años, estudié artes plásticas, participé en talleres de dibujo y pintura, realicé exposiciones y estudié con grandes maestros internacionales de la escultura a la vez que, en paralelo, iba formándome y trabajando como psicóloga. No fue casualidad que, con el tiempo, haya ido mezclando ambos saberes dentro de mi profesión. Tampoco, fue casualidad que los pacientes que comenzaron a llegar a mi consulta no tuvieran palabras para expresar sus traumas y la mayoría de ellos tuvieran almas de artistas. Naturalmente, el arte se fue haciendo mi gran aliado, un puente para abordar las causas que todos daban por perdidas.

Apenas me recibí como psicóloga los dos primeros trabajos que tuve fueron las trincheras del Hospital Rivadavia –en la época en que todavía los pacientes morían por una peste llamada "rosa" pero que, en realidad, era sida– y en un hogar de acogida de niñas "de la calle", las cuales en su mayoría habían sido abandonadas, violadas y obligadas a prostituirse. Tiempo después, personas de todas las edades, víctimas de enfermedades graves, violencias y abusos sexuales comenzaron a llegar a mi consulta, como si intuyeran que, finalmente, alguien iba a saber entenderlas en su silencio. La paradoja fue que, luego de escuchar lo que me decían a través de sus guitarras, dibujos, modelados..., eran ellas mismas quienes me terminaban contando sus más horrorosos traumas. Hoy en día aún tengo contacto con algunos de aquellos de mis primeros pacientes y me emociono de saber que, a pesar de que en un principio tuvieron las más atroces dificultades para hablar, hoy se han convertido en periodistas o están estudiando comunicación, psicología, abogacía, ciencias políticas en la universidad. Hay días que las madres traen a sus hijos llorando, y luego de su sesión, al verlos salir tan felices, me preguntan cómo es que logré cambiarles el ánimo; pero, cuando ellos mismos les muestran sus obras de arte, recién ahí, son capaces de entender.

Como nunca antes en la historia, estamos sumergidos en una época de crisis, en donde los paradigmas que siempre guiaron nuestra vida están cayendo. Creencias basadas en el patriarcado, en el incesto como algo naturalizado o en sistemas sanitarios, laborales y judiciales arcaicos se derrumban frente a nuestros ojos. Necesitamos aprender nuevas estructuras de comportamiento para readaptarnos y sobrevivir a tantos cambios que provocan gran incertidumbre, y una profunda inestabilidad mental y emocional cada vez más generalizada, que termina siendo caldo de cultivo de los actos más atroces. La enorme demanda de soluciones por parte de los profesionales que trabajan en aquellos ámbitos en donde existen víctimas de catástrofes, pandemias y violencias (especialmente, aquellos que trabajan en instituciones hospitalarias, educativas y de salud mental) hace cada vez más necesario abrir espacios de reflexión, intercambio y trabajo con relación a las problemáticas surgidas en torno a este tipo de situaciones.

Entendemos que, por tal motivo, urge el planteo de programas, proyectos y planes de acción social cuya misión sea la de propiciar espacios que promuevan la creatividad, herramienta fundamental a la hora de generar cambios profundos y duraderos en los comportamientos y en el modo de conceptualizar este tipo de problemáticas en nuestra sociedad. En este aspecto, el arte es una puerta de acceso directo al autoconocimiento de facetas inexploradas de las personas; y por esta razón, se constituye en un instrumento indispensable para el abordaje, la intervención y la prevención sobre tantos conflictos vinculados no solo a las violencias (de género, sexual, física, psicológica, emocional, escolar…); sino también, a la devastación psíquica consecuencia de las guerras, catástrofes naturales y pandemias. Porque ningún tipo de violencia es gratuita, todas dejan huellas imborrables en el inconsciente colectivo de una sociedad, con severas consecuencias en la propia vida que van desde el alcoholismo y la drogadicción en nuestros jóvenes, hasta su incidencia directa en dificultades de aprendizaje, en trastornos de conducta o en patologías psicológicas y psiquiátricas como, por ejemplo, las depresiones y suicidios.

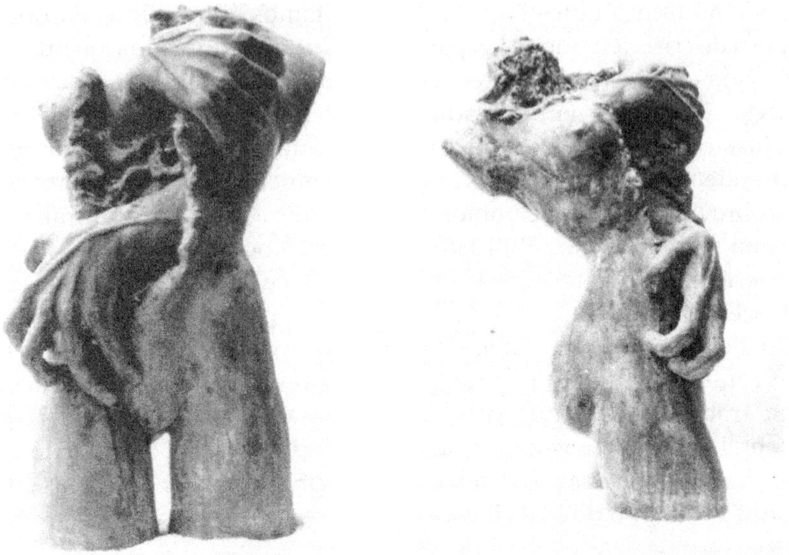

"Patriarcado", escultura en bronce de María Cecilia López

En la actualidad, existe una interminable y constante demanda de pacientes, alumnos y ciudadanos víctimas, aquejados por severos traumas relacionados por este tipo de problemáticas que exigen ayuda urgente. ¿Qué respuestas darles? ¿Cómo ayudarlos para que no recaigan en patrones de conducta agresivos contra los demás ni contra sí mismos? En estos casos los consejos no suelen servir de mucho; la función que los profesionales debemos adoptar, en cambio, será la de guía en la toma de consciencia y en la apertura a nuevas posibilidades del ser.

La idea de este libro surgió a partir de espacios de supervisión en distintos ámbitos –privados y públicos– con psicólogos, asistentes sociales, psicopedagogos, docentes, directivos y asesores municipales, quienes, año a año, suelen plantear su inquietud respecto de consejos prácticos de los cuales poder valerse a la hora de trabajar no solo para encontrar soluciones efectivas sino, también, para elaborar planes de prevención. La intención que hoy nos convoca es transmitir una selección de todas aquellas técnicas aportadas por los más diversos autores –pioneros todos en los ámbitos de la psicología, la creatividad y el arte–, que en mi propio trabajo como psicóloga me han sabido brindar excelentes resultados.

Algunos psicólogos son expertos en buscar los porqués, las causas de los sufrimientos; sin embargo, en algunas oportunidades carecen de herramientas para trabajar con niñas, niños, adolescentes o adultos que se hallan sumidos en el silencio y en el miedo, bloqueados para pedir ayuda debido a un estrés postraumático descomunal. Para ellos y para todos los que se preguntan "qué puedo hacer, cómo intervenir para ayudar a luchar contra viejos mecanismos que incitan a una revictimización y no seguir repitiendo historias dolorosas", está dedicado este libro.

En este mundo en el que todos somos sobrevivientes de uno u otro tipo de catástrofes, pandemias o violencias, las siguientes páginas serán una invitación a viajar juntos a aquella zona de nuestro ser donde habitan las tinieblas más oscuras; no para seguir sufriendo, sino, para exorcizar heridas evitando cuestionamientos y explicaciones vanas, rescatando la magia del arte y de todas las sonrisas que dábamos por perdidas, festejando, creando, recreándonos.

Licenciada María Cecilia López

# Introducción

El objetivo de este libro sobre arteterapia está específicamente orientado a brindar herramientas, recursos y técnicas creativas que podrán servirnos como disparadores a la hora de trabajar en la prevención y el tratamiento de las distintas problemáticas vinculadas a diferentes tipos de violencias y a las consecuencias psicológicas y emocionales derivadas de aquellos traumas vinculados a pandemias y otras catástrofes sanitarias y sus consecuencias: la incertidumbre, el miedo a la muerte, la sensación de claustrofobia, depresión, desolación, desesperanza…

Edward de Bono[1] sostiene que una de las principales funciones de las técnicas creativas es motivar a las personas para que sean más abiertas al cambio, brindando herramientas que ayuden a modificar los comportamientos que habitualmente suelen traer conflictos. A partir de este concepto, sustentaremos nuestro trabajo sobre creaciones realizadas a partir de dibujos, pinturas, esculturas, narraciones, dramatizaciones, etc. El objetivo será analizar nuestro yo social; nuestro modo de percibir, de percibirnos y de sentir; nuestros deseos y necesidades; apegos, roles, habilidades y demás funciones yoicas (como nuestros mecanismos de defensa) desde una perspectiva divertida, lúdica y entusiasta, en lugar de la habitual manera formal y solemne de abordarlas.

Cuando creamos, nos creamos. Descubrimos aspectos de nuestra personalidad que nunca antes hubiésemos pensado tener, y eso nos permite encontrar respuestas y dar un sentido al sinsentido. En este aspecto, los talleres basados en técnicas creativas como la escritura, la pintura, la escultura, la danza, la música, la fotografía, entre otras artes, se transformarán en maravillosas herramientas de empoderamiento y resiliencia al servicio de psicólogos, psicopedagogos, maestros, docentes y, por supuesto, de arteterapeutas y otros profesionales que trabajen en consultas privadas, hospitales, escuelas y centros comunitarios.

---

[1] De Bono, E. *El pensamiento creativo: el poder del pensamiento lateral para la creación de nuevas ideas*, Paidós, 2019.

Existen infinidad de técnicas creativas que nos pueden ayudar a los terapeutas en nuestra labor. La idea de este libro es compartirles algunas de las que me fueron de mayor utilidad en mi experiencia. Mi intención es tratar de evitar que se transforme en un testimonio de estadísticas de exitosos cursos de arteterapia o en una interminable descripción de las características y uso de materiales que en la actualidad cualquiera de nosotros puede encontrar en internet. Por el contrario, como ya expresé anteriormente, el objetivo que me he propuesto es compartir ideas prácticas para que cada uno de los lectores pueda animarse a diseñar sus propios talleres de arteterapia en cualquiera de los ámbitos en los que trabajen. Por tal motivo, se dividirá en dos: una parte teórica y otra práctica.

En la primera parte teórica, abordaremos temas tan diversos como la historia y los objetivos del arteterapia; la función del arteterapeuta; las teorías de la creatividad; los mitos que existen acerca de la valoración artística; conceptos relacionados con la salud; mecanismos de proyección, sublimación, transferencia, contratransferencia, resiliencia; y nos introduciremos además en el universo de los símbolos, los arquetipos. También, abordaremos las distintas clases de violencias, incluida la violencia sexual y el incesto, analizando conceptos en relación con el trauma, el dolor y el olvido, y de qué manera el arteterapia se constituye como una herramienta ideal para su abordaje desde distintos lugares tales como la psicoterapia individual y grupal, los grupos de autoayuda, las escuelas y los centros municipales, por ejemplo.

En la segunda parte, en cambio, aprenderemos a usar el arte como una herramienta terapéutica. Aquí, compartiremos ideas para la elaboración de unos 250 talleres con la descripción de ejercicios y técnicas, muchas de ellas, utilizadas por los arteterapeutas y los psicólogos más renombrados de la psicología gestáltica, el psicodrama, la fototerapia, la danzaterapia, la escrituroterapia y muchas otras artes como el dibujo, la pintura y la escultura.

Vale destacar que todas las técnicas y talleres han sido diseñados para que podamos utilizarlos indistintamente de forma individual o grupal, y en diferentes campos de acción vinculados al trabajo y la prevención de todas las problemáticas referidas anteriormente, haciéndolos accesibles tanto a todas las personas en el ámbito privado de sus casas, como a pacientes o participantes de todas las edades que integren talleres de arteterapia gestionados en diferentes grupos sociales, ámbitos culturales, niveles educativos y clases socioeconómicas.

# PARTE I

# Cuestiones teóricas

# Capítulo 1

## Arteterapia

### Definición

El arteterapia es una forma de psicoterapia cuya técnica está basada en facilitar la expresión utilizando el arte como un medio ideal que nos facilita hacer consciente lo inconsciente, con el objetivo de liberarnos, superar los problemas, transformarnos y, en definitiva, obtener el bienestar emocional tanto a nivel personal como con nuestro entorno, para recuperar nuestra salud mental y alegría de vivir.

Si bien este tipo de terapia nació a mediados del siglo pasado, desde que el hombre es hombre ha existido en él la necesidad de expresarse más allá de las palabras, a través del arte. En este caso, podríamos aventurarnos a decir que el origen verdadero del arteterapia se encuentra en las primeras pinturas rupestres de los neandertales, hace 65.000 años, cuando el hombre prehistórico aún no contaba con un lenguaje desarrollado, pero sí comenzaba a despertar y estaba ávido de conocer el mundo, de comprender sus percepciones y deseos, de conocerse a sí mismo para descubrir su identidad.

El arteterapia utiliza una gran variedad de técnicas, materiales y procedimientos de las diferentes artes, tales como: escritura, pintura, escultura, fotografía, música, danza, teatro, etc. Estos recursos están orientados tanto a la prevención como al tratamiento de distintas problemáticas de niñas, niños, adolescentes y adultos de todas las edades y condiciones de salud física y mental; quizás porque en el arteterapia se trabaja más con las imágenes, las emociones y sensaciones que, con la lógica de la razón, lo cual ayuda a expresarse a todas aquellas personas que, justamente, tienen dificultades en verbalizar traumas vinculados a lo nunca dicho.

En el arteterapia, la capacidad para hablar no es un requisito indispensable; por esta razón, se trata de un método especialmente indicado para quienes no se sienten cómodos con una psicoterapia tradicional o con el enfoque del psicoanálisis. Desde este punto de vista, es un tipo de terapia ideal para abordar tabúes y conflictos en los que suele existir un gran temor a pedir ayuda, tal como sucede con aquellos traumas por violencia de género o delitos relacionados con violencia sexual y la multiplicidad de sus consecuencias: ataques de pánico; adicciones; hiperactividad; intentos de suicidio, etc. Así, de esta manera, este tipo de terapia resulta un buen método para que cualquiera sea nuestro problema podamos exteriorizar todo lo que sentimos, nuestras frustraciones y angustias; también, es un camino de introspección y autoconocimiento íntimamente relacionado con el desarrollo de la autoconfianza y la autoestima.

## Historia

Los psiquiatras europeos comienzan a interesarse por las producciones artísticas de sus pacientes hacia finales del siglo XIX y esto se ve reflejado en la organización de varias exposiciones que realizan con sus obras, inaugurando la Sociedad Suiza de Psiquiatría la primera en 1910, en el hospital Waldau de Berna.

En 1922, el psiquiatra alemán Hans Prinzhorn publica un artículo en el cual hace un análisis comparativo entre las expresiones artísticas de sus pacientes de la Clínica Psiquiátrica de Heidelberg con obras de artistas profesionales, y llega a la conclusión de que el arte de los pacientes con enfermedades psiquiátricas es más auténtico debido a que representa una autoexpresión, un reflejo de lo que piensa y siente la persona, y no está sujeto a presiones ni demandas del público.

Este estudio de Prinzhorn causa un gran impacto en los mundos artístico y científico, por lo que comienzan a replicarse exposiciones vinculadas con esta temática en Francia, Alemania y Suiza entre 1929 y 1933. Gracias a este autor se empieza a difundir la idea de que hacer arte es algo esencial en todas las personas, con o sin enfermedad mental, y que el arte puede llegar a ser un medio para obtener bienestar psicológico.

Por otra parte, en la década del 1930, en Estados Unidos, los pioneros del arteterapia pertenecían tanto al mundo de la pedagogía como del arte; por ejemplo, Margaret Naumburg, Florence Cane o Marie Petrie. A su vez, Edith Kramer comienza a dar clases de expresión plástica a niñas y niños refugiados de la Alemania nazi, y en 1958 publica su libro *Terapia a través del arte*, donde habla acerca del uso del arteterapia en las instituciones escolares con niñas, niños y adolescentes.

No obstante, el término "arteterapia" recién es acuñado oficialmente en 1942 por el artista británico Adrián Hill, quien estando internado por una tuberculosis se vale de la actividad artística como medio para recuperarse; y más tarde, comienza a trabajar utilizando este método con otros pacientes del hospital. En 1945, publica *Arte versus enfermedad,* libro en el que cuenta su experiencia con el arteterapia aplicado a soldados heridos en la guerra y pacientes con otro tipo de enfermedades.

Un año más tarde, el artista británico Edward Adamson comienza a trabajar en hospitales psiquiátricos, demostrando que los pacientes psiquiátricos podían expresar sus conflictos a través del arte. Así, poco a poco, los psiquiatras empiezan a interesarse en la producción artística de "los locos" y a valorizar estas obras como un reflejo del estado psicopatológico.

En 1946, Marie Petrie publica la obra *Arte y regeneración,* en la que habla por primera vez acerca de la necesidad de tener una formación específica en arteterapia.

También, en 1946, los psiquiatras Reitmann y Cunningham-Dax, del hospital psiquiátrico estatal de Netherne (Gran Bretaña), se deciden a contratar al primer arteterapeuta de la historia: Edward Adamson.

En 1947, la psicóloga y artista estadounidense Margaret Naumburg publica "Expresión libre artística de niños con problemas del comportamiento como forma de diagnóstico y terapia". En ese trabajo habla de la importancia que tiene la imagen no solo en el proceso de la creación sino en los procesos psíquicos de cada sujeto, y como canal del inconsciente para expresar, exteriorizar y normalizar pensamientos y sentimientos bloqueados. También, esta autora habla acerca de la necesidad de saber observar y escuchar a los pacientes, sin presionarlos y respetando sus tiempos.

En 1949, el pintor y escultor francés Jean Dubuffet comienza a investigar aquellas producciones artísticas realizadas de forma espontánea y libre, fuera de convencionalismos dictados por el público o los espectadores. Él sostiene que más allá del contexto histórico-cultural, la creación artística es un modo de dialogar con uno mismo, el artista básicamente crea para sí mismo. En su libro *Breve historia de la arteterapia,* Marián López Fernández-Cao transcribe algo que este autor dice: "La creación artística es insignificante si no parte de una alienación y no propone un nuevo modo de mirar sobre el mundo y ofrece un nuevo modo de vivir".

En 1950, se realiza el Primer Congreso Mundial de Psiquiatría en París, con la primera exposición internacional de arte psicopatológico, que constaba de unas 2000 obras pertenecientes a unos 300 pacientes provenientes de varios países, que se dice fue visitada por más de 10.000 personas.

En 1950, también, se establecen los primeros programas de estudio en Estados Unidos.

En 1958, Edith Kramer intenta hacer una definición rigurosa del término "arteterapia".

En 1959, se crea la Société Internacionales de Psychopathologie de l'expression.

En 1961, se funda el *American Journal of Art Therapy*, revista de arteterapia.

En 1969, se crea la Asociación Americana de Arteterapia.

En 2013, el filósofo Alain de Botton publica *El arte como terapia*. Botton explica que los museos han asumido un papel equivocado al adoptar tan solo el rol de resguardar el patrimonio de un arte academicista, sin mostrar al arte desde su función más humana y terapéutica. Sostiene, además, que algunas obras de arte reflejan mensajes sobre cómo manejar conflictos, tensiones y confusiones en la vida.

## Objetivos

El objetivo del arteterapia es ayudarnos a que podamos desbloquear nuestras angustias, temores, estrés y conflictos reprimidos, y hacernos conscientes para expresarlos con una mayor libertad.

Se trata de un método que nos ayuda a conectarnos con los deseos y sentimientos más ocultos, con aquellos aspectos desconocidos de nuestra propia personalidad.

El objetivo del arteterapia, en definitiva, es sanar nuestra alma, redescubrir nuestra propia identidad, nuestra esencia; también, nos facilita el hecho de poder reinterpretar nuestras experiencias pasadas, así como replantearnos nuestras metas a futuro.

Aquí no se trata de interpretar intelectualmente nuestras obras o la de nuestros pacientes sino, más bien, de poder aprender a utilizar la obra creada como un método para conectarnos con nuestras emociones y recuerdos reprimidos, olvidados.

## El rol del arteterapeuta

El arteterapeuta debe funcionar como un intermediario entre el paciente y su obra; principalmente, como un facilitador que contribuirá a vencer los temores y prejuicios de aquellos que no están acostumbrados a navegar de forma más espontánea dentro de su Yo más profundo, sin el control exclusivo de la consciencia.

Un buen arteterapeuta debe haber recibido no solo una educación artística de varios años de exhaustivos estudios en psicología, sino que, además, debe tener conocimientos teóricos acerca de cómo se utiliza tal o cual técnica. Otro requisito fundamental, es que sepa conectarse con la dosis de intuición, empatía y creatividad que requiere cualquier disciplina relacionada con el arte.

El arteterapeuta nunca impondrá su propio estilo particular al paciente; por el contrario, prestará atención al contenido simbólico de cada imagen (visual, auditiva, etc.), al lenguaje verbal (movimientos corporales, gestos faciales, etc.), al lenguaje paraverbal (tonos de voz, volumen, ritmo respiratorio, etc.) y a la secuencia de asociaciones de ideas que el paciente pudiera ir haciendo para entonces poder sacar sus propias conclusiones y conversarlas con él.

En este punto, vale la pena aclarar que en el arteterapia no se obliga a ningún paciente ni participante a hablar acerca de su obra; así como tampoco, el arteterapeuta podrá intervenir realizando interpretaciones acerca del simbolismo de lo creado sin que el paciente dé su autorización.

En el ámbito de los talleres grupales de arteterapia, es muy común que los participantes puedan ayudarse entre sí y opinar sobre las obras de los otros, lo cual suele significar una experiencia muy enriquecedora para todos; aunque en cada caso habrá que ser muy respetuoso y empático, y no opinar sin que el compañero haya concedido tal derecho.

Además, tanto el coordinador de un grupo de arteterapia como el arteterapeuta que trabaje de forma individual con un solo paciente, deberán mantener una actitud positiva y proactiva, adoptando en caso de ser necesario el rol de ayudante, y facilitando materiales o conocimientos sobre el uso de cada técnica. Y, por supuesto, deberán amar el arte para poder transmitir entusiasmo y ser fuente de motivación en aquellos pacientes más tímidos o inseguros.

# Capítulo 2

## Base teórica

En toda actividad artística, la condición de la que debe partirse consiste en una actitud o predisposición creativa. Por este motivo, en este capítulo abordaremos desde distintas perspectivas todo lo relacionado con la creatividad.

### Definición de creatividad

Suele definirse a la creatividad como la capacidad de generar nuevas ideas o conceptos, o nuevas asociaciones entre ideas ya conocidas, que puede producir soluciones originales.

Es un proceso mental que se inicia en la imaginación y facilita arribar a nuevas formas de resolver los problemas. Es una habilidad cognitiva que permite elaborar estrategias para poder satisfacer necesidades o cumplir deseos.

Todos los seres humanos percibimos la información proveniente del mundo que nos rodea a través de una serie de aptitudes cognitivas que nos permiten, en mayor o menor medida, procesarla e integrarla de una manera nueva. El hecho de asociar diferentes elementos entre sí a través de otras combinaciones hará posible que solucionemos los conflictos y problemas que podamos tener de un modo original.

La creatividad es una herramienta para ir más allá de lo que conocemos, de los caminos por los que normalmente nos movemos, con el objetivo de generar nuevas ideas y conceptos que nos ayuden a resolver conflictos personales o problemas con nuestro entorno. Posibilita el desarrollo de nuevas competencias en nosotros mismos, que nos permitirán obtener una mejor calidad de vida.

## Teorías de la creatividad

Desde mediados del siglo XX, se vienen estudiando los procesos creativos desde diversas corrientes teóricas. Si bien se han elaborados muchísimas teorías explicativas sobre qué es y cómo deviene la creatividad en el ser humano, en esta oportunidad analizaremos los siguientes modelos teóricos que propone Ana María Aguilera-Luque:[2]

### Modelos personalistas

Este modelo teórico se basa en el hecho de que la creatividad es un proceso meramente individual que le sucede a la persona. Propone las siguientes teorías explicativas:

- **Teoría del umbral de la inteligencia**: Paul Torrance[3] explica que la inteligencia es una condición necesaria pero no resulta suficiente para que se dé un proceso de creatividad, ya que existen personas con un muy alto coeficiente intelectual que no son creativas.
- **Teoría evolutiva de la creatividad**: basándose en la teoría de la evolución y selección natural de las especies de Darwin, que pone en un lugar central a la adaptación como motor de la evolución, Campbell[4] intenta explicar cómo surge el proceso de creatividad en el ser humano. Así, de esta manera, opina que el proceso de creación se dispara cuando el individuo necesita solucionar un problema; es entonces cuando surgen de forma espontánea o aleatoria nuevas ideas, las cuales, si logran adaptarse a sus necesidades, podrán adecuarse para ser utilizadas en situaciones similares.
- **Teoría del pensamiento divergente**: Joy Paul Guilford[5] propone una teoría que afirma la existencia de un tipo de pensamiento orientado a la creatividad (diferente del pensamiento basado en el coeficiente intelectual) que sirve para resolver problemas que podrían tener no solo una sino muchas respuestas simultáneas.

---

[2] Aguilera-Luque, AM. "Creatividad organizacional: un estudio cuantitativo de la eficacia de los programas de entrenamiento en creatividad", tesis doctoral, Universidad de Valencia, 2016.

[3] Torrance, P. "Pruebas de Torrance del pensamiento creativo", *Journal of Creative Behavior*, N° 6, 1974.

[4] Campbell, DT. "Variación ciega y retención selectiva en pensamientos creativos como en otros procesos de conocimiento", *Psychological Review* N° 67, 1960.

[5] Guilford, JP. "Inteligencia, creatividad y sus implicaciones educativas", Robert R. Knapp, 1968.

- **Teorías de las inteligencias múltiples**: para Howard Gardner[6] la inteligencia y la creatividad no son procesos que actúan por separado, uno depende del otro. Pero este autor no habla de "la inteligencia" sino de distintos tipos de inteligencias (según sus investigaciones existirían unos ocho tipos de inteligencias diferentes) y asegura que para ser creativos es importante estar orientados especialmente hacia el cumplimiento de metas.
- **Teoría asociativa**: hay quienes creen que la mente no crea nada nuevo, sino que, simplemente, produce algo original debido a nuevas combinaciones (basadas en las leyes de contigüidad y semejanza) de lo que ya tiene almacenado. Autores como Sarnoff Mednick,[7] de la corriente asociacionista, sostienen que los procesos más creativos resultan de la combinación de los elementos más diversos y lejanos. Las soluciones creativas se producen mediante uno de los siguientes procesos: 1) por asociaciones accidentales; 2) por similitud, o 3) meditando sobre tres o más elementos, imágenes, ideas, etcétera.

### Modelos interaccionistas

Desde este modelo, se propone que la creatividad surge en el campo social, dado que el contexto influye en el comportamiento y la percepción. Algunas de las teorías son:

- **Modelo de la atribución**: se piensa que el hombre no es distinto del lugar en donde vive y, en este aspecto, Joseph Kasof[8] opina que el proceso de la creatividad es una construcción social que depende de un entorno cultural y una determinada época histórica.
- **Modelo evolutivo**: se afirma que la generación y la evolución de ideas se puede producir de forma azarosa o por asociación, al ir incorporando elementos cognitivos, rasgos de personalidad e influencias del entorno.

---

6 Gardner, H. *Mentes creativas*, Barcelona: Paidós, 1995.

7 Mednick, S. "La base asociativa de la creatividad", *Psychological Review* N° 69, 1962.

8 Kasof, J. "Atribución y creatividad", *Encyclopedia of Creativity*, Vol. 1, San Diego: Academic Press, 1995.

- **Modelo componencial**: Teresa Amabile[9] dice que en el proceso de la creatividad influyen tres componentes: 1) dominio de habilidades; 2) motivación para la tarea y 3) destrezas para la creatividad.

  Para ser creativo es necesario tener las siguientes destrezas: 1) capacidad para trabajar con la complejidad; 2) cambio de actitud mental; 3) generar nuevas estrategias e ideas.

- **Modelo sistémico**: se entiende la creatividad como el resultado de las interacciones que se producen entre tres elementos: 1) las personas; 2) el dominio; es decir, los símbolos culturales (por ejemplo, sintaxis y semántica utilizada al hablar por un determinado grupo); 3) el campo; o las diferentes corrientes teóricas dentro de una misma rama del conocimiento.
- **Modelo sociocultural**: la creatividad, según este modelo, se basa en complejas interacciones de tres factores: 1) biológicos; 2) psicológicos y 3) sociales.

Las corrientes que acabamos de analizar no son las únicas. Marjorie Carevic Johnson[10] explica que existen otras escuelas con una gran variedad de autores que, si bien hablan de conceptos similares, proponen otras clasificaciones teóricas que vale la pena mencionar:

- **Teoría asociacionista**: aquí lo creado es producto de: 1) asociaciones remotas; 2) asociaciones hechas a partir de ideas originales. Una de las técnicas que se pueden utilizar en el proceso creativo es la libre asociación, de la cual hablaremos más adelante.

  Samoff Mednick define la creatividad como nuevas combinaciones o asociaciones de ideas. La inteligencia de un individuo dependerá de la cantidad de asociaciones entre ideas remotas que sea capaz de hacer. En este factor, influye el modo en que la familia y la sociedad lo hayan estimulado positivamente.

- **Teoría gestáltica**: el proceso creativo es similar al proceso perceptivo. Se logra comprender algo cuando se captan nuevas conexiones entre los estímulos que se perciben. Cuanta más diversidad de conexiones halla, más novedosa será la creación que se produzca.

---

[9] Amabile, MT. (1996) *Creatividad en contexto*, Boulder, Westview.

[10] Carevic Johnson, M. "Teoría de la creatividad", *Psicología-Online*, 7/3/2018.

Wertheimer opina que las personas solemos ver las figuras abiertas como un problema y es por esa razón que al percibirlas hay algo que nos impulsa a cerrarlas, en un intento de restablecer el equilibrio. Por lo tanto, ser creativo implica saber mirar las cosas de forma distinta a cómo la percibimos en una primera instancia.

- **Teoría existencialista**: para esta teoría es tan importante descubrir un problema como encontrarle solución. Es necesario entonces no ser indiferente al entorno en el cual se vive. Los conflictos suelen darse por una capacidad limitada de percibir las cosas o situaciones; pero, la creatividad logra superar nuestros propios límites.

  Existe una lucha existencial entre permanecer dentro de un ámbito conocido y el de abrirse al entorno. Ser creativo implica saber mantener una actitud abierta ante el entorno.

- **Teorías psicodinámicas**: las personas creativas están dispuestas a estudiar problemas desde distintos paradigmas con el fin de encontrarles soluciones. Esta teoría puede incluir otras:
  - **Teoría de la transferencia**: sostiene que los pensamientos divergentes son aquellos que posibilitan la creación de nuevas ideas. De esta manera, las personas creativas suelen hacer operaciones mentales en las que se transfieren y combinan distintos tipos de percepciones que facilitan analizar los problemas desde numerosos niveles o puntos de vista.
  - **Teoría psicoanalítica**: Freud considera que para crear es necesario saber sublimar; es decir, desplazar la libido a un nuevo fin más allá del sexual. Profundizaremos este punto más adelante, cuando ahondemos sobre el tema de la sublimación.

## Variables que intervienen en la creatividad

No todas las personas somos creativas en igual medida. Se cree que aquellas que son más introvertidas, menos sociables y solitarias, más intuitivas y sensibles suelen ser más creativas. A su vez, aquellas que viven más libres de prejuicios y convencionalismos, o bien, que no les interesa lo que pueden pensar los demás, suelen destacarse a nivel creativo en cualquier ámbito, tanto en las ciencias como en el arte.

Existen diversas variables que suelen intervenir –o interferir– en el proceso creativo:

- **Factores cognitivos**: básicamente, se trata de aquellos factores relacionados con la adquisición de la información a través del conocimiento, los cuales suelen influir en las conductas. Las personas creativas perciben y elaboran de una manera diferente al resto. Cabe destacar que el grado de inteligencia o el coeficiente intelectual no hacen ni más ni menos creativa a ninguna persona, sino más bien, su modo de percibir las cosas.

  Los creativos no solo ven; además, tienen una manera de entender la realidad de un modo original. Están muy atentos a observar todos aquellos detalles que al resto de la gente les pasan desapercibidos. Cuentan con la capacidad de concentrarse para buscar información en forma detallada, generan ideas nuevas y originales y son perfeccionistas. Otra habilidad que los caracteriza es su capacidad de identificar la información que les pueda ser de mayor utilidad para los fines que se han propuesto; y luego, evocarla cuando la necesitan.
- **Factores afectivos**: se cree que las personas creativas son más abiertas a tener nuevas experiencias tanto en su mundo interno como en el externo, y las integran rápidamente a su mundo emocional.
- **Tolerancia a la ambigüedad**: a los sujetos más creativos la ambigüedad les facilita ver las cosas desde distintos puntos de vista. No temen a la ambigüedad.
- **Autoestima positiva**: si bien los artistas en diferentes áreas de su personalidad no siempre tienen una buena autoestima, al momento de plasmar su obra se observa en ellos que suelen valorarse de forma positiva.
- **Voluntad de obra**: cuanto más creativo sea un sujeto más necesidad tiene de concretar sus ideas a través de obras en el mundo externo.
- **Motivación**: para crear es necesario tener un ideal que movilice a estar motivado. En este aspecto, estar inspirado es fundamental; aunque, como se sabe, una obra de arte nace de un 99 por ciento de trabajo y tan solo de un uno por ciento de inspiración.
- **Factores ambientales**: a la hora de ponerse a trabajar en una obra es necesario rodearse, en lo posible, de un ambiente que no interfiera en el proceso creativo, sino que, por el contrario, lo promueva. A veces, el ambiente ideal es un lugar silencioso y

aislado; sin embargo, en otras oportunidades el bullicio y el caos de un lugar público pueden resultar ideales para generar nuevas ideas.

## Mitos de la valoración artística

La valoración económica que se haga de una obra de arte no siempre coincidirá con su calidad. Así es que, de vez en cuando, podremos comprobar cómo una canción desentonada, un libro mal escrito o un cuadro sin nada pintado hicieron millonarios a sus creadores. En otros casos, hay obras de arte que, como las de Van Gogh, nunca se vendieron hasta que alguien descubrió su real valor artístico.

El valor monetario que una obra tiene en el mercado, el precio por el cual alguien está dispuesto a pagarla, suele basarse en el vínculo afectivo que el comprador establece con ella; en un gusto particular por su estilo; en la moda; en la demanda o en las trabas que existen en el momento que es ofrecida al público en general, entre otras cuestiones.

El valor artístico que se le da a una obra, en cambio, dependerá de diversos factores vinculados al grado de mayor o menor originalidad con respecto a:

- **Estilo**: modo o rasgos particulares con los que un artista decide expresar la idea que quiere transmitir a través de su obra.

  Así, el estilo se puede observar en el resultado visual, auditivo, etc., causado por elementos que abarcan desde la intensidad de la luz o el ángulo con que un fotógrafo decide sacar sus fotografías, la forma en la que un pintor elije dibujar tal o cual rasgo de sus personajes, la manera de colocar cada palabra en el armado de las oraciones o cómo suele utilizar la puntuación en sus textos un escritor, etcétera.
- **Técnica**: destreza o habilidad con que una persona se vale de sus conocimientos respecto de cómo proceder y qué materiales utilizar a la hora de plasmar sus ideas en un arte en particular. Así, un pintor puede recurrir a la técnica de las acuarelas, el óleo, los acrílicos, técnicas mixtas, fusiones con vitrales, entre otras.
- **Materiales**: todos los elementos que un artista utiliza en su obra y sus características. Un pintor necesitará de un bastidor entelado u

hojas, un atril, pinceles de diferentes tamaños, agua, disolventes, etc.; mientras que una bailarina podría requerir de zapatillas de punta, medias o un determinado vestido, por ejemplo.

- **Tema**: el artista elije un argumento o algo de su interés para representar en su obra. Así, un escultor puede elegir la mitología como tema a desarrollar en su obra; o, un fotógrafo, la guerra.
- **Concepto**: el artista tiene una opinión respecto del tema que elije y sabe que según cómo decida representarlo transmitirá un concepto al espectador. De esta manera, por ejemplo, se puede interpretar que Picasso habría decidido representar a las mujeres con un aspecto tosco, ya que su intención era transmitir al mundo un nuevo concepto de belleza: lo feo también puede ser bello si es que se lo observa en profundidad, en sus múltiples dimensiones; y para ello se valió de la técnica del cubismo.

  Y a través de su *David*, Miguel Ángel Buonarroti pudo haber querido transmitir, entre otras cosas, un nuevo concepto de lo que significaba ser un héroe, al tallarlo con un gesto de duda: héroe no es quien mata sin pensar, eso lo hacen los asesinos; héroe es quien, al verse obligado a matar, duda.

## Concepto de salud

Dado que uno de los principales objetivos del arteterapia es ayudar a sanar el alma, se hace necesario hablar sobre qué significa la salud.

Según la OMS, "la salud es un estado de completo bienestar físico, mental y social y no solamente la ausencia de afecciones o enfermedades".

Por lo tanto, cuando hablamos de salud no solo nos estamos refiriendo a un estado de salud física sino, además, a un equilibrio entre las distintas dimensiones de un individuo; es decir, al logro de una homeostasis entre sus aspectos biológico, psicológico, social y –también, podríamos agregar– espiritual.

Por lo tanto, podríamos definir la salud desde los siguientes cuatro niveles:

- **Visión biologisista**: ausencia de dolor a partir del correcto funcionamiento de los distintos órganos del cuerpo.

- **Visión psicológica**: la salud concebida desde este nivel está vinculada al correcto funcionamiento mental de: 1) las funciones yoicas (prueba de realidad; juicio; regulación y control de los instintos, afectos e impulsos; procesos del pensamiento y de las funciones cognitivas como memoria, concentración, atención, etc.); 2) los mecanismos de defensa (proyección, negación, desmentida, disociación, etc.); 3) la barrera a los estímulos (interiores y exteriores); 5) el superyó (internalización de reglas y normas de conducta), etcétera.

  Además del equilibrio de estas funciones, la visión de salud psicológica también se vincula con el autoconcepto y la autoestima.
- **Visión social**: este nivel vincula la salud con el modo en que la persona se relaciona con el mundo y con los otros; si puede establecer buenos vínculos de amistad y de pareja; si trabaja en algo que le satisface; si disfruta de su tiempo libre, etcétera.
- **Visión espiritual**: se relaciona con la actitud positiva ante la vida y la capacidad de superar las dificultades, o lo que se denomina como resiliencia (definida como la capacidad para adaptarse positivamente ante situaciones traumáticas). Boris Cyrulnik[11] opina, en cambio, que es la capacidad para ser feliz, incluso cuando se tiene heridas en el alma. Y Grotberg,[12] dice que se trata de la habilidad para hacer frente a las adversidades de la vida, superarlas e inclusive, ser transformado por ellas. Este nivel en particular es el que más se vincula al arteterapia.

## Tipos de pensamiento, percepción y expresión artística

El arte nace de nuestra manera de percibir el mundo, de cómo pensamos y nos expresamos. Que una persona tenga una inclinación artística no es casualidad, depende de muchos factores tales como la educación y el contexto en el cual se haya criado; pero, también, de características neurobiológicas con las que se nace.

Se sabe que las personas más creativas cuentan con ciertas y determinadas habilidades que se encuentran más desarrolladas en el hemisferio derecho de su cerebro, y que las personas más racionales utilizan en mayor medida el hemisferio izquierdo. Sin embargo, en

[11] Cyrulnik, B. *Los patitos feos*, Madrid: Gedisa, 2002.

[12] Grotberg, E. *La resiliencia en el mundo de hoy*, Barcelona: Gedisa, 2006.

la actualidad, desde las neurociencias ya se ha demostrado que la creatividad en el ser humano depende en gran medida de las interacciones de la red neuronal entre ambos hemisferios cerebrales.

Así, de esta manera, podemos destacar las siguientes capacidades de ambos hemisferios:

- Hemisferio derecho:
  - Emocional
  - Intuitivo
  - Holístico
  - Espacial
  - Sintetizador
  - Subjetivo
  - Imaginación
  - Expresión no verbal
  - Centrado en el todo
  - Arte
  - Creatividad
  - Música
  - Sueños
  - Espiritual
- El hemisferio izquierdo:
  - Razonamiento lógico
  - Lenguaje verbal
  - Secuencial
  - Centrado en los detalles
  - Objetivo
  - Analítico
  - Números
  - Negocios
  - Ciencia
  - Intelecto
  - Pensamiento lineal detallado
  - Comunicación verbal
  - Escritura

Cuanto más creativa es una persona, más capacidad tiene para expresarse con lo que ha de llamarse pensamiento lateral y con el pensamiento analógico, caracterizados por producir ideas más allá de un patrón de pensamiento habitual.

- **Pensamiento lateral**: se trata de un método, una técnica o una manera de pensar que utilizan las personas creativas para resolver los problemas de modo imaginativo e innovador. Consiste en ver las dificultades desde un ángulo diferente e ingenioso, a través de un nuevo enfoque. Así, cuando nos concentramos en resolver un conflicto desde un pensamiento vertical o lineal muchas veces no logramos librarnos de él; sin embargo, cuando abrimos nuestra mente a otras posibilidades jamás pensadas, las respuestas se presentan con naturalidad.

Existen varios métodos para desarrollar el pensamiento lateral, por ejemplo: 1) asociar al objeto –o problema– con una palabra aleatoria y esta a otra que esté vinculada a ella de una u otra manera; 2) eliminar una de sus características, o 3) exagerarla.

- **Pensamiento analógico**: consiste en asociar un problema, objeto, imagen, etc., a otro por algún rasgo se semejanza. Se traslada o extrapola el rasgo de algo a otra cosa, aunque en esencia ambos sean muy diferentes entre sí.

  Un ejemplo del pensamiento analógico se da cuando a alguien se le ocurre un chiste a partir de la comparación del rostro de una persona con el de un animal. Otro ejemplo típico es cuando una persona se intoxica con un producto y luego se niega a consumir otro producto similar; o, a nivel emocional, cuando alguien se enamora de una persona rubia que lo terminó haciendo sufrir, luego trata de evitar relacionarse con cualquier persona rubia porque cree que podría volver a sufrir.

  Si bien este tipo de pensamientos no son racionales suelen ser relevantes en la psicología humana.

Tanto el pensamiento lateral como el analógico son típicos del funcionamiento del inconsciente y del hemisferio derecho del cerebro, y constituyen un recurso con el que suelen manejarse las personas más creativas a diferencia de aquellas más racionales, quienes principalmente se manejan desde el hemisferio izquierdo a través de un pensamiento racional que tiene dominio en la consciencia.

El aparato psíquico procesa la información a nivel inconsciente con los mismos mecanismos que interceden en la producción de los chistes, los sueños y el arte. Es por esa razón que se considera a –valga la redundancia– los chistes, los sueños y el arte como vías de acceso directo al inconsciente, que facilitan conocer en mayor profundidad lo que piensa y siente verdaderamente una persona.

En este aspecto, el psicoanálisis ha estudiado las leyes por las cuales se rige el inconsciente, que son utilizadas también en el proceso creador:

- **Desplazamiento**: proceso mediante el cual se desplaza una idea, imagen o emoción por otra que la representa en su significado o intensidad. Este tipo de mecanismo suele darse en los síntomas psicosomáticos; por ejemplo, cuando una crisis de asma surge a partir del desplazamiento de un sentimiento original de sentirse presionado y exigido a nivel psicológico.

- **Condensación**: consiste en la fusión de varias ideas o imágenes en una sola. Por ejemplo, cuando se sueña con una persona con cabeza de burro.

El desplazamiento y la condensación son mecanismos constitutivos del proceso creativo. Por esta razón el significado de una obra de arte se busca debajo de la apariencia de su contenido manifiesto en un contenido latente, que es de origen simbólico.

## Proyección, identificación y sublimación

Para crear el ser humano se vale de tres mecanismos psicológicos:

- **Proyección**: el sujeto atribuye o coloca fuera de sí (persona u objetos, por ejemplo) sus propias virtudes, defectos, carencias, pensamientos, deseos, emociones, etcétera.
- **Identificación**: un sujeto adopta ciertos aspectos, propiedades o cualidades de otro, a partir de lo cual, se transforma a sí mismo.
- **Sublimación**: desvío de la energía natural que los seres humanos tenemos en nuestros cuerpos hacia una meta más allá de la actividad sexual-genital para ser reutilizada en un nuevo fin; por ejemplo, en actividades sociales, religiosas, científicas y artísticas.

El artista percibe el mundo que lo rodea y se identifica con algunas realidades más que con otras; luego, en cada una de sus creaciones, irá proyectando de una manera directa, analógica o simbólica aquel mundo externo con el que tomó contacto, así como también irá proyectando en sus obras características de su Yo, de su mundo interno, sus ideas, experiencias y emociones. Más adelante, a su vez, será el propio espectador quien, a su vez, podrá identificarse –o no– con lo que transmite la obra. A partir de esto, podremos entender mejor por qué muchos consideran a la obra de arte como una especie de ser con vida propia: si cuando la observamos nos identificamos con lo que transmite, algo en nuestro interior se transformará para siempre; esta experiencia se parece a lo que suele suceder luego de que escuchamos una canción, nuestro estado de ánimo cambia. Esta es la diferencia fundamental entre una obra de arte y un simple adorno bonito; la obra de arte siempre conlleva un mensaje.

Aún hoy recuerdo cuando en los años 80 por primera vez me detuve a observar una pintura de Salvador Dalí. Se trataba de *Construcción blanda con judías hervidas, premonición de la Guerra Civil*, de 1936. No la consideré una pintura bella sino todo lo contrario.

Si bien yo nunca había participado de una guerra como la que describía, de inmediato me identifiqué con ella, porque en lugar de mostrar un combate con armas se veía a una persona descuartizándose a sí misma. En esa época, también muchos aspectos de mí misma estaban en guerra. Y al ver esta pintura, por fin entendí que las guerras en el mundo nacían en el interior de las personas; también, entendí que el verdadero arte nacía del alma sin importar si era lindo o feo. A partir de aquel momento, gran parte de mi concepción del mundo cambió para siempre.

## Transferencia y contratransferencia

La transferencia y la contratransferencia son otros de los mecanismos que han sido estudiados por el psicoanálisis y que están interrelacionados entre sí.

La transferencia es aquella función psíquica a través de la cual las emociones, deseos y expectativas que un individuo tuvo en el pasado hacia otras personas significativas de su vida (madre, padre, hermanos, etc.), en la actualidad, son transferidos inconscientemente hacia otra persona; en este caso, hacia el terapeuta.

La contratransferencia, a su vez, son las reacciones, actitudes e ideas que el terapeuta va sintiendo como reflejo de aquello que su paciente le va transfiriendo.

De este modo, la transferencia y la contratransferencia se interrelacionan entre sí conformando un proceso inconsciente a partir del cual deseos, emociones, ideas y ciertas conductas reprimidas en el paciente comienzan a salir a la luz en el espacio en que se encuentra interactuando con la figura de su terapeuta.

Desde el psicoanálisis se dice que la transferencia está vinculada a la cura de la persona porque cuando el terapeuta ayuda, se percata de su contenido y procede a analizar aquello que el paciente está sintiendo en el vínculo actual. El paciente entonces puede acceder a recuerdos que creía olvidados y darse cuenta de que estaba repitiendo patrones conductuales y emocionales antiguos.

Algo similar ocurre en el espacio del arteterapia. El paciente o los participantes de un grupo suelen transferir sobre el arteterapeuta y sobre distintos miembros del grupo patrones de conducta y modos de comunicarse que han tenido –o aún tienen– en sus vínculos familiares. Así, de esta manera, alguien (sea un niño/a o un adulto) podrá percibir y/o tratar al arteterapeuta como a un padre o a una madre buena mientras que otro podrá percibirlo como muy exigente, ausente, etc. De ahí, la necesidad de que los profesionales tengan en claro este tipo de conceptos, ya que les servirán para evitar conductas reactivas frente a sus pacientes y ser más empáticos con ellos, entenderlos, contenerlos y ayudarlos de una manera mucho más eficaz en el camino hacia la cura.

## Objetos transicionales

En la psicología se dice que el objeto transicional es aquel objeto (por ejemplo, un muñeco o la punta de una prenda) al que un niño/a pequeño se aferra cuando está angustiado porque su madre (a quien considera una parte de sí) se ha ido. Es por esa razón que el objeto transicional es tanto objetivo como subjetivo a la vez, ya que, siendo un objeto real, desde la imaginación, también representa un espacio intermedio entre el niño/a y el mundo exterior.

De igual manera, podemos entender a una obra de arte como un objeto transicional desde la perspectiva de su creador: representa a una parte de sí y, a la vez, una parte del mundo externo ausente en su realidad actual, pero presentificado en aquella obra. Es por esta razón que, una vez entendido este concepto, podemos comprender un poco mejor el efecto de sosiego y tranquilidad que produce crear una obra de arte en las personas.

## Empatía

La empatía es la capacidad de percibir, conectarse e inferir los sentimientos y pensamientos de los demás; hace que nos identifiquemos con sus necesidades y conflictos, lo cual posibilita que nos relacionemos mejor y seamos más solidarios.

Un arteterapeuta debe ser empático. Eso le facilitará comprender de una manera mucho más profunda la obra de su paciente, sus motivaciones, afectos y comportamientos. Todo lo cual, en definitiva, le facilitará la implementación de distintas modalidades de intervención, adecuadas a cada una de las necesidades de sus pacientes.

Así, por ejemplo, un arteterapeuta no intervendrá de igual manera ante un participante del grupo que nunca mira a nadie directo a los ojos y mantiene una actitud temerosa frente a sus compañeros, que con otro que se manifiesta extrovertido y bromista. Con el primero, deberá ser muy cauteloso en transmitirle consignas o comentar su obra; mientras que, con el segundo, podrá comunicarse de una manera más directa y en primera persona.

## Símbolos

Los símbolos son la representación perceptible y no verbal que sintetizan una idea. Puesto que no operan desde un nivel inconsciente, los símbolos, a diferencia del lenguaje hablado, no explican conceptos, sino que su función es transmitir significados complejos o abstractos que resultarían muy largos de explicar desde el lenguaje oral.

Puede tratarse de un elemento gráfico, visual o auditivo que más allá de su significado habitual puede ser capaz de condensar en sí mismo diversos niveles de significados. Por esta razón, los símbolos a diferencia de los signos solo pueden ser comprendidos por los seres humanos.

Existen símbolos que representan a instituciones religiosas (en el cristianismo, la cruz, por ejemplo), políticas, deportivas; símbolos nacionales (como la bandera) y artísticos, etcétera.

A su vez, existen símbolos con un significado particular y otros con un significado universal. Los significados de los símbolos particulares son otorgados por una persona, según sus propias experiencias subjetivas vividas con un determinado elemento (por ejemplo, la lluvia puede representar un símbolo de tristeza para alguien de la ciudad, mientras que para una persona del campo puede asociarse a la alegría y la prosperidad). Los símbolos universales, en cambio, son aquellos que tienen la facultad de ser interpretados de igual manera en distintos períodos históricos, así como en todas las culturas del mundo (por ejemplo, el simbolismo del sol, cuyo significado está asociado al poder, ya que es capaz de otorgar o quitar vida).

Por todo lo anteriormente dicho, los símbolos tienen una importancia terapéutica, dado que facilitan la comprensión de distintas realidades de forma eficaz, rápida y profunda.

## Arte y locura

Desde el punto de vista de la psiquiatría, la locura está asociada a un estado de enajenación mental y a la anulación del principio de realidad. Lamentablemente, no pocas veces los artistas son percibidos como enfermos mentales debido a que dan la sensación de vivir de forma muy diferente al resto de la población: no suelen ganarse la vida con trabajos convencionales, duermen hasta altas horas del día, o transmiten la sensación de estar desconectados del mundo.

Efectivamente, hay quienes los mal prejuzgan. Ignoran el hecho de que suelen ser personas muy sensibles y empáticas, que han tenido vidas traumáticas; y que, por esa razón, pueden llegar a caer en períodos o estados de ánimo tortuosos e, incluso, en enfermedades mentales. No es casualidad que individuos que han atravesado vivencias traumáticas terminen siendo artistas y utilicen el arte como una terapia. El arte es considerado una herramienta alquímica altamente eficaz, capaz de metamorfosear el peor de los sufrimientos en pura felicidad.

Si bien es cierto que la gente más racional acusa de locos a los genios del arte porque sus expectativas de virtuosismo terminan siendo un impedimento para comprender y valorar el profundo significado simbólico que ellos pretenden transmitir en sus obras, también es verdad que los artistas deben ser un poco locos; porque, solo desde un estado de locura pueden ser capaces de soñar con realidades nunca antes pensadas y plasmarlas en obras que inspiren a superar la línea del horizonte, a cambiar el futuro.

## Definición de violencia

Llegada esta instancia, vamos a aclarar el significado de algunos de los principales tipos de violencias, lo cual es imprescindible a la hora de trabajar con víctimas y sobrevivientes. También, hablaremos acerca de otro tipo de problemáticas provocadas por la naturaleza, tales como las catástrofes y las pandemias, cuyos efectos negativos también parecen recaer directamente sobre la psicología y modo de vida de gran parte de la población mundial. En este punto, resulta llamativo comprobar cómo el arte de todas las épocas históricas puede llegar a converger con nuestro propio arte y nuestra propia historia de individuos que transitan por todos estos aconteceres del siglo XXI, tan similares a aquella escena que representó hace más de cien años atrás Edvard Munch en su pintura *El grito*. Una escena que describe a una sociedad prendida fuego, ahogada en un grito desolador ante la indiferencia de quienes prefieren no cruzar puentes y hacer de cuenta que nada sucede.

Parecería que ayer como hoy la violencia continúa en el podio de los conflictos humanos. Hay muchas, demasiadas personas que son violentas con otros; pero también, la violencia puede estar dirigida hacia uno mismo de forma abierta o subliminal. El tema de la violencia tiene muchas aristas; por tal razón, a continuación, aclararemos algunos conceptos.

La OMS define la violencia como:

> El uso deliberado o intencional de la fuerza física o el poder, ya sea en grado de amenaza o efectivo, contra uno mismo, otra persona o un grupo o comunidad, que cause o tenga muchas probabilidades de causar lesiones, muerte, daños psicológicos, trastornos del desarrollo o privaciones.

Desde la clasificación de la OMS, la violencia puede dividirse en tres categorías generales, según las características del agresor:

1. **Violencia autoinflingida**: son los comportamientos suicidas o las autolesiones (como, por ejemplo, hacerse cortes).
2. **Violencia colectiva**: se trata de la violencia social, política y económica.
3. **Violencia interpersonal**: incluye la violencia familiar y de parejas, así como también, hacia niñas, niños, adolescentes y ancianos. Pueden tener o no parentesco entre sí.

## Clasificación de las violencias

En este libro acordamos con la definición, descripción y clasificación de los distintos tipos de violencias que desde México brinda el Consejo Nacional de Población (CONAPO)[13] y con la Ley General de Acceso de las Mujeres a una Vida Libre de Violencia[14] (LGAMVLV 2015).

---

[13] CONAPO. Tipos de violencias, Consejo Nacional de Población, portal del Gobierno de México. Disponible: <www.gob.mx>.

[14] Instituto Estatal de la Mujeres, Nuevo León. Ley General de Acceso de las Mujeres a una Vida Libre de Violencia. Portal del Estado de Nuevo León, México. Disponible: <www.nl.gob.mx>.

Así, podríamos concordar con dichas definiciones y las clasificaciones respecto de la violencia según la naturaleza o tipo de daño que genere; las cuales procederemos a transcribir a continuación.

## Violencia de género

> La violencia de género se refiere a aquella violencia dirigida contra una persona en razón del género que él o ella tiene, así como de las expectativas sobre el rol que él o ella deba cumplir en una sociedad o cultura. Comprende los diversos tipos de agresiones perpetrados hacia las mujeres, lesbianas, travestis, trans, no binarias y otra identidad diversa o disidente, originados en la discriminación hacia su identidad y legitimados por las relaciones desiguales de poder entre varones y el resto de las personas. Por lo tanto, la violencia de género es ejercida por varones y tiene como víctimas a las mujeres y a los y las integrantes de la comunidad LGBTIQ. No solamente ejercida por los varones en su individualidad, sino que también puede ser ejercida por el Estado o por otras instituciones.

Se trata de una violencia que está entrelazada con las conductas de opresión que ejerce la dominación patriarcal, en la cual las relaciones no son igualitarias entre varones y mujeres, y los varones son los que ejercen el poder sobre las mujeres y otras identidades de género. También, incluye:

- Racismo
- Xenofobia
- Capitalismo
- Gordofobia
- Violencia por motivos de clase

## Violencia machista

> Es un término más explícito que no designaría la violencia cometida necesariamente por hombres, sino la ejercida por motivaciones machistas.

## Violencia física

> Es el uso de la fuerza física para provocar daño, no accidental; o con algún tipo de arma u objeto que pueda provocar o no lesiones ya sean internas, externas o ambas. Este tipo de violencia se reconoce con mayor facilidad; deja lesiones en el cuerpo que, pueden ser

permanentes, provocan alguna discapacidad o incluso causan la muerte. El miedo que experimenta la víctima ante la posibilidad de que se repita el episodio violento, puede mantenerla en un estado de tensión que genera malestares físicos como dolores de cabeza, trastornos gastrointestinales, taquicardias, etc.

La violencia física se da cuando alguien, por ejemplo:

- Empuja o golpea
- Da puntapiés
- Trata de ahorcar o asfixiar
- Abofetea

## Violencia psicológica

La violencia psicológica es cualquier acto u omisión que dañe la estabilidad psicológica.

Puede consistir en:

- Negligencia
- Abandono
- Descuido reiterado
- Celotipia
- Insultos
- Humillaciones
- Devaluación
- Marginación
- Indiferencia
- Infidelidad
- Comparaciones destructivas
- Rechazo
- Restricción a la autodeterminación
- Amenazas

Todos estos tipos de violencia psicológica pueden llevar la víctima al riesgo de aislamiento, llamativa disminución de su autoestima, depresión y, en casos extremos, suicidio.

La violencia psicológica se manifiesta como un largo proceso en el cual la víctima no se da cuenta de que el agresor vulnera sus derechos, ya que este tipo de maltrato es sutil y difícil de detectar.

Una persona ejerce violencia psicológica, por ejemplo, cuando le hace a otra lo siguiente:

- La ignora, no le habla o no la escucha.
- La acusa de inútil, o de que nada le sale bien.
- Se muestra celosa sin razón.

- Insulta, amenaza.
- Se burla.
- Controla la forma de vestir.
- Culpa de su malestar físico o emocional a la otra persona.
- Le dice que no la quiere y que la va a abandonar.
- Controla y limita su vida social y familiar.
- Amenaza con hacer daño si no hace lo que pide.
- Llama frecuentemente por teléfono o envía mensajes de WhatsApp para saber qué está haciendo, dónde está, a qué hora va a llegar.

## Violencia verbal

> La violencia verbal hace uso de mensajes que tienen la intención de generar malestar en la persona afectada.

Vale aclarar que, si bien los insultos entran en esta categoría, la realidad es que no siempre se usan con la finalidad de ejercer violencia.

## Violencia emocional

La persona que ejerce violencia emocional hace sentir mal a la otra persona a través de:

- Descalificaciones.
- Humillaciones.
- Menospreciar sus sentimientos.
- Poca empatía.
- Someter su voluntad.
- Abandono emocional.
- Insultos.
- Amenazas.
- Extorsiones afectivas.
- Culpa.
- Control excesivo.
- Sarcasmos.
- Críticas destructivas.
- Desprestigio.
- Burlas.

## Violencia espiritual

Se trata de la violencia que se origina en preceptos y/o doctrinas religiosas, las cuales, muchas veces, van en contra de los derechos de la mujer, por ejemplo.

## Violencia sexual

> Es cualquier acto que degrada o daña el cuerpo y/o la sexualidad de la víctima y que por tanto atenta contra su libertad, dignidad e integridad física. Es una expresión de abuso de poder que implica la supremacía masculina sobre la mujer, al denigrarla y concebirla como objeto. La violencia sexual le puede ocurrir a cualquier persona y aquellas que abusan pueden ser personas conocidas, miembros de la familia o desconocidos. Durante décadas se le consideró un asunto privado; actualmente, son muchas las organizaciones que se encargan de visibilizar este tipo de violencia que atenta contra la integridad de la persona que la padece y en muchos países como el nuestro es considerado un delito.

Algunas de las reacciones de las personas que han sido víctimas de este tipo de violencia son:

- Culpa
- Vergüenza
- Miedo
- Depresión
- Ansiedad
- Uso o abuso de alcohol o drogas
- Baja autoestima
- Trastornos alimenticios
- Trastornos de sueño
- Disfunciones sexuales

La violencia sexual, por ejemplo, se da cuando alguien:

- Obliga a tener relaciones sexuales.
- Manipula y/o chantajea a otra persona para realizar prácticas sexuales que no le agradan.
- Se burla y/o hace comentarios humillantes acerca del cuerpo de otra persona.
- Compara a una persona con otra sobre su eficiencia en la actividad sexual.
- Obliga a tener relaciones sexuales sin el uso de métodos de prevención para embarazarse o prevenir enfermedades de transmisión sexual.
- Se refiere a otra persona con términos sexuales denigrantes.

## Violencia social

Se trata de aquella violencia que tiene un impacto a nivel social. Puede ser ejercida tanto por un grupo, una comunidad o un solo individuo.

## Violencia vicaria

La violencia vicaria es la forma más siniestra de violencia contra las mujeres. Se trata de una clase de violencia intrafamiliar y/o de violencia de género en la que se mata a hijos para hacer daño a las madres, como una manera de vengarse de ellas.

Además de los tipos de violencia ya mencionados, en Argentina, la ley N° 26.485 de Protección Integral a las Mujeres[15] conceptualiza otros tipos de violencia tales como:

## Violencia doméstica

> Aquella ejercida contra las mujeres por un integrante del grupo familiar independientemente del espacio físico donde esta ocurra, que dañe la dignidad, el bienestar, la integridad física, psicológica, sexual, económica o patrimonial, la libertad, comprendiendo la libertad reproductiva y el derecho al pleno desarrollo de las mujeres. Se entiende por grupo familiar el originado en el parentesco sea por consanguineidad o por afinidad, el matrimonio, las uniones de hecho y las parejas o noviazgos, incluye las relaciones vigentes o finalizadas, no siendo requisito la convivencia.

## Violencia institucional

> Aquella realizada por las/los funcionarios, profesionales, personal y agentes pertenecientes a cualquier órgano, ente o institución pública que tenga como fin retardar, obstaculizar o impedir que las mujeres tengan acceso a las políticas públicas y ejerzan los derechos previstos en esta ley. Quedan comprendidas, además, las que se ejercen en los partidos políticos, sindicatos, organizaciones empresariales, deportivas y de la sociedad civil.

---

[15] Ley N° 26.485 de Protección Integral a las Mujeres para prevenir, sancionar y erradicar la violencia contra las mujeres en los ámbitos en que desarrollen sus relaciones interpersonales, promulgada 1/4/2009. Ministerio de Justicia de la Nación Argentina. Disponible: <www.jus.gob.ar>.

## Violencia simbólica

> La que a través de patrones estereotipados, mensajes, valores, íconos o signos transmita y reproduzca dominación, desigualdad y discriminación en las relaciones sociales, naturalizando la subordinación de la mujer en la sociedad.

## Violencia económica

> La violencia económica es toda acción u omisión del agresor que afecta la supervivencia económica de la víctima. Se manifiesta a través de limitaciones encaminadas a controlar el ingreso de sus percepciones económicas, así como la percepción de un salario menor por igual trabajo, dentro de un mismo centro laboral. La violencia económica limita la autonomía e independencia de la víctima; lo que en muchas ocasiones es un factor para que continúen en la relación violenta; se refuerce la dependencia con el agresor y aumenten sus sentimientos de incapacidad y minusvalía.

Una persona ejerce violencia económica contra otra cuando, por ejemplo:

- Administra su dinero, sin tomar en cuenta sus necesidades.
- Controla sus gastos.
- Maneja su cuenta de banco.
- Realiza todas las compras en el supermercado para que no tenga acceso al dinero ni a decidir qué comprar.
- Reclama todo tipo de explicaciones cada vez que se le pide dinero.

## Violencia patrimonial

> La violencia patrimonial es cualquier acto u omisión que afecta la supervivencia de la víctima. Se manifiesta en: la transformación, sustracción, destrucción, retención o distracción de objetos, documentos personales, bienes y valores, derechos patrimoniales o recursos económicos destinados a satisfacer necesidades y puede abarcar los daños a los bienes comunes o propios de la víctima. La violencia patrimonial es la que se obliga a la persona a renunciar a sus derechos sobre una propiedad y/o se le saca de su casa, es más frecuente en la tercera edad. Los bienes materiales y los documentos personales permiten a las personas ejercer su libertad y autonomía e inciden en su proyecto de vida. Cuando se les priva de todo esto, se vuelven vulnerables.

Por ejemplo, una persona está siendo víctima de violencia patrimonial si alguien:

- Le rompe objetos que son valiosos.
- La despoja de bienes como su casa, su auto o herencias.
- Esconde objetos o materiales que usa en su trabajo con el propósito de que no pueda trabajar.
- Le esconde la tarjeta de crédito, acta de nacimiento o credenciales.
- Le quita tu salario.
- Se niega a cubrir la pensión alimenticia asignada a sus hijos.
- Despoja a las personas de la tercera edad de sus pensiones.

## Violencia laboral

> Aquella que discrimina a las mujeres en los ámbitos de trabajo públicos o privados y que obstaculiza su acceso al empleo, contratación, ascenso, estabilidad o permanencia en el mismo, exigiendo requisitos sobre estado civil, maternidad, edad, apariencia física o la realización de test del embarazo. Constituye también, violencia contra las mujeres en el ámbito laboral quebrantar el derecho de igual remuneración por igual tarea o función. Asimismo, incluye hostigamiento psicológico en forma sistemática sobre una determinada trabajadora con el fin de lograr su exclusión laboral.

## Violencia contra la libertad reproductiva

> Aquella que vulnere el derecho de las mujeres a decidir libre y responsablemente el número de embarazo o el intervalo entre los nacimientos, de conformidad con la ley 25.673 de Creación del Programa Nacional de Salud Sexual y Procreación Responsable.

## Violencia obstétrica

> Aquella que ejerce el personal de salud sobre el cuerpo y los procesos reproductivos de las mujeres, expresada en un trato deshumanizado, un abuso de medicalización y patologización de los procesos naturales, de conformidad con la Ley 25.929.

## Violencia mediática

> Aquella publicación o difusión de mensajes e imágenes estereotipados a través de cualquier medio masivo de comunicación que de manera directa o indirecta promueva la explotación de mujeres

> o sus imágenes, injurie, difame, discrimine, deshonre, humille o atente contra la dignidad de las mujeres, adolescentes y niñas en mensajes e imágenes pornográficas, legitimando la desigualdad de trato o construya patrones socioculturales reproductores de la desigualdad o generadores de violencia contra las mujeres.

A continuación, resumiremos algunos conceptos y definiciones sobre la violencia según la OMS.[16]

## Maltrato a niñas y niños

> El maltrato o la vejación de niñas y niños (antiguamente, incorrectamente denominados "menores") abarca todas las formas de malos tratos físicos y emocionales, abuso sexual, descuido o negligencia o explotación comercial o de otro tipo, que originen un daño real o potencial para la salud del niño/a, su supervivencia, desarrollo o dignidad en el contexto de una relación de responsabilidad, confianza o poder.

Se dice que existen cuatro tipos de maltrato de niños/as por los cuidadores:

- Maltrato físico (real o potencial)
- Abuso sexual
- Maltrato emocional
- Restricción de los movimientos
- Denigración
- Ridiculización
- Amenazas
- Discriminación
- Rechazo
- Tratamiento hostil
- Negligencia

## Lactante zamarreado

> El zamarreo (sacudir), es una forma frecuente de maltrato observado en los niños/as muy pequeños. La mayoría de los niños/as zamarreados tienen menos de nueve meses de edad (...). Se pueden producir hemorragias intracraneales, hemorragias retinianas y fracturas en las articulaciones de las extremidades del niño/a como consecuencia del zamarreo muy rápido. Estas lesiones también pueden ser consecuencia de una combinación de zamarreo y del

[16] "Violencia y salud mental", Universidad Veracruzana, Facultad de Psicología, Veracruz, México. Disponible: <www.uv.mx>.

golpe de la cabeza contra una superficie. Hay indicios de que cerca de un tercio de los lactantes sacudidos violentamente mueren y que la mayoría de los sobrevivientes sufren consecuencias a largo plazo, como retraso mental, parálisis cerebral o ceguera.

## Niño/a golpeado

Uno de los síndromes es el del "niño/a golpeado". Ese término se aplica en general a los niños/as que presentan lesiones repetidas y graves en la piel, el aparato esquelético o el sistema nervioso. Incluye a niños/as con fracturas múltiples producidas en distintas fechas, traumatismo craneoencefálico y traumatismo visceral grave, con indicios de un castigo repetido.

## Maltrato a personas mayores

El maltrato de las personas mayores se puede cometer tanto por acción como por omisión (descuido), y puede ser intencional o no. Además, puede ser de carácter físico (incluye el maltrato físico y el abuso sexual) o psíquico (este último incluye las agresiones emocionales o verbales), o puede entrañar abuso económico u otros perjuicios materiales.

## Abuso sexual

El abuso sexual podría definirse según sus formas y contextos como:

- Violación en el matrimonio o en las citas amorosas.
- Violación por parte de desconocidos.
- Violación sistemática durante los conflictos armados.
- Insinuaciones o acoso no deseados de carácter sexual, con inclusión de exigencia de mantener relaciones sexuales a cambio de favores.
- Abuso sexual de personas física o mentalmente discapacitadas.
- Abuso sexual a niñas y niños.
- Matrimonio o la cohabitación forzados, incluido el matrimonio de adultos con niñas y niños.
- Negación del derecho de hacer uso de la anticoncepción o a adoptar otras medidas de protección contra las enfermedades de transmisión sexual.

- Mutilación genital.
- Inspecciones obligatorias para comprobar la virginidad.
- Prostitución y trata de personas.
- Violación sexual contra hombres y niños.

## Abuso sexual contra niñas, niños y adolescentes

A continuación, de manera muy sintética, recordaremos algunas definiciones y clasificaciones que figuran en dos libros de mi autoría: *Los juegos en la detección del abuso sexual infantil* y *Abuso sexual: cómo prevenirlo, cómo detectarlo*.[17]

> Se considera abuso sexual contra la infancia (ASI) a involucrar a una niña, niño o adolescente en actividades sexuales que no llega a comprender totalmente, a las cuales no está en condiciones de dar consentimiento, o en actividades sexuales que transgredan las leyes o las restricciones sociales. El abuso sexual contra la infancia se manifiesta en actividades de una niña, niño o adolescente y un adulto, o entre una niño/a y otro que, por edad o por su desarrollo, se encuentra en posición de responsabilidad, confianza o poder. Estas actividades –cuyo fin es gratificar o satisfacer las necesidades de la otra persona– abarcan, pero no se limitan a: la inducción a que un niño/a o adolescente se involucre en cualquier tipo de actividad sexual ilegal, la explotación de niños/as o adolescentes de la prostitución o de otras prácticas sexuales ilegales y la explotación de niños/as o adolescentes en la producción de materiales y exhibiciones pornográficas.

El abuso sexual contra la infancia no consta de un solo acto aislado, sino que se lo considera un proceso que tiene varias etapas (selección; acorralamiento; seducción; abuso propiamente dicho; adoctrinamiento; denuncia; retractación), las cuales suelen desarrollarse gradualmente, incluso, durante varios años dentro del marco de la propia casa de la víctima y con agresores sexuales que pertenecen a su propia familia (padre, padrastro, abuelo, hermano o primo, tío, etc.). También, existen los abusos sexuales extrafamiliares o exogámicos; pero, en comparación a los abusos intrafamiliares o endogámicos el porcentaje es muchísimo menor.

---

[17] López, MC. (2014) *Los juegos en la detección del abuso sexual infantil*, Buenos Aires: Maipue. López, MC. (2010) *Abuso sexual. Cómo prevenirlo, cómo detectarlo*, Buenos Aires: Paidós.

El abuso sexual contra las niñas, niños y adolescentes puede constar de distintos tipos de acciones, por ejemplo:

- Violación.
- Manoseos.
- Masturbación.
- Penetración con objetos o dedos.
- Contacto bucogenital.
- Presenciar actividades sexuales.
- Voyeurismo.
- Fotografiar a niños, niñas o adolescentes.
- Exhibicionismo.
- Exhibición de material pornográfico.
- Dejar material pornográfico al alcance de los niños/as.
- Miradas libidinosas.
- Comentarios fuera de lugar.
- Conversaciones sexuales abusivas.
- Acoso sexual.
- Matrimonio infantil.
- Mutilación genital.
- Prostitución infantil.

El abuso sexual contra la infancia tiene una infinidad de severas consecuencias en la vida actual y futura de la víctima, que van desde: lesiones y paspaduras a repetición en la zona genital; embarazo infantil o enfermedades de transmisión sexual; encopresis; enuresis; obesidad; anorexia; trastornos de la alimentación y del sueño; masturbación compulsiva; depresión; dibujos de naturaleza sexual; ataques de pánico; descenso en el rendimiento escolar y mala conducta; mala relación con sus semejantes; excesiva exhibición o inhibición sexual; conductas regresivas; prostitución; intentos de suicidio; disfunciones sexuales; alcoholismo; drogadicción; delincuencia; trastornos psiquiátricos y un largo etcétera.

También, recordaremos algunas definiciones y clasificaciones dadas en el libro *Bullying, ciberbullying, grooming y sexting: guía de prevención:*[18]

## Bullying

El bullying o acoso escolar es toda forma de maltrato físico, verbal o psicológico sufrido por niñas, niños y adolescentes escolares, que son sometidos con premeditación a actos de crueldad por compañeros, pares de su edad, de forma reiterada y persistente a lo largo del tiempo con el principal objetivo de asustarlos y someterlos para lograr obtener una ventaja de algún tipo. Está directamente vinculado al ejercicio del poder.

## Ciberbullying

Es la utilización de la informática para llevar adelante un daño constante hacia un niño/a, por medio de burlas, agresiones, insultos, rumores maliciosos sobre su persona, etc. En el ciberbullying el agresor se aprovecha del anonimato que permiten las redes utilizando perfiles falsos para evitar ser identificado, lo que coloca a la víctima en un estado de indefensión muy grande. Otra característica del ciberbullying es la rapidez con que se genera el daño, ya que la masividad de las redes sociales es clave para su replicación.

## Grooming

Acciones que ejecuta deliberadamente un adulto abusador mediante internet con el objetivo de captar a su víctima niño, niña o adolescente para obtener el control total de su persona para lograr abusarlo sexualmente a través de la manipulación psicológica y para silenciarlo una vez que el abuso se ha cometido.

## Sexting

Es el envío de material erótico o pornográfico entre teléfonos celulares o mediante otros medios virtuales. Existe un grupo de personas que lo consideran como una moda de interacción social. Se trata de fotos del cuerpo desnudo o de sus partes. También, pueden ser videos de tipo sexual que filman los protagonistas y se los envían a sus novios, amantes, amigos, conocidos, parejas (…) Si bien el

---

[18] López, MC.; Müller, MB. (2019) *Bullying, ciberbullying, grooming y sexting: guía de prevención*, Buenos Aires: Maipue.

sexting es una práctica que suele realizarse con consentimiento entre pares, en ocasiones, lo realiza uno de los protagonistas con el objetivo de extorsionar o por venganza. Esta violación a la intimidad, trae consecuencias traumáticas en la víctima.

## Catástrofes y pandemias

Pertenecemos a una civilización con un gran desarrollo tecnológico; sin embargo, aún habitamos un mundo plagado de guerras, persecuciones, catástrofes y desastres ecológicos –además de los cambios climatológicos–, que conllevan un abanico de efectos dañinos que generan tensiones políticas, económicas y sociales.

Cuando se produce un desastre natural o una pandemia no solo debemos contar con recursos médicos para atender a los afectados, también nuestra sociedad debe articular políticas públicas para hacer frente a decenas de efectos adversos tanto sociales como individuales.

En el artículo denominado "Catástrofes: definición, epidemiología, clasificación y principios de tratamiento",[19] sus autores explican:

> Las infraestructuras nacionales quedan destruidas, los servicios básicos a la población interrumpidos y millones de personas se ven sin hogar, expuestas al hambre y a las enfermedades. En el mundo hay 42 millones de personas desplazadas por conflictos armados y violencia generalizada. Ocho millones de refugiados huyeron a países vecinos, mientras que otros 24 millones se desplazaron en el interior de sus propias fronteras. Todos los años mueren de 14 a 50 millones de seres humanos por inanición y en el tercer mundo se encuentran el 80% de ciegos, el 95% de leprosos y el 93% de enfermos mentales... Si fueran mil. Si se redujera la población mundial a un pueblo de mil habitantes, se encontraría con las siguientes sorpresas: 619 serían asiáticos, 120 africanos, 109 europeos, 89 americanos del sur, 57 americanos del norte y 6 australianos. 800 serían de color y 200 blancos. En este pueblo habría los siguientes problemas: 750 pasarían hambre, 700 morirían antes de cumplir los 50 años, 600 vivirían en chabolas, 250 no sabrían ni leer ni escribir, 80 niños morirían antes de cumplir los 5 años.

---

[19] Sánchez, AL.; Moreno, FP.; Castro, CM.; Tendero, FC.; Raya Moles, JA.; Jiménez, JR. "Catástrofes: definición, epidemiología, clasificación y principios de tratamiento" en R. Ceballos Atienza, R. *Catástrofes sanitarias y atención a múltiples víctimas, organización y logística*, España: Formación Alcalá, 2018.

Si bien en el mundo actual existen emergencias silenciosas causadas por la malnutrición y la pobreza, también resulta llamativo cómo en los últimos 20 años las dos terceras partes de las catástrofes fueron causadas por tormentas e inundaciones;[20] sin dejar de mencionar la mortalidad producida a causa del aumento de la temperatura global, terremotos, tsunamis, incendios y pandemias desde hace unos pocos años a esta parte.

A continuación, procederemos a definir algunos términos vinculados con estos temas:

## Catástrofe

La OMS define catástrofe como:

> Cualquier fenómeno que provoca daños, perjuicios económicos, pérdidas de vidas humanas y deterioro de la salud y de servicios sanitarios en medida suficiente para exigir una respuesta extraordinaria de sectores ajenos de la comunidad o zona afectada.

Al ser un acontecimiento inesperado, inhabitual y extraordinario, una catástrofe implica una desestructuración socioeconómica con graves consecuencias en la población afectada, tales como: epidemias, hambrunas, miseria, éxodos, etcétera.

Existen muchos tipos de catástrofes. Mencionaremos a modo de ejemplo tan solo algunos de ellos:

- **Catástrofes naturales**: son aquellas causadas por los elementos de la naturaleza, por ejemplo:
  - **Agua**: inundaciones, crecidas, maremotos, tsunamis.
  - **Tierra**: terremotos, sismos, hundimientos del terreno, avalanchas.
  - **Aire**: ciclones y huracanes, olas de frío o calor.
  - **Fuego**: incendios.
- **Catástrofes tecnológicas**: accidentes industriales o en fábricas químicas, accidentes de tránsito.
- **Catástrofes causadas por el hombre**: como, por ejemplo, aquellas catástrofes generadas por el cambio climatológico.

---

[20] Según datos de la Oficina de Naciones Unidas para la reducción del Riesgo de Desastres (UNISDR) y el Centro de Investigación de Epidemiología de Desastres (CRED). Disponible: <news.un.org>.

Otro tipo de catástrofes son más modernas y podrían llegar a tener su origen en el denominado bioterrorismo (liberación deliberada de virus, bacterias u otros gérmenes con la intención de causar enfermedad y/o muerte en los seres humanos, animales o plantas). Ese es el caso del ántrax, que fue usado en el año 2001 en varios ataques en Estados Unidos, enviado por correo.

Así, las pandemias pueden desarrollarse en una determinada región o extenderse a nivel mundial y se caracterizan por transmitir distintos tipos de virus de animales a humanos, lo que se denomina zoonosis (como el covid-19, por ejemplo); virus a los cuales las personas no son inmunes y que tienen la capacidad de replicarse y transmitirse con gran rapidez dejando a la sociedad en un estado de perplejidad, sin saber cómo reaccionar a nivel científico y a nivel psicológico.

Hipótesis científicas de organismos internacionales como Naciones Unidas o la OMS plantean que la zoonosis que provocó el covid-19 fue producida por la indiscriminada manipulación genética en la cría industrial de animales para la producción de carne y/o en la ingesta de animales enfermos y/o salvajes. Existen antecedentes de este tipo de pandemias producidas por zoonosis en la gripe aviar originada en Asia en el año 2005 y en la pandemia de la gripe porcina H1N1 de 2009-2010, que se inició en Estados Unidos y México.

En todos los casos, los efectos derivados por cualquiera de las catástrofes que mencionamos conllevan terribles consecuencias, tales como: un gran número de víctimas, necesidad de evacuación urgente, vías de evacuación colapsadas, insuficiencia de personal y medios técnicos, escasa coordinación de los recursos disponibles. También, se hacen imprescindibles las operaciones de socorro vinculadas a la tecnología, los medios de comunicación y de transporte, así como de una logística nacional e internacional en el establecimiento de redes de apoyo que puedan dar respuesta a la vulnerabilidad de la población frente a la emergencia sanitaria.

## Trauma, memoria y relato

Las catástrofes, pandemias y violencias no son gratuitas, tienen una infinidad de secuelas en quienes las padecen. Algunas de estas secuelas producen:

- **Alteraciones en el afecto**: depresiones, ideas suicidas, conductas violentas y explosiones de enojo, conducta demasiado inhibida.
- **Alteraciones en la consciencia**: amnesias, trastornos por disociación, preocupaciones constantes.
- **Alteraciones en la autopercepción**: baja autoestima, estigmatización, soledad por sentirse diferente.
- **Alteraciones en la percepción del agresor**: recuerdos angustiosos intrusivos y recurrentes, pesadillas, alucinaciones.
- **Síntomas físicos**: enfermedades físicas y psicosomáticas de todo tipo, tales como asma, fibromialgia, cansancio crónico.
- **Síntomas psicológicos**: trastornos del sueño y de la alimentación, ataques de pánico, fobias, problemas de concentración y bajo rendimiento en la escuela.

Cada acto de violencia, cada golpe físico o psicológico, es vivido por la víctima de violencia como un trauma. ¿Qué significa "trauma"? Un trauma es un monto de energía inmenso que invade el cuerpo y la mente desde afuera impidiendo entender aquello que sucede o ha sucedido. Un trauma deja a la persona –de forma temporal o permanente–, en un estado de perplejidad, sin saber bien cómo reaccionar ni qué pensar, confundida, sin poder defenderse.

Cuando el acto de violencia es extremo, tal como sucede en los casos de abuso sexual, el monto de energía patógena es tan fuerte y la sensación que produce es tan insoportable que, de manera automática, la persona procede a implementar una serie de mecanismos de defensa para conservar la homeostasis, el equilibrio y la normalidad mental.

Si bien existen muchos mecanismos psíquicos de defensa, como por ejemplo la negación, la disociación, etc., uno de los que generalmente se implementa en este tipo de casos es la represión.

La represión hace que el recuerdo traumático –o parte de él– se archive o se guarde bajo "siete llaves" en una especie de "sótano" del psiquismo llamado inconsciente. De tal manera que, si bien es verdad que a veces la persona puede negarse a contar lo que le sucedió para no seguir sufriendo, otras, simplemente, le es imposible hablar porque no recuerda nada de lo que sufrió.

Esta situación de amnesia le proporciona cierto alivio a la víctima; un alivio relativo, ya que en el fondo continúa viviendo con un permanente malestar porque el recuerdo doloroso del trauma continúa subyacente, comportándose como una olla a presión, siempre intentando salir a la luz en forma de recuerdos conscientes; por ejemplo, a través de una serie de síntomas físicos y psicológicos, que no son otra cosa más que metáforas de los sucesos traumáticos reprimidos. Es por esta razón que frecuentemente se puede observar a personas que han sufrido graves traumas continuar viviendo con una aparente normalidad y felicidad, ya que es como si vivieran en dos niveles: en el nivel consciente, como si nada les hubiese pasado; y a nivel inconsciente, experimentando un sufrimiento insoportable, invisible para los demás.

Ahora bien, la pregunta que sigue a esto que acabamos de explicar es: ¿podría la víctima recordar su trauma?, ¿de qué manera? El libro *La entrevista psicológica a niñas y niños víctimas de abusos sexuales* hace referencia a este tema:[21]

> Si bien es cierto que las víctimas de abusos no pueden recordar ni evocar de forma voluntaria los recuerdos de los traumas, también es verdad que frecuentemente sufren reviviscencias: en cualquier momento y en cualquier lugar, son invadidos de forma abrupta e intempestiva por imágenes, sensaciones o sonidos aterradores que no son otra cosa más que representaciones del trauma que les llega desde el inconsciente (...) Si comparamos al psiquismo humano con una computadora y a las huellas mnémicas con la información que guardamos en los discos rígidos, podríamos afirmar que la memoria del trauma nunca se pierde sino más que a nivel de uno solo de los "discos rígidos": se puede llegar a perder tan solo en el disco rígido llamado "consciente-preconsciente"; pero, nunca en el disco rígido llamado inconsciente. La mente humana es una computadora tan perfectamente diseñada que si llega a desactivarse la información de uno de los discos rígidos, automáticamente procede a archivarla haciendo una copia de seguridad de reserva en otro disco rígido llamado inconsciente. Eso sí, archivará dicha información en ese otro disco rígido bajo otro código: ya no bajo un código digital en donde reinan las palabras (disco rígido consciente-preconsciente) sino bajo un código analógico en donde reinan las imágenes (disco rígido inconsciente).

Efectivamente, si los recuerdos en el inconsciente se guardan en forma de imágenes (visuales, auditivas, kinestésicas, por ejemplo),

[21] López, MC. (2017) *La entrevista psicológica a niñas y niños víctimas de abusos sexuales*, Buenos Aires: Maipue.

el arteterapia –y las distintas técnicas con las cuales trabaja– se constituirá como uno de los métodos más efectivos a la hora de elaborar traumas que aún permanecen reprimidos y/o con dificultades de ser expresados a nivel oral.

## Resiliencia

Según Boris Cyrulnik,[22] la resiliencia es: "... el arte de navegar en los torrentes, es el arte de metamorfosear el dolor para dotarle de sentido, es la capacidad de ser feliz incluso cuando tienes heridas en el alma".

Frecuentemente, vemos a las víctimas de violencias y abusos sexuales devastadas anímicamente, heridas no solo por sus heridas sino por innumerables revictimizaciones a las que son sometidas no solo en procesos judiciales nefastos sino, peor aún, por la incredulidad social a la que tantas veces deben hacer frente. Cansadas de luchar y poniendo todas sus energías en sobrevivir, en ocasiones, no les queda mucho tiempo para pensar en la "resiliencia" y, poco a poco, se hunden en la desesperanza. No cualquiera sobrevive a tanto dolor. Sin embargo, aquellas víctimas que logran hacerlo se caracterizan por ser personas que son capaces de encontrarle un sentido a su sufrimiento. Pero, como dice Boris Cyrulnik, con esto no nos estamos refiriendo a justificar aquello que les ha pasado, sino a darle un sentido para el futuro. No se trata de que las cosas que suceden, los traumas por violencias tengan un sentido en sí mismos, sino que uno mismo debe dárselo, otorgarle un significado en su propia vida. Y en este aspecto, esa es una de las funciones más importantes de los profesionales: ayudar a encontrárselo.

Para ejemplificar cómo es que se da el proceso de la resiliencia, recordaremos un conocido cuento:

> Había una vez dos ranas que cayeron en un recipiente de crema. Inmediatamente, sintieron que se hundían. Al principio, las dos patalearon en la crema para llegar al borde del recipiente, pero era inútil. Una de ellas pensó: "No puedo más. Es imposible salir de aquí. Ya que voy a morir, no veo para qué prolongar este dolor. ¿Qué sentido tiene morir agotada por el esfuerzo estéril?". Dicho esto, dejó de patalear y se hundió con rapidez. La otra rana se dijo: "Nada se puede hacer para avanzar. Sin embargo, ya que la muerte

---

[22] Cyrulnik, B. *Los patitos feos*, ob. cit.

me llega, prefiero luchar hasta mi último aliento". Y siguió pataleando y chapoteando siempre en el mismo lugar. De pronto, de tanto patalear, la crema se transformó en manteca. La rana dio un salto y llegó hasta el borde del pote. Y alegremente regresó a su casa.

Es la capacidad de resistir ante las adversidades, de no dejarse vencer, de seguir adelante aun con el riesgo de dejar la vida en ello, eso es la resiliencia. Se trata de comprender que hay dos modos de atravesar las situaciones duras de la vida: viviéndolas de forma resignada o como un desafío a superar.

Víctor Frankl,[23] neurólogo y psiquiatra de Viena que en los años 30 trabajaba en la prevención de la depresión y el suicidio, un día fue deportado a un gueto en Auschwitz y luego a otros campos de concentración en donde se vio confrontado con la violencia más extrema. Después de varios años de trabajar como un esclavo, casi sin ropa ni comida, en temperaturas bajo cero grados, finalmente, fue liberado. Una vez libre, se enteró de que la mayor parte de su familia, incluida su esposa y amigos, habían muerto. Como psiquiatra, comenzó a preguntarse por qué razón él había podido sobrevivir mientras que tantos de sus compañeros, antes de ser asesinados en las cámaras de gas, solían morir contagiados de terribles enfermedades como el tifus o se terminaban suicidando al arrojarse contra los alambrados electrificados de los guetos. Él llegó a la conclusión de que había podido sobrevivir al hambre, la humillación, la ira, el terror, la depresión, la desolación, la desesperanza, la impotencia más extrema porque nunca había perdido la ilusión; porque había conservado la fantasía, la esperanza de un mañana mejor. En el momento en que lo capturaron él decidió llevarse un solo objeto consigo: el manuscrito de un libro que estaba escribiendo; sin embargo, cuando se lo destruyeron, continuó escribiéndolo en su mente y guardándolo en su memoria para publicarlo cuando fuese liberado porque nunca pensó en otra opción más que en seguir vivo. Interpretó la desgracia de haber perdido su libro como una oportunidad para poder escribirlo de otra manera, mucho mejor. Así fue que tomó consciencia de algo que también solía decir Erich Fromm:[24] si bien la persona no se libra de muchas de las cosas que le toca

[23] Frankl, V. *El hombre en busca de sentido*, Barcelona: Herder, 1987.

[24] Fromm, E. *Miedo a la libertad*, México: Paidós, 2014.

vivir, sí es libre de la actitud con que las afronta. Así, cuando todo se ha perdido: "la última de las libertades humanas es la capacidad de elegir la actitud personal ante un conjunto de circunstancias".

La capacidad humana de trascender las dificultades es sorprendente. Cuando una persona logra reponerse ante un suceso dramático, es porque de alguna manera consigue salir del aquí y ahora terrible y puede ser capaz de verse a sí misma en perspectiva, sin identificarse con lo que "el enemigo" hubiese querido para ella.

Hace muchos años atrás, una fría noche de invierno, alguien me escribió un mensaje anónimo por internet. Decía: "Mi padre me violó durante toda mi infancia. Estas son mis últimas palabras: hoy me voy a suicidar". De inmediato, le envié otro mensaje y muy pronto empezamos a conversar acerca del sentido del sufrimiento en la vida. La persona con la que hablaba aseguraba que el sufrimiento no tenía ningún sentido y como la vida estaba llena de sufrimiento, la vida no valía la pena. Yo, obviamente, le di la razón; aunque, a continuación, me animé a transmitirle otro punto de vista: "Estoy de acuerdo contigo; sin embargo, desde otra perspectiva, algo que ayuda a sobreponernos del sufrimiento es entenderlo como experiencia...". Pero, la respuesta no se hizo esperar: "Digas lo que digas me voy a suicidar". Continué, haciendo caso omiso a lo que me acababa de decir; pensé que, si se estaba tomando el trabajo de escribir, era porque aún tenía dudas de tomar semejante decisión: "Si preguntamos '¿por qué existe el sufrimiento?', llega un momento en que nos quedamos sin respuesta; pero si, en cambio, nos preguntamos '¿Para qué existe?', quizás, nos podamos conectar con algo que podamos haber aprendido de esa experiencia. ¿Es terrible?, sí. ¿Es paradójico?, sí. Pero, todo en la naturaleza del ser humano es paradójico...". De repente, caí en la cuenta de que otra vez me había escrito: "Filosofía barata. Digas lo que digas me voy a suicidar". Entonces, a esa altura de la noche, ya exhausta tanto por el día agobiante de trabajo que había tenido como por el estrés que me provocaba la impotencia de toda aquella dramática situación, le respondí: "Si te matas estarás obedeciendo a tu violador. Este tipo siempre te quiso ver muerta para que no le cuentes a nadie su identidad. La peor venganza que puedes hacer no es desaparecer: cuando estés muerta, él va a seguir vivo para defenderse con argumentos de lo más convincentes. Esa no es la solución. La peor venganza que puedes hacer es vivir para contar en primera persona tu historia". Del otro lado nunca más recibí una respuesta. Silencio total. Pasaron días, semanas y meses de silencio absoluto hasta que después de mucho tiempo recibí otro mensaje: "Aún sigo viva. Después de hablar contigo empecé a escribir un libro para ayudar a otros contando mi historia. Ahora, cada vez que me siento mal me pongo a escribir y reconecto con el arte. Aunque parezca una real locura, puedo decir que, finalmente, entendí lo que significa ser libre de verdad".

Nuestra vida siempre puede dar un giro inesperado cuando cambiamos el paradigma desde el cual solemos vernos. Esto sucede cuando nos animamos a corrernos de los decretos con los que han pretendido anularnos, cuando nos redescubrimos en nuestra esencia más profunda, cuando comprendemos que el sentido de la vida está en sabernos libres para elegir una y otra vez –a pesar de todo y de todos– adentrarnos curiosos por los infinitos caminos que conducen hacia la felicidad.

En una entrevista que le realizó Marié Morales, Boris Cyrulnik explica:

> MM: Una infancia feliz no garantiza una vida adulta feliz. Ni una infancia desgraciada nos condena a una vida desgraciada. ¿De qué depende una vida feliz?
>
> BC: Una infancia desgraciada supone lo que yo llamo "empezar mal en la vida". Si esta persona se queda sola es bastante probable que tenga una vida desgraciada, pero si, con el paso del tiempo, se ve rodeada de afecto, puede tener una vida feliz. El afecto ayuda entre un 70 y un 80% a la resiliencia, a superar las dificultades y resituarse en el mundo de una manera más sana y segura.[25]

Es verdad que hay que encontrar un sentido a la vida, pero la pregunta es: ¿cómo?, ¿dónde buscarlo? En este aspecto, el arte nos brinda una excelente propuesta. No es casualidad que la mayoría de los grandes pintores, escultores, músicos, poetas, escritores hayan sido supervivientes de tragedias muy duras. El arte es un instrumento que salva vidas, que da sosiego, una paz indescriptible. Boris Cyrulnik dice:

[25] Cyrulnik, B. "Empezar mal en la vida no determina que tu vida tenga que ser desgraciada", entrevista realizada por Marié Morales. Disponible: <http://crecejoven.com/>.

> En primer lugar, es preciso encontrar a alguien que te transmita seguridad afectiva, ya sea profesional o no. Pero no siempre aparecen en nuestro camino personas amorosas y altruistas que se empeñen en ayudarnos, a pesar de las resistencias y dificultades que puedan haber; por eso es que es tan importante la labor de los profesionales preparados para ayudar con amor e implicación personal (...) Un medio muy eficaz es la escritura. A menudo, las personas heridas escriben espontáneamente, lo ven como una manera de expresar sus emociones, controlarlas, narrar su vida y representarla. Muchas veces, la manera en que narramos nuestra historia nos puede ayudar a curar heridas, aunque también a crearlas. Por eso es importante utilizar la escritura de una manera que te ayude a resignificar tu dolor.

Se dice que las personas resilientes se caracterizan por: tener una gran habilidad para resolver problemas; contar con una buena actitud para relacionarse con la gente; ser dueños de una gran voluntad; saber planificar a futuro; ser positivos; poseer una autoestima elevada; ser más independientes y tener menos tendencia a la desesperanza. Sin embargo, particularmente, no creemos que todas estas habilidades sean necesarias desde el arranque para que una persona sea resiliente; consideramos que, en todo caso, estas son habilidades a desarrollar: una persona que ha sido herida tanto a nivel emocional, como a nivel psíquico, moral o físico puede vivir en el "subsuelo", sumida en la depresión y hundida bajo tanta sintomatología que no le restan fuerzas para ser tan perfecto. Especialmente en los casos de traumas severos, como aquellos derivados de las violencias y abusos sexuales, una de las pocas cosas que ayudan a reponerse a corto plazo son: el altruismo y el arte.

# Capítulo 3

## Arteterapia en los grupos sociales

No importa que tengamos distintos roles, ocupaciones, valores, nivel socioeconómico o cultural, el arteterapia puede ser adaptado a cualquier grupo social. Por naturaleza, somos seres sociables; y desde que nacemos vamos desarrollando una serie de habilidades sociales que nos permitirán relacionarnos con quienes nos rodean ya que eso, no solo nos facilitará vivir emocionalmente en armonía, sino que, fundamentalmente, nos hará posible sobrevivir.

Las habilidades sociales son el conjunto de conductas que nos ayudan a interactuar con otras personas expresándonos de manera eficaz. Está comprobado que quienes participan en grupos de arteterapia mejoran notablemente las siguientes habilidades sociales:

1. **Escucha activa**: escuchar no es lo mismo que oír, no se trata solo prestar atención a las palabras de nuestro interlocutor concentrándonos en lo que le vamos a responder; la idea es entrar en sintonía con el otro siendo consciente, a partir de la observación de su lenguaje corporal y de sus gestos, de qué podría estar sintiendo o queriendo decir.
2. **Asertividad**: saber cómo expresar nuestra opinión teniendo en cuenta la opinión del otro es clave para la convivencia humana.
3. **Validación emocional**: tener *rapport* o afinidad con nuestro interlocutor es comprender y reconocer lo que está sintiendo y/o intentando decir, más allá de sus verbalizaciones textuales.
4. **Empatía**: poder ponerse en el lugar del otro implica la capacidad de sentir lo que el otro está sintiendo. Esto es fundamental a la hora de relacionarse y convivir dentro de diferentes contextos sociales para entender mejor el comportamiento de los demás.
5. **Capacidad de negociación**: aquel que tenga la habilidad de saber negociar los conflictos con su pareja, sus hijos, sus compañeros de escuela o trabajo, logrará una mejor calidad en sus vínculos.

6. **Respeto**: cuando respetamos las ideas, los valores y las creencias de otras personas, se sienten consideradas y aceptadas, lo que evitará conflictos.
7. **Credibilidad**: si somos coherentes entre lo que decimos y lo que hacemos, terminamos ganando la confianza de los otros.
8. **Compasión**: cuando creemos sinceramente que nadie es perfecto y que nosotros también podemos llegar a equivocarnos, no solo podemos dejar de juzgar a los demás de manera dura, sino que además podemos aprender de ellos.
9. **Pensamiento positivo**: la manera en cómo percibimos y pensamos al mundo tiene una notable incidencia en nuestras relaciones. Las personas positivas suelen atraer a personas positivas que, a la corta o a la larga, las pueden ayudar.
10. **Regulación emocional**: controlar nuestras emociones evita las conductas reactivas e impulsivas, los frecuentes arrepentimientos y el abrir permanentes frentes de conflicto.
11. **Apertura de mente**: cuando somos tolerantes y no juzgamos a los demás a través de estereotipos y prejuicios nos adaptarnos mejor nuestro entorno.
12. **Paciencia**: esta virtud nos ayuda a no frustrarnos tan rápidamente y a controlar el enojo y los ataques de ira. Entender que nadie es perfecto nos permite relajarnos y disfrutar más de nuestras actividades y vínculos.
13. **Cortesía**: cuando somos educados, gentiles, respetuosos y amables podemos notar que las otras personas también lo son.
14. **Saber expresarse**: poder expresarnos de manera clara mediante la palabra hablada de modo tal que los demás nos entiendan es fundamental para evitar conflictos en nuestras relaciones.

El hecho de participar en grupos de arteterapia no solo mejora las relaciones interpersonales. Además, estimula el conocimiento de uno mismo y el pensamiento creativo en la toma de decisiones. También, potencia habilidades cognitivas como la atención, percepción, memoria, razonamiento, comprensión, resolución de problemas. Cuando nos disponemos a hacer una obra de arte es condición indispensable observar, analizar, ordenar, clasificar, memorizar, interpretar, evaluar. Finalmente, una vez que logramos representar lo que teníamos en mente, nos sentimos mejor y nuestra autoestima se eleva. Estas son todas habilidades que vamos aprendiendo desde nuestra infancia copiando conductas que observamos en nuestro entorno. La realidad es que no todas las niñas y niños han contado con esa oportunidad. En este aspecto, el arteterapia cumple una función muy importante en la infancia, al posibilitar el entrenamiento y el aprendizaje de aquellas habilidades que servirán, en definitiva, para mejorar la calidad de vida. Desde otra perspectiva, esto también es válido para la adolescencia y la adultez.

## Arteterapia en la psicoterapia

El arteterapia es un valioso recurso del cual puede valerse un psicólogo entrenado en esta disciplina que trabaje con cualquier tipo de problemáticas, especialmente aquellas de origen traumático, en las que los pacientes presentan dificultades para verbalizar o racionalizar; por ejemplo, en adicciones, depresiones, trastornos alimenticios, problemáticas de desinserción social, violencia sexual, violencia psicológica, doméstica, etcétera.

Puede adaptarse tanto a las terapias individuales como a las terapias grupales:

a. **Abordaje individual**:

La psicoterapia individual trata de resolver problemas de naturaleza emocional, en los que un paciente o cliente –niña, niño, adolescente o adulto–, establece una relación con un profesional o terapeuta, especialista en conducta humana, que lo ayudará a elaborar traumas y conflictos para modificar comportamientos y síntomas, obteniendo como resultado un crecimiento personal y una mayor calidad de vida.

El arteterapia ha demostrado que ayuda a elaborar toda clase conflictos reales a través del uso de herramientas simbólicas como la pintura, la escultura, la música, la danza, la actuación. La ansiedad, los miedos, las fobias, los ataques de pánico, la inestabilidad emocional, si son abordados de forma directa, a través de una conversación, no encuentran palabras para expresarse; en cambio, sí encuentran una vía de expresión a través del arte.

El psicólogo que utiliza herramientas del arteterapia suele lograr una mayor empatía con personas víctimas de abuso sexual y otras distintas clases de violencias que se encuentren atravesando por un estrés postraumático; también sucede lo mismo con niñas, niños y adolescentes de distintas edades con trastornos de conducta o que han sido diagnosticados con TGD (Trastorno Generalizado del Desarrollo), autismo, síndrome de Asperger, psicosis, etc. Una de las cosas que puede explicar la eficiencia del arteterapia en estos casos tan difíciles es que el psicólogo se corre de una postura de perfección, de aquel que tiene respuestas para todos los problemas, y se coloca más en un rol principalmente de guía para que el propio paciente sea quien se involucre con un mayor compromiso en la búsqueda de soluciones a través del autoconocimiento y la autotransformación.

La terapia individual brinda un espacio ideal para profundizar en cuestiones de las que los pacientes, por distintos motivos, se niegan, o simplemente, no pueden hablar en público por vergüenza o por miedo a ser juzgados. No se trabaja tanto con el significado de las palabras sino con el decir de la misma obra de arte. Mirando su propia producción, el paciente se ve a sí mismo desde el punto de vista del observador, en perspectiva. De esta manera, se le facilita la toma de consciencia de aspectos inconscientes de su conducta.

Resulta interesante observar cómo, cuando el psicólogo incorpora el arte como dispositivo clínico, cada paciente que entra al consultorio sufre una inmediata transformación: pronto deja de lado el diagnóstico con el cual solía definirse y comienza a expresarse con una mayor libertad, comienza a reconectase con lo lúdico de la vida y la posibilidad de recrearse a sí mismo a través de su creación. Es sorprendente lo rápido que tantas personas marginadas, discriminadas y rechazadas, llenas de cicatrices, devastadas emocional y mentalmente, tan pronto se contactan con actividades artísticas recuperan su subjetividad y la alegría de vivir.

b. **Abordaje grupal**:

La psicoterapia grupal es un tipo de terapia psicológica que trabaja con varias personas que experimentan problemáticas similares. Se parte de la base que el grupo es más grande que la suma de sus partes, ya que cuando los miembros se animan a compartir sus experiencias no solo toman consciencia de que no son los únicos a quienes les ha sucedido eso que tanto los hace sufrir, sino que además generan lazos de empatía que les facilitan el proceso de la elaboración del trauma.

Existen diferentes clases de psicoterapias grupales; todas ellas están dirigidas por un coordinador o un terapeuta y funcionan con un grupo de siete a doce pacientes o participantes (en grupos más grandes se acostumbra armar subgrupos) y suelen ir variando en cantidad a lo largo del tiempo. En todas las terapias grupales se establece un pacto de confidencialidad para que nadie pueda contar fuera del grupo lo que otro miembro ha dicho; y es esto mismo lo que ayuda en gran medida a que todos se animen a hablar y a contar sus experiencias en común. Cuando un miembro habla, los demás escuchan, y cada cual debe hablar de sí mismo y de su propia experiencia sin dar consejos ni discutir diferencias.

Las psicoterapias de grupo tienen varios objetivos: ayudar a la persona a que pueda identificarse con otros para identificar luego en sí misma y así elaborar conductas inapropiadas o conflictivas; ayudar a elaborar las experiencias traumáticas; trabajar las dificultades de orden emocional a través de la retroalimentación con las experiencias prácticas de aquellos que vivieron cosas similares y pudieron resolverlas; ofrecer apoyo, contención y establecer lazos de empatía. En los grupos, además, se facilita el intercambio de información; se trabaja sobre temas vinculados al altruismo, a la recuperación de la esperanza; se aprende a compartir y a sociabilizar.

Los grupos de arteterapia suelen conformarse por edades (niñas y niños, adolescentes, jóvenes, adultos). También, son creados sobre la base del tipo de conflictiva que sus miembros comparten. Generalmente, los grupos conformados a partir de rangos de edad incluyen a gente con distintas problemáticas, tal como sucede en grupos de arteterapia dentro del ámbito escolar, por ejemplo.

## Arteterapia en grupos de autoayuda

Los grupos de autoayuda, también conocidos como grupos de ayuda mutua, se caracterizan por ser una forma de asociación en la que se reúnen personas que viven experiencias o enfermedades similares con el fin de apoyarse mutuamente, intercambiar información y recuperarse del problema que los convoca. La comunidad de ayuda mutua más famosa, por ser una de las pioneras e introducir el formato de grupos basados en doce pasos, es Alcohólicos Anónimos, fundada justamente por dos hombres alcohólicos en la década de 1930 en Estados Unidos. De este formato, surgieron Narcóticos Anónimos, Jugadores Anónimos, y los grupos que nuclean a sus familiares, por ejemplo. Cabe aclarar que, a diferencia de otros tipos de grupos que están dirigidos por un profesional, en los grupos de ayuda mutua no hay un líder sino un coordinador, que es uno de los miembros del propio grupo que rota en su función con otros miembros.

Los principios básicos de un grupo de autoayuda son:

- Todos los miembros comparten una experiencia en común.
- El grupo se gestiona autónomamente. Son los integrantes quienes deciden su manejo.
- El grupo ejerce control social sobre sus integrantes para facilitar y promover el cambio.
- Cada integrante tiene un propósito de cambio y está dispuesto a apoyar a otros para que también lo hagan.
- El cambio debe verse reflejado dentro y fuera de las sesiones del grupo.
- Ofrecen información, guía y orientación para abordar el problema común.

Los grupos de autoayuda son fuente de motivación y esperanza para sus miembros; sin embargo, vale destacar que este tipo de abordaje debe complementarse con una terapia individual, la cual, suele brindar un espacio de mayor intimidad y confianza que facilita no tener tanta vergüenza de hablar y que ayuda a elaborar traumas o situaciones que han sido reprimidas, de las cuales el sujeto no es consciente y, por lo tanto, no es capaz de analizarlas por sí mismo frente a un grupo de personas.

Los grupos de autoayuda son muy eficaces porque han ido incorporando una serie de técnicas específicas, por ejemplo:

- Apoyo mutuo.
- **Facilita la verbalización del malestar**: esto implica la necesidad de tener que ordenar las ideas para que los demás puedan entenderlas, con lo cual la persona se hace más consciente de sus ideas, sentimientos y experiencias. Poner en palabras lo que se silenció durante mucho tiempo también implica una catarsis emocional y una consecuente sensación de liberación.
- **Identificación con otro semejante**: esto ayuda a liberarse de culpas y a recomponerse afectivamente.
- **Aprendizaje interpersonal**: todos aprenden de todos.

- El grupo se convierte en un factor de control para los demás; especialmente, en los grupos de adicciones al alcohol, la droga, el juego, etcétera.
- Los logros de cada uno de los miembros se terminan convirtiendo en los logros de todo el grupo.

## Arteterapia y discapacidad

La expresión artística es una habilidad con la que todo ser humano nace, aunque cuando crece la va perdiendo. Desde que son bebés las niñas y niños pueden apreciar los colores de un cuadro y moverse al son de una melodía o sonreír frente a una canción; desde que son capaces de sostener un lápiz, tienen inclinación por dibujar. Todo esto indica que la actividad artística se encuentra estrechamente relacionada con el desarrollo de la psicomotriz y cerebral.

El arte es una herramienta terapéutica de gran utilidad para el trabajo con aquellas personas que tienen diferentes tipos de discapacidades, tanto mentales como físicas, dado que ayuda a:

- Desarrollar la psicomotricidad gruesa y fina.
- Desarrollar la concentración y el autocontrol.
- Generar motivación.
- Integrar el cuerpo, emociones y mente.
- Estimular la memoria a corto, mediano y largo plazo.
- Organizar el tiempo y el espacio.

Desde esta perspectiva, el arteterapia puede adaptarse no solo como herramienta para resolver conflictos psicológicos, sino que también puede implementarse en función de las distintas capacidades y dificultades que cada persona pueda tener, sin importar su momento psicoevolutivo, su grado de inteligencia ni su edad.

Efectivamente, se pueden armar grupos con personas (niñas, niños, adolescentes, adultos) que no sepan o no puedan hablar, que tengan dificultades psicomotrices severas; también, con aquellos que tienen síndrome de Down, retraso mental o fueron diagnosticados con TGD, autismo, síndrome de Asperger, psicosis, etcétera.

Se pueden organizar diferentes opciones de trabajo, todas ellas válidas. Así, por ejemplo, pueden armarse grupos de trabajo en arteterapia mixtos o más específicos, centrados en el logro de ciertos y determinados objetivos según las discapacidades y los recursos con los que cuenta cada individuo.

## Arteterapia en la escuela

El arteterapia puede ser utilizado como un recurso dentro del ámbito escolar alternativo y/o complementario con el gabinete psicopedagógico. La realidad demuestra que las niñas, niños y adolescentes con dificultades escolares o de adaptación y con conflictos psicológicos –incluso psiquiátricos–, en muchas oportunidades resultan muy difíciles de derivar a tratamiento en centros de salud mental o a tratamientos psicológicos o psicopedagógicos especializados por varias razones, entre ellas, una cuestión de distancias geográficas y de poco tiempo de los padres, así como también debido a los costos o, incluso hoy en día, de prejuicios familiares y sociales. En este tipo de casos, el arteterapia se constituye como una técnica ideal para ser implementada como actividad extraescolar dentro de las mismas escuelas dado que no genera prejuicios y no discrimina ni estigmatiza a nadie.

Una de las ventajas de implementar espacios de arteterapia en las escuelas es que se facilita la comunicación entre los terapeutas con el gabinete psicopedagógico y las maestras o profesores del niño/a, pudiendo trabajar mucho mejor en equipo.

Además, el arteterapia también puede utilizarse como una herramienta de prevención a la hora de armar talleres para trabajar temáticas vinculadas a las distintas clases de violencias y de traumas colectivos, como los generados en la actualidad por las pandemias y las distintas catástrofes naturales como los incendios, terremotos, etcétera.

Cuando las niñas, niños y adolescentes con dificultades escolares son llamados por el gabinete psicopedagógico muchas veces se sienten avergonzados frente a sus compañeros; en el caso de ser convocados a participar en un taller de arteterapia, suelen ir en casi todas las ocasiones felices.

En cuanto a cómo debería implementarse el arteterapia dentro de las instituciones educativas, se aconseja:

- Se realice dentro del espacio y horario escolar.

- Es necesario implementar un aula especial, provista de mesas y agua para limpiar los materiales; de no ser esto posible, el aula deberá estar cerca de los baños o la cocina para obtener agua desde allí.
- El arteterapeuta será el encargado de ayudar a organizar el grupo, y al finalizar la sesión limpiará los utensilios usados y las mesas de trabajo.

Las sesiones de arteterapia deben estructurarse de la siguiente manera:

- Al empezar, todos los miembros del grupo se saludan y presentan.
- Luego, el arteterapeuta transmitirá a las niñas y niños las reglas y normas del grupo.
- La duración de las sesiones puede ir desde treinta minutos hasta una hora o una hora y media como máximo.
- Las sesiones deben conformarse dentro de un espacio libre de exigencias y presiones, en donde las niñas y niños no se sientan juzgados (menos aún, castigados) si es que cometen errores.

## Niñas y niños

No existe niña o niño que no guste de ninguna actividad artística. Todo el mundo relaciona el arte con la diversión y la alegría. Además, en los grupos de arteterapia los chicos se sienten integrados y aceptados, dado que muy pronto aprenden que nada es completamente bueno ni completamente malo y que nadie nace sabiendo.

Cuando alguien crea una imagen, una canción, un cuento u otra obra artística se establece un lazo entre todos los miembros del grupo, quienes pueden comentar o interpretar espontáneamente la obra del otro produciendo una retroalimentación mutua de ideas y aperturas de consciencia.

Ellos deben desarrollar la baja tolerancia a la frustración y aprender a controlar los estados de ansiedad para lograr, por ejemplo, trabajar en equipo construyendo una escultura que más tarde podrán guardar, regalar o exponer en la escuela. Y cuando finalmente lo logren, se sentirán orgullosos.

Los niños/as marginados, víctimas de violencia o de otros traumas, muchas veces proyectan en los demás miembros del grupo dolorosos vínculos de sus relaciones familiares. Así, de esta manera, si se llevan mal con su padre es muy posible que proyecten este tipo de vínculo con el terapeuta; a su vez, si se llevan mal con alguno de sus hermanos es posible que tampoco se lleven bien con sus compañeros; si se han sentido traicionados, seguramente serán muy desconfiados o tímidos, podrán presentar trastornos conductuales, por mencionar tan solo algunos ejemplos. No obstante, en los grupos de arteterapia se produce una cierta magia y muy pronto sucede que todo el mundo va sanando sus heridas. Esto suele darse porque en esta clase de grupos no se establecen relaciones de poder sino relaciones de igual a igual, lo cual facilita la comunicación recíproca y todos terminan dándose cuenta de que no son únicos en este planeta y que son muchos los que tienen conflictos.

El objetivo, a diferencia de otro tipo de grupos en donde se aprenden habilidades artísticas, no está puesto en el desarrollo de destrezas ni en la única meta de aprender diferentes técnicas. El arteterapia excede todo esto: si bien se sirve del arte, se centra más bien en el desarrollo de habilidades sociales, las cuales, una vez logradas, tienen un efecto positivo y sanador en otras áreas de la vida como las áreas emocionales y conductuales.

El aprendizaje de habilidades sociales comienza en la familia; pero cuando esto no sucede, una de las consecuencias son los problemas conductuales y de aprendizaje. Por lo tanto, el arteterapeuta deberá trabajar observando atentamente si la niña o el niño:

- Es capaz de cumplir consignas.
- Si se relaciona adecuadamente según su etapa evolutiva con diferentes personas.
- Si es valorado, querido y respetado por sus compañeros.
- Si es capaz de establecer conversaciones.
- Si sabe pedir cosas prestadas.
- Si es capaz de relacionarse lúdicamente y trabajar a la vez.
- Si puede comunicar asertivamente sus ideas, emociones, necesidades y deseos (tanto a otros niños/as como a los adultos).
- Si puede entender las emociones, motivaciones y la causa de las acciones de los otros miembros del grupo.
- Si puede resolver conflictos derivados del contexto grupal.
- Si puede controlar sus impulsos.
- Si respeta el espacio de los demás.
- Si respeta el turno para hablar o para hacer algo.

- Si logra cumplir metas personales sin distraerse en el contexto grupal.
- Si tiene la suficiente plasticidad como para adecuarse al cumplimiento de las metas grupales.
- Si coopera y ayuda a los demás (altruismo).
- Si es antisocial o extremadamente tímido.
- Si tiene apego positivo a alguien del grupo.

A medida que vayan trabajando sobre las distintas actividades creativas y artísticas, si el arteterapeuta detecta alguna carencia en los puntos que antes mencionamos, deberá estimular a la niña o el niño a que, poco a poco, pueda ir superándose.

El arteterapia tiene muchísimos beneficios y como resultado de las sesiones grupales se puede observar que los niños/as logran:

- Empatía.
- Compromiso.
- Autoexpresión.
- Capacidad para afrontar conflictos.
- Metas altruistas: entre los miembros del grupo suelen aconsejarse e infundirse esperanza.
- Capacidad de comunicación: aprenden a escuchar y a expresarse.
- Cooperación.
- Aprenden a trabajar en equipo: los niños/as que tienen un mayor dominio sobre una de las técnicas ayudan a otros.
- Control de los impulsos.
- Aprenden a no enojarse frente a un error sino a seguir intentando mejorar.
- Aprenden a reflexionar y corregir sus obras (y sus acciones).
- Aprenden a hacer una catarsis de sus emociones negativas y a encauzarlas para la creación de sus obras.
- Aprenden a integrarse y a aceptar a sus compañeros.
- Establecen amistades significativas.
- No se sienten estigmatizados, tontos, inútiles, enfermos, diferentes.
- Mejoran el comportamiento.
- Desarrollan una motivación.

- Obtienen una mayor confianza en sí mismos.
- Aumentan su autoestima.
- Resuelven conflictos.
- Desarrollan una mejoría en la adaptación escolar, social y familiar.
- Aprenden a cumplir objetivos y metas a corto y mediano plazo.
- Toleran más la frustración.
- Aprenden a manejar la ansiedad y la ira.
- Mejoran notablemente su rendimiento académico.
- Aumentan la estima por la escuela.

## Adolescentes

La adolescencia marca la finalización de la infancia y el comienzo de los mayores cambios a nivel biológico, psicológico y social. En esta etapa, los adolescentes se van independizando psicológicamente de su familia y cambian su modo de pensar, dado que ahora cuentan con un pensamiento abstracto o hipotético-deductivo. Si bien se vuelven mucho más sociables y valorizan los lazos de amistad, también son egocéntricos, porque están muy centrados en autodescubrirse en las distintas áreas de su vida. Y fundamentalmente, van construyendo su identidad sexual, política, religiosa y vocacional. Por supuesto que tantos cambios afectan su estado de ánimo, por lo cual suelen ser inestables emocionalmente.

Resumiendo, algunas de las tareas más importantes que según María Paz Prada[26] el adolescente debe cumplir son:

- Aceptar el físico y usar el cuerpo de manera efectiva.
- Lograr independencia emocional de los padres y de otros adultos.
- Lograr un rol social-sexual masculino o femenino.
- Formar relaciones nuevas y más maduras con compañeros de la misma edad y de diferentes orientaciones sexuales.
- Desear y alcanzar una conducta socialmente responsable.
- Adquirir un conjunto de valores y un sistema ético para guiar la conducta.
- Prepararse para una carrera económica.

[26] Parada, MP. "El arteterapia como puente de comunicación con un adolescente", monografía para optar al postítulo de Terapias de Arte, Mención Arteterapia, Facultad de Artes, Escuela de Postgrado, Universidad de Chile, 2015.

- Participar de la vida familiar.
- Ampliar sus relaciones.
- Sentir que es tomado en cuenta por los demás.
- Poner en práctica sus ideales.
- Obtener más libertad.
- Crear y trabajar intensamente en algo útil.
- Tener un estudio o trabajo adaptado a su necesidad.
- Disfrutar de actividades recreativas.
- Pensar en el futuro.
- Tener confianza en sí mismo con reconocimiento de sus capacidades y limitaciones.

Esta autora enumera algunos de los conflictos que en mayor o en menor medida atraviesan los adolescentes:

- Sentirse traicionados.
- Trato injusto de aquellos que esperan afecto, comprensión y proceder recto.
- Sentir que no encajan en los cánones de belleza que proponen los medios de comunicación.
- Restricción irrazonable de los padres, impidiendo responsabilidad para la autodirección.
- Falta de información acerca de su sexualidad.
- Cambios en sus creencias religiosas.
- Autoestima inestable según su rendimiento académico, en los deportes, etcétera.
- Complacencia.
- Ingenuidad.
- Temores.
- Rigidez o enjuiciamiento hacia los demás.
- Conductas de hermetismo.
- Conductas egocéntricas.
- Sobredimensión o negación de las emociones.

A la hora de formar un taller de arteterapia, el arteterapeuta que trabaje con adolescentes deberá tener en cuenta todos estos ítems que acabamos de mencionar, ya que uno de los objetivos será trabajar adaptándose a los intereses y necesidades de ellos. En este aspecto, uno de los objetivos principales del arteterapia con los adolescentes será utilizar el arte como instrumento mediador para explorar creativamente distintas formas de expresar emociones como el amor y la ira, por ejemplo, o conflictos internos, confusiones, contradicciones, deseos, fantasías, ideas de sí mismo y de los demás, percepciones de su cuerpo y del mundo, habilidades, fortalezas y defectos. En definitiva, en los talleres de arteterapia se brindará un espacio de autoexpresión y autorreflexión, en cual irán aumentando su autovaloración o autoestima, podrán elaborar traumas, formarán lazos de amistad y se sentirán contenidos en un ambiente seguro y libre de prejuicios.

En este punto, vale la pena aclarar que el arteterapia no impone objetivos con los cuales sus participantes se sientan agobiados y/o presionados a cumplir. La forma de trabajar es a partir de los intereses y las propuestas de los adolescentes. Se trata de que ellos mismos se vayan autodescubriendo a través de sus propias obras. Es notable cómo, con el transcurrir del tiempo, las diversas series de obras realizadas en los distintos talleres se transforman en un reflejo simbólico de los cambios que los adolescentes van teniendo.

## Arteterapia con sobrevivientes de traumas

Cuando hablamos de sobrevivientes de traumas nos estamos refiriendo a aquellas víctimas –niñas, niños, adolescentes y adultos– que han logrado sobrevivir a una situación traumática.

Desde el punto de vista psicológico, recordamos que un trauma es un evento que ocurre a un individuo de repente y de forma abrupta e inesperada; este evento es vivido como una amenaza o un ataque que no se puede llegar a entender.

Una de las consecuencias de haber atravesado por un trauma es el estrés postraumático. El Manual Diagnóstico y Estadístico de los Trastornos Mentales DMS-5 describe tres criterios fundamentales a la hora de diagnosticar el Trastorno por Estrés Postraumático (TEPT). La persona tuvo que haber atravesado por alguna de las siguientes experiencias relacionadas con riesgo de vida: exposición a la muerte, accidentes graves o violencia sexual. Así, desde este punto de vista, alguien podrá sufrir un estrés postraumático si es que ha atravesado por alguna de las siguientes experiencias:

- Ver morir de forma trágica e inesperada a alguien: cuando un niño/a ve cómo su madre está siendo asesinada o se murió en un terremoto; cuando un rescatista interactúa con gente a punto de morir e, incluso, recogiendo cadáveres, etcétera.
- Haber sufrido un accidente grave con riesgo de vida.
- Haber sufrido violencia sexual.

El estrés postraumático puede provocar los siguientes síntomas:

- Recuerdos angustiosos, recurrentes, involuntarios e intrusivos del suceso/s traumático/s.
- Sueños angustiosos recurrentes en los que el contenido y/o el afecto del sueño está relacionado con el suceso/s traumático/s.
- Reacciones disociativas (por ejemplo, escenas retrospectivas) en las que el sujeto siente y actúa como si se repitiera el suceso/s traumático/s. (Estas reacciones se pueden producir de forma continua, y la expresión más extrema es una pérdida completa de consciencia del entorno presente).
- Malestar psicológico intenso o prolongado al exponerse a factores internos o externos que simbolizan o se parecen a un aspecto del suceso/s traumático/s.
- Reacciones fisiológicas intensas a factores internos o externos que simbolizan o se parecen a un aspecto del suceso/s traumático/s.
- Evitación o esfuerzos para evitar recuerdos, pensamientos o sentimientos angustiosos acerca o estrechamente asociados al suceso/s traumático/s.
- Evitación o esfuerzos para evitar recordatorios externos (personas, lugares, conversaciones, actividades, objetos, situaciones) que despierten recuerdos, pensamientos o sentimientos angustiosos acerca o estrechamente asociados al suceso/s traumático/s.
- Incapacidad de recordar un aspecto importante del suceso/s (debido típicamente a amnesia disociativa y no a otros factores como una lesión cerebral, alcohol o drogas).
- Creencias o expectativas negativas persistentes y exageradas sobre uno mismo, los demás o el mundo (por ejemplo, "Estoy mal", "No puedo confiar en nadie", "El mundo es muy peligroso", "Tengo los nervios destrozados").

- Percepción distorsionada persistente de la causa o las consecuencias del suceso/s traumático/s que hace que el individuo se acuse a sí mismo o a los demás.
- Estado emocional negativo persistente (por ej., miedo, terror, enojo, culpa o vergüenza).
- Disminución importante del interés o la participación en actividades significativas.
- Sentimiento de desapego o extrañamiento de los demás.
- Incapacidad persistente de experimentar emociones positivas (por ej., felicidad, satisfacción o sentimientos amorosos).
- Comportamiento irritable y arrebatos de furia (con poca o ninguna provocación), que se expresan típicamente como agresión verbal o física contra personas u objetos.
- Comportamiento imprudente o autodestructivo.
- Hipervigilancia.
- Respuesta de sobresalto exagerada.
- Problemas de concentración.
- Alteración del sueño (por ej., dificultad para conciliar o continuar el sueño, o sueño inquieto).

Las personas que han atravesado un trauma –como si quisieran aferrarse a la vida y/o mantener un equilibrio mental–, intentan por todos los medios evitar hablar acerca de él y hacen lo posible por olvidar, por distraerse de los recuerdos que les provocan angustia, ansiedad, tristeza, temor, horror. Es por esa razón que muchas psicoterapias fallan a la hora de trabajar con personas sobrevivientes de catástrofes naturales, accidentes terribles, violencias extremas (como las sufridas por los combatientes de guerras, las víctimas de abusos sexuales, los médicos y personal sanitario de emergencia, entre otras) ya que, a lo sumo, lo único que logran es una calma momentánea. Sin embargo, a pesar de esto, existe una terapia que ha demostrado su efectividad en un cien por ciento, aún en los casos más extremos: el arteterapia.

La eficiencia del arteterapia está en que no exige hablar de lo que puede llegar a ser vergonzoso o de lo que puede hacer sentir culpable o desesperanzada a la víctima; no obliga confrontar; tampoco, evade ni trata de desacreditar, reprimir o anular las emociones negativas propias del estrés surgido por el trauma. Esto se da porque trabaja desde un registro simbólico, a través de imágenes visuales, auditivas, poéticas, las cuales tienen el efecto de ser sanadoras por sí mismas.

En el marco de una psicoterapia convencional, es muy frecuente que se le diga al paciente: "¿Por qué piensas que te pasó eso?". Este tipo de preguntas pueden llegar a ser muy dañinas, ya que obligan a las víctimas a ser quienes deban dar explicaciones y/o justificaciones de su estado, como si fuesen culpables de lo que les pasó o de lo que les hicieron. Este tipo de preguntas a lo único que conducen es a una desolación y soledad terribles.

Por el contrario, también existen otro tipo de terapias –o pseudoterapias– basadas en filosofías orientales que sutilmente promueven que el paciente reprima sus emociones e intente poner su mente en blanco con meditaciones o a través de consejos tales como abrazar árboles, conectarse con la naturaleza, comer saludable, hacerse intensos masajes metafísicos o fomentar el perdón a través de la negación y el olvido de aquel que le arruinó la vida. Este tipo de juegos de control mental que tan solo tienen el efecto de reprimir los recuerdos traumáticos sin hacer ningún tipo de elaboración profunda de lo vivido, si bien a corto plazo pueden parecer inofensivos, no lo son tanto en lo que respecta al largo plazo.

Efectivamente, la terapia del olvido exprés no funciona: aquellas emociones y vivencias negativas que la persona reprime, lejos de desaparecer, desde el inconsciente continúan sembrando con más fuerza que nunca un sinfín de efectos adversos. Lamentablemente, en la desesperación de superar su trama muchos sobrevivientes imploran por técnicas mágicas a corto plazo que después de un tiempo no hacen más que revictimizarlos en nuevas subas y bajas de ánimo, con ataques de pánico y con un sinfín de sintomatología psicosomática. Así es como una de las técnicas psicoterapéuticas que mejores resultados suelen dar en las fases iniciales del tratamiento de los traumas severos son las que incluyen un método catártico, el cual consiste en fomentar que el paciente pueda hacer una descarga de todo el exceso de emociones negativas vinculadas al acontecimiento traumático sin culpas ni subliminales castigos bajo el nombre de una ética que impone en la víctima una pseudosantidad.

A partir de esto, es necesario aclarar algunas cuestiones: el método catártico debe llevarse a cabo por un profesional de la salud mental o un licenciado en psicología que haya tenido capacitación sobre el uso de diferentes técnicas vinculadas al trabajo sobre el funcionamiento psíquico, sobre los mecanismos de defensa y los distintos tipos de intervenciones, junto a otras técnicas relacionadas con la terapia de la Gestalt, el psicodrama o el arteterapia, por ejemplo.

En este punto, retomando lo que dijimos anteriormente, no se recomienda bajo ningún motivo intentar ejercer una catarsis emocional de la víctima sobreviviente manipulando ni tocando su cuerpo mediante masajes ejercidos por otra persona que se aprovecha de su vulnerabilidad y se le impone con poder sobre su cuerpo, un cuerpo que ya ha sido invadido, lastimado y sometido a múltiples vejaciones y violaciones. Ejercer este tipo de prácticas no solo no es algo ético, sino que constituye un delito, dado que se puede generar una desestabilización anímica y mental sin punto de retorno.

Ejercer este tipo de prácticas es como seguir abusando, tratando a los cuerpos lastimados como objetos de experimento, subestimando, arrasando su subjetividad. El miedo, los estados de depresión y la ausencia de recuerdos no se sanan a la fuerza, confrontando a la persona a un estado de más miedo y ansiedad que no es capaz de elaborar. El trauma suele dejar a la persona sin palabras. Intentar aprovecharse de semejante estado de indefensión promoviendo sumisión puede llegar a generar terribles consecuencias, los brotes psicóticos y los intentos de suicidio son algunas de ellas.

Aclarado esto, el arte usado como terapia es uno de los mejores métodos para abordar los traumas más terribles, dado que es el paciente, y no otro, quien decide libremente qué hacer. Por ejemplo, si quiere pintar, pintará lo que quiera. El terapeuta podrá sugerirle distintos temas o guiarlo en el uso de alguna de las técnicas de pinturas, por ejemplo; pero nunca nada será obligatorio ni invasivo ni intrusivo. Una vez terminada su obra, el paciente podrá –o no– detenerse a observarla y será su propia obra quien le indique lo que deba hacer: si llorar, hablar o reflexionar acerca de algo en particular. Así, de esta manera, será cómo un sobreviviente podrá ir siendo capaz de conectarse con sus recuerdos y emociones dolorosas a su propio ritmo. Y a medida que vaya siendo capaz de enfrentarlos, poco a poco, se irá liberando de todos aquellos afectos –y efectos– patógenos hasta llegar a sanar por completo y para siempre, entendiendo que el perdón no es una obligación para sanar sino la consecuencia de haber elaborado el trauma y restablecido la autoestima.

# PARTE II

# Técnicas y talleres

# Capítulo 1

## La creatividad

La creatividad es una capacidad innata en el ser humano que hace posible percibir, pensar e integrar nuevos elementos a la vida desde el nacimiento hasta la muerte, mediante la adquisición de comportamientos originales que serán parte fundamental de su crecimiento.

En el proceso creativo, se cuestionan y desafían ideas y creencias, se proponen nuevos conceptos y se encuentran nuevas soluciones. La creatividad aumenta el nivel de consciencia; por lo tanto, como hemos visto, colabora en la resolución de problemas, ayuda a ser más empáticos y sociables, y contribuye a mejorar la autoestima.

### Habilidades creativas

Las personas creativas poseen una serie de habilidades y cualidades específicas; por ejemplo: curiosidad, intuición, libertad, flexibilidad, apertura de consciencia, sensibilidad, imaginación, análisis, positividad, actividad, asertividad, trabajo, constancia, proactividad, planificación, valentía, resolutividad, originalidad, detallismo, etcétera. Son aquellas capaces de adoptar un nuevo enfoque, y así modificar, diseñar o inventar por ejemplo un nuevo producto comercial, o encontrarle utilidades nuevas a uno ya existente mejorando su calidad.

Si nos detenemos a observarlas, notaremos que nunca dudan en darse un tiempo para pensar. No le temen a la soledad, más bien necesitan contar con un tiempo y un espacio a solas, sin que nadie interfiera, para poder conectarse con su intuición e ideas originales; les gusta ser diferentes y suelen ser provocativos y no convencionales; desean conmover a los demás y ayudarlos a superar su propia línea de horizonte mental, emocional y espiritual.

## Bloqueos

Casi todos tenemos ideas creativas en algún momento de nuestras vidas; sin embargo, muchas veces, no podemos plasmarlas en la realidad debido a que estamos a atravesando algún momento difícil (estrés postraumático, por ejemplo). Si nos observamos en esos momentos, podremos darnos cuenta de que es común bloquearnos tras cometer errores tales como:

- Ser demasiado racional.
- Ser extremadamente autoexigente.
- Carecer de autocrítica.
- Falta de confianza.
- Falta de motivación.
- No saber escuchar.
- No saber observar a distancia.
- No saber analizar en profundidad.
- Tener miedo al ridículo.
- Tener miedo a equivocarse.
- Tener emociones negativas.
- Ser demasiado obediente de las normas culturales.
- No saber encontrar relación entre distintas ideas, objetos, etcétera.

La gente que tiene experiencia en el terreno de la creatividad nos dice que para poder materializar un proyecto creativo es necesario tener:

- **Meta altruista**: nuestro proyecto debe ser parte de una meta de vida, a través de la cual se pueda beneficiar de una u otra manera a otras personas. Mucha gente se involucra en distintos trabajos que pueden parecer innovadores en su área, pero termina fracasando porque lo que verdaderamente los motiva es el dinero o la fama personal y no un crecimiento como ser humano.
- **Pasión**: debemos tener tanta pasión y entusiasmo que el hecho de dedicar tiempo a crear algo no sea vivido como una carga sino como algo placentero.

- **Constancia**: es necesario mucho trabajo, pero sobre todo constancia. En este caso, las personas que tienen una baja tolerancia a la frustración tendrán más probabilidades de fracasar en los primeros intentos y abandonar la tarea.
- **Planificar**: saber qué vamos a hacer en las distintas etapas de nuestro proyecto creativo es importante para cumplir una gran meta de a pequeños pasos, sin llegar a estresarnos.
- **Salir de la zona de confort**: es importante que salgamos de la comodidad y de la rutina diaria; ser valientes, positivos y no tener miedo a la hora de tomar riesgos.
- **Saber relajarse**: generalmente toma un tiempo desarrollar una idea creativa y, en este aspecto, es importante tener paciencia. En este punto es necesario entender que si nos obsesionamos demasiado corremos el riesgo de agotarnos mentalmente; de ahí que suspender la tarea para relajarnos saliendo a caminar, preparándonos un café o mirando alguna de nuestras redes sociales, por ejemplo, puede resultar muy positivo para retomar con más fuerzas nuestra labor.
- **Arriesgarse**: para crear algo no debemos tener miedo de romper reglas e ir más allá de la línea de nuestro horizonte sin importarnos que alguien pueda opinar diferente o criticarnos.
- **Ser optimista**: si dudamos o, peor aún, no tenemos fe en nuestro proyecto, es muy probable que fracase. Ser optimistas con respecto a lo que vamos a hacer contribuye a enfocarnos en un cien por ciento, lo cual ayuda a materializarlo.
- **Animarse a soñar**: las personas creativas son soñadoras. Sueñan despiertas y sueñan cuando se van a dormir; a tal punto, que muchas de ellas tienen un diario de sus sueños y los usan para sus creaciones artísticas o para resolver problemas. Por ejemplo, se sabe que Freud, el padre del psicoanálisis, tenía un cuaderno de notas en su mesita de luz y cada vez que soñaba algo lo escribía –aun de madrugada–, ya que solía servirse de sus sueños para teorizar sobre el funcionamiento y los mecanismos de la mente.
- **Estudiar disciplinas artísticas**: existen muchas personas con grandes ideas; pero vale destacar que la sola inspiración no conduce a nada. Dicen los que saben que la inspiración siempre nos debe

encontrar trabajando sobre una base sólida de conocimientos; solo entonces, tendremos más probabilidad de plasmarla en la realidad.

- **Tener un hobby**: algún pasatiempo que no conlleve demasiada exigencia ni concentración (por ejemplo, tejer, caminar, etc.), nos permitirá relajarnos y contar con un espacio de disfrute para conectarnos con nosotros mismos y nuestras ideas.
- **Tomar apuntes**: las ideas creativas suelen aparecer en cualquier momento y en cualquier lugar; por lo cual, es muy factible que las olvidemos tan pronto como lleguen. Para que esto no suceda, lo ideal es anotarlas en alguna libreta o en la opción "notas" de nuestros dispositivos móviles; aunque, parezcan ideas tontas o poco fiables, nunca se sabe si podrán sernos de utilidad en el futuro.
- **Cambiar de rutina**: algo que ayuda a que se nos ocurran ideas creativas nuevas es innovar; por ejemplo, visitando un museo de artes plásticas, yendo de excursión para tomar fotografías o haciendo cualquier actividad que no sea habitual.
- **Tener contacto con personas creativas**: salir del círculo social en el que nos movemos y hacer nuevos amigos (en algún taller de arte o escritura, por ejemplo), nos estimulará a identificarnos con otros modos de ser.

# Capítulo 2

## Técnicas para desarrollar la creatividad

La creatividad es la capacidad de percibir y pensar de una manera original, a través de un nuevo enfoque. Es un proceso por el que se cuestionan y desafían ideas y creencias, se proponen nuevos conceptos y se encuentran nuevas soluciones. Cuanto más creativa es una persona mayor posibilidad tiene de ser feliz, de reponerse de sus peores traumas y, en definitiva, de mejorar la calidad de su vida.

Cualquiera puede ser creativo si es que se lo propone y está lo suficientemente motivado como para no temer salirse de lo establecido y tomar un nuevo camino. Respecto de esto, existen infinidad de técnicas que proporcionan estrategias que estimulan y desarrollan la creatividad salteando la lógica lineal y que, incluso, ayudan a encontrar ideas innovadoras a través de una modalidad lúdica.

Por suerte, los seres humanos podemos desarrollar nuestra creatividad y para ello existen innumerables técnicas a partir de las cuales podemos organizar distintos talleres, según las necesidades e intereses de cada persona o grupo

Con este propósito, hemos hecho una selección de las más conocidas técnicas para desarrollar la creatividad, que desde hace décadas vienen siendo utilizadas por distintos autores tales como Edward de Bono (técnica de "los seis sombreros", "inspiración creativa"); Osborn (técnica "lluvia de ideas"); Stephen Gilligan (técnica del "trance generativo"); Arthur B. Van Gundy (técnica de "la reformulación"); Bob Eberle (método creativo de SCAMPER).[27]

---

[27] - De Bono, E. *Seis sombreros para pensar*, Paidós, 2019; *El pensamiento creativo: el poder del pensamiento lateral para la creación de nuevas ideas*, ob. cit.; *El pensamiento lateral: manual de creatividad*, Paidós, 2019.

- Osborn, AF. *Imaginación aplicada*, Nueva York: Scribners, 1954; *Despierta tu mente: 101 maneras de desarrollar la creatividad*, Nueva York: Scribners, 1952.
- Gilligan, S. *Trance generativo*, Rigden Institut Gestalt, 2016.
- Van Gundy, AB. *101 actividades para enseñar creatividad y resolución de problemas*, San Francisco, 2005; *Técnicas de resolución estructurada de problemas*, Nueva York, 1988.
- Eberle, B. *SCAMPER, deja volar tu imaginación*, Prufrock, 2008.

A partir de estas y otras muchas técnicas, readaptamos y diseñamos una gran variedad de talleres que podrán desarrollarse indistintamente de manera individual o grupal. Facilitaremos a los participantes un abanico de ideas que serán el punto de partida no solo para aprender a desarrollar soluciones creativas a los problemas que los aquejan, sino que constituirán una guía para continuar creando otras nuevas propuestas de talleres a la medida de sus necesidades.

A continuación, compartiremos estas técnicas. Al finalizar cada una de ellas, opcionalmente, si nos sentimos cómodos y queremos, podremos analizar nuestras respuestas; pero, siempre partiendo del hecho de que cada una de estas respuestas no serán otra cosa más que proyecciones de nosotros mismos. Por lo tanto, analizaremos el simbolismo de cada respuesta, buscando similitudes y diferencias con nuestra forma de ser en el mundo. Por ejemplo, si analizamos las respuestas dadas en el primer taller que presentamos, no será lo mismo que imaginemos en el reino animal un animal de fantasía que es mitad serpiente cascabel y mitad pato, es decir, dos animales opuestos que podrían estar reflejando una especie de dualidad o aspectos contradictorios en nuestra personalidad, que si nos imaginamos un animal que no es de carne y hueso sino de piedra o de peluche... Todas nuestras respuestas, de una u otra manera serán una proyección de algún aspecto de nosotros mismos. Por lo tanto, como ya explicamos, los objetivos de todos los talleres que proponemos podrán ser aplicados y/o readaptados en distintos ámbitos (escuelas, psicoterapia, trabajos en grupo, etc.) para el abordaje de los distintos tipos de violencias, pandemias y otras situaciones traumáticas, así como también, para el abordaje de todos sus efectos a nivel psicológico y emocional.

## Inspiración imaginativa

Consiste en imaginar cosas que sean imposibles de ver en la vida real. Por ejemplo: una lluvia de paraguas.

A partir de esta técnica se podrían diseñar diferentes talleres, entre ellos:

### Taller: ¿cómo soy?

Tomándonos no más de cinco minutos para cada consigna, debemos imaginar:

a. Algo imposible de ver en el reino animal. Por ejemplo, un oso con cara de hormiga.
b. Algo imposible de ver en el reino vegetal. Por ejemplo, un árbol alto como las nubes.
c. Algo imposible de ver en el mundo mineral. Por ejemplo, una piedra de oro color negro.
d. Algo imposible de ver en una ciudad. Por ejemplo, edificaciones en diamantes gigantes.

## Lluvia de ideas

A esta técnica también se la suele llamar *brainstorming*. Partiendo desde un tema en particular, consiste en ir anotando todas las palabras que se les vayan cruzando por la mente de forma azarosa, sin filtros –aunque parezcan irrelevantes o absurdas–, durante un minuto (o más tiempo, según lo acordado). Al finalizar, se debe:

a. Pensar qué tipo de relación existe entre las palabras.
b. Observar si es que se pueden agrupar de alguna manera.
c. Escribir una frase, evitando profundizar sobre si tiene o no tiene algún tipo de lógica.
d. Evaluar si existe alguna posibilidad de ejecutar esta idea.

### Taller: la tristeza

Se ejemplificará el trabajo realizado a partir de esta técnica con un paciente, en su psicoterapia.

a. Idea disparadora: "Quiero ser feliz".
b. El paciente escribe: "dinero, amigos, pareja, control, helado, desilusión, burro, muerte".
c. Luego, el paciente asocia dichas palabras y escribe la siguiente frase: "Cada vez que quiero ser feliz algo sucede que me termino desilusionando. Mi pareja muere, muere mi amigo. Perder el control me deja congelado y me hace sentir un tonto, un burro".
d. Finalmente: el terapeuta ayuda a reflexionar al participante sobre aquello que ha escrito a través de una serie de preguntas:
   - ¿Podrías llevar la idea de la felicidad a otro contexto?
   - ¿Podrías volver a tener otra pareja y amigos?

- ¿Para qué otras cosas, negativas y positivas, podría servir no tener pareja ni amigos?
- ¿Qué beneficios y perjuicios te puede traer no ser feliz?
- ¿Qué otras cosas te hacen sentir tonto, burro?
- ¿En qué aspectos positivos y negativos te pareces a un burro? ¿Cómo podrías ser feliz si tuvieras un burro?, etcétera.

Para ejemplificar, podríamos proponer el siguiente taller grupal:

Esta técnica también se puede adaptar a un taller grupal (de un solo grupo o compuesto por varios subgrupos, si es que hay muchos participantes) a través de las siguientes consignas:

a. En un primer momento, el coordinador propondrá que entre todos los grupos que se formen piensen una idea en común que quieran trabajar y que pueda servir como idea disparadora.
b. En un segundo momento, cada uno de los miembros de cada uno de los grupos, de forma individual, deberá escribir en una hoja las palabras que vaya asociando a esa idea disparadora.
c. En un tercer momento, los miembros de cada grupo procederán a leer las palabras que cada uno ha escrito, intentando buscar un hilo conductor entre todas las palabras; a partir de lo cual, redactarán una única frase en común.
d. En un cuarto momento, cada uno de los grupos leerá en voz alta su propia frase.
e. En un quinto momento, se buscará resumir un concepto común que surja de todas las frases de cada grupo.
f. En un sexto, el coordinador irá ayudando a los participantes a reflexionar sobre lo expuesto a partir de una serie de preguntas que puedan desprenderse de la frase final.
g. En un séptimo y último momento, se puede abrir un debate acerca de todo lo trabajado.

## Google storming

Se trata de una variante de la técnica de lluvia de ideas, solo que se debe buscar inspiración en los buscadores *online*, tales como Google, Yahoo, etc. Consiste en los siguientes pasos:

a. Definir un problema o concepto de origen (lo puede proponer uno o varios participantes o el coordinador del taller).

b. Buscar de manera azarosa enlaces de texto, de imágenes, de libros, de palabras, etcétera.
c. Evaluamos el listado de ideas y conceptos surgidos de esta búsqueda intentando dar una solución creativa al problema de base planteado.

## Listado de preguntas

En este método, se trata de cuestionarlo todo y poner en duda los parámetros establecidos. Para esto no hay que dar nada por sentado, y frente a una idea, imagen o problema, animarse a formular diversas preguntas a partir de las cuales, luego, se evaluará la mejor manera de ejecutar un producto u obra, o de resolver o elaborar un problema.

Las preguntas disparadoras podrían ser: ¿qué?, ¿por qué?, ¿para qué?, ¿para quién?, ¿quién?, ¿por quién?, ¿cómo?, ¿dónde?, ¿cuándo?, ¿en qué lugar?, ¿por medio de qué?, ¿con quién?, ¿de qué?, ¿de dónde?, ¿hacia dónde?

### Taller: la violencia

A partir de un tema como "la violencia", por ejemplo, podemos proponer algunas de las siguientes preguntas para reflexionar juntos:

- ¿Qué es ser violento?
- ¿Cómo alguien puede ser violento?
- ¿Por qué alguien puede comportarse de forma violenta?
- ¿Para qué le sirve la violencia a una persona?
- ¿Dónde aprende la persona violenta su modo de ser?
- ¿Por medio de qué conductas se puede ejercer la violencia?
- ¿Qué palabras o dichos pueden ser violentos?
- ¿Qué clases de violencias podemos identificar en nuestros actos, y/o en nuestras vidas?
- ¿Quién ha sido la persona más violenta que hemos conocido?
- ¿Hacia dónde conduce la violencia?

## Libre asociación

Esta técnica consiste en asociar una idea o un concepto a otro distinto, valiéndose de una serie de palabras con distinto significado. Resulta muy útil a la hora de observar un problema desde otra perspectiva.

Para ayudarse, el o los participantes pueden elegir palabras al azar en libros o utilizar recortes de palabras o imágenes de revistas, que podrán combinar para armar una historia. Por ejemplo:

### Taller: autoestima

a. En una cartulina poner de título "La autoestima".
b. Asociamos una palabra o dos palabras al concepto de autoestima (autovaloración, amor propio, menos diez, etc.) y las escribimos con una fibra de color.
c. A continuación, podemos recortar una imagen de una revista y pegarla.
d. Acto seguido, podemos asociar otra palabra (verbo, adjetivo calificativo, etc.) a esta última imagen que hemos recortado y pegado.
e. Luego, podemos hacer un dibujo cualquiera.
f. Finalmente, podemos buscar otra palabra en una revista, recortarla y pegarla.
g. Podemos repetir estas acciones varias veces.
h. Por último, evaluando el hilo conductor desde donde hemos partido y hasta donde hemos llegado, meditaremos acerca de la nueva perspectiva con la cual podremos evaluar a la autoestima o a otro concepto, problema, prejuicio, etcétera.

## Lista de atributos

Aunque se trata de una técnica creativa similar a la de libre asociación, que inicialmente fue utilizada para la generación de nuevos productos comerciales o para la mejora de servicios o utilidades de productos ya existentes, la podemos adaptar para una finalidad terapéutica.

Así, la consigna para los participantes de este ejercicio creativo ya no será escribir una lista de palabras relacionadas con atributos de un producto que queremos vender a mejor precio sino, por el contrario, proponemos que escriban una serie de habilidades relacionadas con algún aspecto de su personalidad que quisieran cambiar, para luego, en un segundo momento, reflexionar sobre ello. Por ejemplo: "Haz una lista de tus habilidades".

## Trance creativo

Técnica basada en otra llamada "trance generativo", que fue diseñada por Stephen Gilligan.[28] Se apoya en el poder de la mente humana y en la capacidad que tiene la persona de ampliar su modo de percibir –tanto su mundo interno como el externo– cuando, paradójicamente, suspende sus normales funciones mentales.

Se trata de que los participantes focalicen su atención hacia patrones repetitivos (por ejemplo, escuchando de manera repetida una determinada melodía, haciendo movimientos repetitivos, repitiendo una frase que pueda funcionar como una especie de mantra oriental, concentrándose en dibujar una y otra vez la misma figura geométrica en un tamaño muy pequeño, etc.) para provocar o generar un estado mental similar a una especie de autohipnosis, en la que queden suspendidos momentáneamente los filtros con los que normalmente vemos la realidad. En el contexto de un taller, resulta muy interesante que luego de concluir con este ejercicio todos puedan comentar y compartir con sus compañeros de grupo aquello que sintieron, imaginaron y/o pudieron descubrir: muchas veces se trata de cosas que normalmente están al alcance de nuestras narices pero que no vemos.

## Taller: nuestro héroe interior

Durante diez minutos escucharemos música de películas o música heroica, como por ejemplo *Archangel* de Two Steps from Hell. Se trata de generar una especie de trance; es decir, de poder hacer una real conexión con la música que vaya más allá de la razón. Cuando logremos este estado, aún inmersos en la música, deberemos dibujar o escribir algo referido a cómo nos estamos sintiendo. Al finalizar, si estamos con otros compañeros, opcionalmente, podremos compartir nuestra experiencia.

---

[28] Gilligan, S. *Trance generativo*, ob. cit.

## Técnicas de relajación

La relajación no solo disminuye nuestra ansiedad y agresividad, sino que, además, incrementa el bienestar físico, la fuerza de voluntad, la seguridad propia y el control de las emociones; también, aumenta el poder de nuestra disposición creativa. Cuando estamos relajados somos más libres para conectarnos con nuestra intuición y utilizar las imágenes simbólicas que se nos vienen a la mente.

Existen muchas técnicas de relajación, pero la música, la visualización a través de la meditación y la respiración profunda, junto con algunos ejercicios de yoga, pueden dar excelentes resultados en el inicio de cualquier taller creativo.

## Pausa creativa

Consiste en poner en suspenso nuestros pensamientos y razonamientos. Es de gran utilidad para no sentirnos frustrados cuando estamos frente a un bloqueo creativo. Esto se logra distrayéndonos por un rato; por ejemplo, mirando alguna de nuestras redes sociales, jugando con una mascota, respirando profundo unas cuantas veces, saliendo a caminar o tomándonos un café. Esto facilita que nos relajemos y encontremos nuevas ideas creativas.

## El foco

Propone focalizar la atención sobre el aspecto de un producto que queramos vender; también, en el ámbito de la psicología, podemos adaptarla a un problema que tengamos que resolver o un aspecto de nosotros mismos que necesitemos elaborar. Básicamente, consiste en identificar lo que es más importante para luego trabajarlo de la forma más creativa posible.

En el contexto de un taller en el ámbito de la psicología, podríamos aplicar esta técnica pudiendo proponer al participante/paciente que escriba alguno de sus defectos (por ejemplo, pereza) y luego, a continuación, que escriba todas las palabras que asocia con este defecto, para así, a continuación, hacer un análisis introspectivo. Lo mismo se puede realizar a partir de alguna de sus virtudes (por ejemplo, la intuición).

## El cuestionamiento

A esta técnica también se la llama "listado de preguntas". Básicamente, consiste en cuestionar y dudar de todos los parámetros establecidos en relación con un tema en particular. Frente a una imagen, una idea, un problema o un concepto, se trata de no darlo por sentado sino de reevaluarlo ayudándonos mediante diversas preguntas.

### Taller: virtudes y defectos

Se puede proponer a los participantes que piensen en una de sus virtudes y en uno de sus defectos; luego, en una segunda instancia, deberán responder de forma oral o por escrito a las siguientes preguntas: ¿qué?, ¿por qué?, ¿para qué?, ¿para quién?, ¿quién?, ¿por quién?, ¿cómo?, ¿dónde?, ¿cuándo?, ¿en qué lugar?, ¿por medio de qué?, ¿con quién?, ¿de qué?, ¿de dónde?, ¿hacia dónde?

## Alternativas

Consiste en abrir campos de consciencia que faciliten la búsqueda de alternativas frente a un conflicto. Si bien daría la impresión de que esta técnica es demasiado básica, no suele resultar tan sencilla de practicar después de la tercera o cuarta de las opciones que se proponen. Por el contrario, luego de implementarla, muchas veces el paciente o participante llega a la conclusión de que esas alternativas siempre estuvieron a su alcance y que para resolver un problema solo debe animarse a elegir.

Por ejemplo, a partir de esta técnica, podemos proponer los siguientes talleres:

### Taller: bullying

Ante una situación de bullying desatada en el aula, en lugar de implementar un castigo para los alumnos, el docente puede proponer a todo el grupo que escriban o vayan diciendo (mientras alguien va escribiendo en el pizarrón) qué conductas alternativas pueden adoptar en lugar de pegar o burlarse de alguien, por ejemplo. Así, de esta manera, serán los mismos alumnos quienes podrán proponer activamente distintos tipos de soluciones, tales como: a) preguntar antes de juzgar; b) destacar alguna habilidad del compañero para calmar ánimos; c) integrarlo en las conversaciones; d) convidarle un dulce o sonreírle para evitar que el otro se sienta despreciado y después reaccione agresivamente; e) averiguar si tiene un problema en su familia; f) en lugar de llegar a la violencia física para ver quién es más fuerte proponer un reto de un estilo más pacífico y divertido, etcétera.

Este taller sobre bullying se puede adaptar a niños/as más pequeños, implementando una variante en la que se propongan ejemplos relacionados con animalitos. Así, se les puede contar el cuento "El patito feo" con el objetivo de que ellos puedan ir proponiendo alternativas acerca de qué otra manera otros animales del cuento (por ejemplo, sus hermanitos patitos) se podrían haber comportado para que el patito feo no sufriera tanto.

Ante una situación de bullying es fundamental no perder de vista que frecuentemente los niños, niñas y adolescentes que agreden a otro o lo desprecian, pretenden justificar sus actos argumentando que el niño/a víctima los ha agredido previamente; pero, si se analiza la situación en profundidad, se puede arribar a la conclusión de que en realidad todos, en alguna medida, están siendo víctimas de malos entendidos y de un mal manejo de las emociones.

## Abanico de conceptos

Se trata de una técnica que propone profundizar sobre una idea creativa desde tres niveles: a) cuál es el origen de una idea creativa, o cómo es que se la pudo concebir; b) cómo se podría hacer para fabricarla y c) cómo se la podría poner en funcionamiento en la práctica.

Si bien esta técnica puede implementarse en las empresas o en los talleres de arte de las escuelas, también se puede adaptar a talleres sobre violencia.

### Taller: cómo pedir ayuda

Les proponemos a los participantes que piensen acerca de una idea creativa que sirva para defenderse de la violencia física doméstica; luego, cómo podrían hacer para fabricarla e implementarla en la vida cotidiana.

Este tipo de talleres suele resultar muy interesante porque, a veces, los participantes pueden animarse a proponer algunas ideas tales como: a) estando en una situación de violencia la mejor manera de defenderse es pedir ayuda; b) para hacer esto se debe armar un plan sin advertírselo al sujeto violento o c) para poder llevar a cabo dicho plan se debe tener valentía y esperanza.

## Provocación y movimiento

Consiste en explorar nuevas alternativas sin buscar que sean útiles o correctas. Su propósito es poder desarrollar la creatividad a través de ideas "locas" o provocadoras que vayan surgiendo de forma azarosa. Es sabido que muchos proyectos surgen de forma accidental, tan solo por el hecho de moverse y desplazarse de los paradigmas desde los que percibimos nuestro mundo.

## Aportación al azar

Resulta de mucha utilidad para las situaciones de bloqueo o estancamiento. Se diferencia de la anterior porque no intenta provocar, sino que tan solo consiste en generar ideas sin analizarlas de manera lógica.

Para trabajar con esta técnica, resulta positivo proponer a los participantes de un taller escuchar música clásica (Beethoven, Mozart, Vivaldi, etc.) o música celta, tibetana, china; también puede ser música heroica de películas o sinfonías heroicas (no se aconseja música comercial o canciones con letra).

## Técnicas de sensibilización

Esta técnica consiste en estimular a los participantes incorporando algo novedoso en su campo perceptivo para observar cómo reaccionan. El propósito es generar nuevas cadenas representacionales, nuevos pensamientos, a fin de amplificar la consciencia.

Podemos incorporarla como un ejercicio individual dentro del contexto de una psicoterapia, o dentro del contexto de un taller grupal. Por ejemplo:

### Taller: conectando con nuestras emociones

1. Le pedimos a los pacientes o participantes que se miren a sí mismos parados frente a un espejo durante quince minutos en silencio (otra variante de este ejercicio es que observen su cara), y luego vayan describiendo verbalmente o por escrito lo que han visto.

2. Invitamos a los participantes a que hagan dos hileras enfrentadas y que, de a pares, con quienes tengan enfrente se miren a los ojos sin hablar durante un rato (puede ser cinco o diez minutos, por ejemplo).
3. Le pedimos a los participantes que cierren los ojos y distribuimos al azar distintos objetos. Este ejercicio consiste en que se conecten con las emociones y recuerdos que les despierta dicho objeto.
4. Otra opción es que el terapeuta pueda implementar con su paciente una variante de este ejercicio; por ejemplo, puede hablarle haciendo una expresión facial o una postura con su cuerpo que no suele corresponder con las que se expresa habitualmente. Luego, podrán reflexionar sobre qué sintió y pensó el paciente en tal circunstancia. Por ejemplo, el terapeuta no recibe al paciente con una sonrisa como habitualmente lo hace sino muy serio. Es notorio cómo, frecuentemente, los pacientes suelen pensar que el terapeuta está enojado con ellos; luego, se analiza entre ambos que el terapeuta pudo haber estado preocupado por un llamado telefónico, pudo haber estado enfermo, etc. Este tipo de ejercicio resulta muy útil para reevaluar cómo las personas distorsionamos muchas de nuestras percepciones a base de proyecciones propias o por el hecho de prejuzgar y hacer autorreferencias.

## Pensamiento lateral

Técnica muy popular en el campo de la psicología. Propone evaluar un problema dejando de lado la lógica habitual, evitando seguir los patrones habituales que utilizamos para resolverlo. Su objetivo es aportar nuevos puntos de vista que ayuden encontrar nuevas e ingeniosas respuestas para conflictos o problemas que venimos teniendo desde hace mucho tiempo.

Para enseñar a desarrollar este método creativo, se puede hacer pensar a los participantes de un taller haciendo preguntas tales como: ¿para qué otras cosas puede servir un vaso, que no sea para servir una bebida?, ¿para qué otra cosa que no sea cruzar de un lado al otro puede servir un puente?, etcétera.

## Uso de analogías

Consiste en buscar analogías, en encontrar paralelismos; por ejemplo, comparando un hecho, una idea, una situación o un problema con otros. Se dice que es un buen método para resolver problemas abordándolos no de una manera directa sino a través de un rodeo.

Esta técnica se desarrolla a través de las siguientes etapas:

a. Determinar cuál es el problema: por ejemplo, fabricar una casa original.

b. Generar ideas: en esta segunda fase implementamos la imaginación y pensamos en analogías, situaciones u objetos comparables. El grupo de un taller puede proponer las siguientes analogías partiendo de las "casas" que tienen algunos animales o de distintos objetos; por ejemplo: cueva, caparazón de tortuga, nido de pájaros acuáticos, nido de hornero, entre otros.

c. Seleccionar ideas: en esta tercera etapa, partiendo de una lista de analogías, se procede a seleccionar aquella que más se relaciona con el problema del que se haya partido y que sea más viable de poner en práctica.

A partir de esta técnica podemos proponer talleres para abordar conflictos psicológicos. Por ejemplo:

### Taller: pienso demasiado

Es ideal para proponer a personas demasiado racionales. Consta de las siguientes etapas:

a. Determinar cuál es el problema: "pienso demasiado".

b. Generar ideas a partir de la búsqueda de analogías: "mi cabeza parece un libro" (se puede graficarlo, por ejemplo, en un dibujo o una pintura; escribiendo un poema, etc.). Podemos buscar otras opciones: una cabeza llena de pajaritos o de moscas; un dragón de dos cabezas, etc. Luego, podemos buscar una solución a nuestro problema valiéndonos de otras analogías (por ejemplo, pintar una persona con ojos que reflejen un cielo con nubes, flores u otras figuras alegóricas de paz y tranquilidad).

c. Seleccionar ideas para llevar a la práctica: finalmente, podríamos llegar a la conclusión de que una de las soluciones para encontrar más paz en nuestras vidas podría ser conectarnos con el cielo y ser más espirituales, por ejemplo.

## Sinéctica

Se trata de una técnica en la que se eligen ciertos y determinados verbos como punto de partida para responder a un problema.

Por ejemplo, algunos de los verbos disparadores de soluciones que se pueden proponer al paciente o los participantes podrían ser: sustituir, contradecir, distorsionar, sustraer, exagerar, disminuir, fragmentar, añadir, animar, enfatizar, y otros por el estilo.

## Arriesgarse

Utilizamos colores completamente distintos a los que se suelen usar para pintar un paisaje, un objeto, etc. También, proponemos combinar géneros musicales, combinar sonidos inesperados con determinados objetos, etcétera.

En el contexto de un taller se puede proponer a los participantes intercambiar prendas de vestir, maquillarse como nunca lo harían, bailar un estilo de música que nunca hubiesen bailado en otro contexto, animarse a cantar imitando a un tenor, entre otras alternativas.

## Identificación o empatía

Ponerse en el lugar de otro es la propuesta; ya sea una persona, un objeto, un mineral, una planta o un animal. Ayuda al individuo a percibir la realidad desde otro punto de vista, amplifica la percepción y el nivel de consciencia.

Por ejemplo, en un taller podemos pedir a los participantes que cada uno elija ser un animal e interactúe con sus compañeros hablando, moviéndose y comportándose como ese animal lo haría en la naturaleza. Luego de quince minutos, cada uno de los participantes contará al grupo por qué eligió simbólicamente representar ese animal en particular, y cómo se sintió interactuando –o esquivando– al resto.

## SCAMPER

El inventor de esta técnica, Bob Eberle, dispuso una serie de preguntas cuyo propósito es estimular nuevas ideas creativas en base a esta nomenclatura:

- S: Sustituir.
- C: Combinar.
- A: Adaptar.
- M: Modificar.
- P: Utilizarlo para otros usos.
- E: Eliminar o reducir al mínimo.
- R: Reordenar o invertir.

Se puede implementar en diversos grupos o con distintas problemáticas. A continuación, proponemos un taller de tres pasos para trabajar la violencia física en las escuelas:

1. **Establecimiento del problema**: por ejemplo, alternativas al hecho de pegarle a un compañero en el recreo de la escuela.
2. **Planteamiento de las preguntas SCAMPER**:

   a. Sustituir: cosas, lugares, procedimientos, gente, ideas...
   - ¿Qué pasaría si estuviésemos en otro lugar?
   - ¿Y si estuviésemos en un lugar de vacaciones en lugar de en la escuela?
   - ¿Qué podemos cambiar en nuestra actitud?
   - ¿Y si cambiamos la agresión física hacia un compañero por descargar la bronca corriendo?
   - ¿Y si cambiamos un golpe por una carta?

   b. Combinar: temas, conceptos, ideas, emociones...
   - ¿Y si cambiamos la agresión física a un compañero por descargar la bronca corriendo?
   - ¿Y si establecemos los días miércoles como los "días de la paz"?
   - ¿Y si en lugar de castigar a los que se portan mal, premiáramos a los que no son agresivos?
   - ¿Cómo podemos divertirnos sin pelearnos?
   - ¿Cómo podemos buscar justicia sin ser injustos?
   - ¿Cómo podemos defendernos de las agresiones de otros sin ser agresivos?

   c. Adaptar: ideas de otros contextos, tiempos, escuelas, personas.
   - ¿Qué se ha hecho en otros lugares (escuelas, familias, clubes, etcétera)?

- ¿Cómo se divierte de forma pacífica la gente en un bosque?
- ¿Y en la playa?
- ¿Cómo se peleaba la gente en la época prehistórica, en el Medioevo, etcétera?
- ¿Cómo se habrá divertido de forma pacífica la gente en el futuro: dentro de 200 años?

d. Modificar: añadir algo a una idea o a un producto, transformarlo.

- ¿Cómo jugar sin irse de manos?
- ¿Cómo sería un recreo sin ningún ruido?
- ¿Cómo podemos defendernos sin llegar a pegarnos?
- ¿Cómo distanciarnos de quien no nos agrada sin agredirlo?

e. Utilizarlo para otros usos: extraer las posibilidades ocultas de las cosas.

- ¿Qué otras cosas hay en el patio de la escuela además de niños peleándose?
- ¿Quién cuida un animal en el patio de la escuela?
- ¿Para qué otras cosas sirve la fuerza física?
- ¿En qué contexto la fuerza física resulta imprescindible?
- ¿En un museo, en un parque de diversiones o un parque acuático la gente se pelea?
- ¿Y si construyésemos un parque acuático en la escuela?
- ¿Y si en lugar de patio hubiese un parque de diversiones?

f. Eliminar o reducir al mínimo: sustraer conceptos, partes, elementos del problema.

- ¿Y si las peleas no existieran?
- ¿Si todos fuéramos en sillas de ruedas al recreo?
- ¿Si no pudiéramos hablar después de las 10?
- ¿Qué pasaría si tuviéramos que salir solos al recreo?
- ¿Qué pasaría si pudiéramos invertir el tiempo en divertirnos como lo hacemos en un viaje en el verano, o en las vacaciones?

g. Reordenar o invertir: elementos, cambiarlos de lugar, roles…

- ¿Qué pasaría con una persona si la agrediéramos todo el día, todos los días y a cada rato? ¿Y conmigo?

- ¿Qué pasaría en una escuela si se premiara a los chicos que lastiman a otro?
- ¿Qué pasaría con el planeta si no hubiese gente violenta?

3. **Evaluación de las ideas**: en esta etapa ya se han generado varias respuestas a las preguntas que se han planteado. Debemos evaluar cuáles de todas las ideas ya han sido implementadas en el pasado y han dado resultado positivo –o no–, y cuáles podríamos implementar y hacer viables de ahora en más.

## Los seis sombreros

Se suele llamar a esta técnica "Seis sombreros para pensar" y se usa en talleres para empresas, pero también se puede adaptar a otros grupos sociales para trabajar sobre conflictos psicológicos o problemáticas de violencia.

Consiste en que cada participante elija ponerse un sombrero de un color distinto; luego, se lo pasará a otro compañero, y así se irán rotando. Cada sombrero irá cambiando los pensamientos y la personalidad de quien se lo coloque; de esta manera, cada participante tendrá que interpretar el rol asignado a su color, percibiendo, sintiendo, pensando, hablando y expresando ideas de modo distinto a cómo habitualmente lo haría, sin agredir ni juzgar a nadie.

Los sombreros son:

1. **Blanco**: se usa para pensar y hablar de manera práctica, objetiva y neutral.
2. **Negro**: se usa para hacer críticas negativas e identificar un problema, pensar por qué algo sale mal.
3. **Amarillo**: se usa para hacer críticas positivas y constructivas.
4. **Verde**: busca alternativas y soluciones creativas usando un pensamiento lateral.
5. **Rojo**: se usa para expresar nuestros sentimientos, sin necesidad de justificarlos ni explicarlos.
6. **Azul**: representa la autoridad y responsabilidad, su función es coordinar al equipo de sombreros controlando los tiempos del ejercicio y que nadie se pelee.

Como opción, se puede usar un séptimo sombrero (con adornos de distintos colores), cuya función es preguntarse a uno mismo:

- ¿Qué ha ocurrido?
- ¿Qué hemos hecho antes de que ocurra esto?
- ¿Qué hemos hecho después de que suceda esto?
- ¿Qué experiencias parecidas he tenido y qué lecciones he podido rescatar de ellas?

### Taller: prevención del suicidio

En el contexto de un taller sobre la problemática del suicidio podrían darse las siguientes respuestas:

1. **Blanco**: la depresión es una enfermedad; la tasa de suicidio en el mundo es muy alta; muchas personas prefieren matarse a sí mismas en lugar de a aquel que les hizo daño, etcétera.
2. **Negro**: las personas que intentan suicidarse no se comprometen con un proyecto; se deprimen fácilmente, no piensan en sus seres queridos, etcétera.
3. **Amarillo**: las personas que intentan suicidarse son muy sensibles; suelen haber guardado en silencio algún trauma para no lastimar a otras personas de su familia, etcétera.
4. **Verde**: se puede colaborar en la prevención del suicidio publicando noticias que den un mensaje positivo y que inspiren a tener ideales humanitarios o a desarrollar el altruismo; dando charlas en las escuelas, etcétera.
5. **Rojo**: puede expresar que odia al mundo entero, a los propios padres; que está triste y que no le ve un sentido a la vida, etcétera.
6. **Varios colores**: asocia que cada vez que ha tenido alguna fantasía de suicidio ha sido cuando era dejado de lado, desvalorizado o ignorado, por ejemplo.

## Inversión de suposiciones

La propuesta es cambiar las premisas de un planteamiento con el fin de obtener un resultado diferente. Se sabe que el hecho de plantear un objetivo de manera distinta a como habitualmente lo hacemos abre un panorama de nuevas posibilidades.

La técnica tiene dos pasos:

1. Definir un objetivo creativo.
2. Invertir o desplazar la secuencia habitual desde el cual se lo suele abordar.

Por ejemplo:

1. Quiero hacer un taller de arte en un lugar donde no es habitual que la gente se incline por las actividades artísticas.
2. Para eso, en lugar de cobrar, yo puedo pagarle a cada participante del taller.
3. Por cada grupo de inscriptos se sortearán tres becas.

## Reformulación

Esta técnica consiste en intentar explicar la misma idea, pero con palabras distintas o alternativas. Esto estimula a asociar ideas, a imaginar y a solucionar conflictos.

Para trabajar la comunicación, por ejemplo, se podría asociar este concepto a palabras tales como: transmitir, expresar, decir, callar, mirar, moverse, juzgar, unir, pelear, solucionar, silencio, gritar.

Luego, en un segundo momento, se puede reformular el concepto que tenemos habitualmente de lo que significaría comunicarse diciendo: "A través de silencios, miradas, maneras de movernos, podemos comunicar algo que estamos pensando y generar en el otro que nos termine gritando".

## Improvisación

Se trata de una técnica creativa teatral que también se usa en un contexto terapéutico; por ejemplo, desde el psicodrama o la Gestalt. Básicamente, consiste en que dos o más individuos actúen roles previamente asignados. Los participantes que decidan hacer esta técnica deben sentirse libres de decir lo que quieran sin sentirse juzgados.

Resulta de mucha utilidad a la hora de organizar infinidad de talleres para abordar problemáticas vinculadas a las distintas clases de violencias; por ejemplo, la sexual.

### Taller: violencia sexual intrafamiliar

Si el grupo es grande, podemos dividirlo en dos: los que harán de espectadores y aquellos que estén dispuestos a participar actuando los roles de padre, madre, hijo mayor, hija del medio, hija menor, tío, sobrino, vecino, abuelo y abuela. Así, cada uno se pondrá en el rol de su personaje, y luego procederá a imitar cómo supone que pensaría, hablaría, actuaría frente al secreto familiar del incesto hasta que los demás miembros del grupo terminen por adivinar la identidad del abusador.

Este tipo de taller resulta muy productivo en estudiantes universitarios y de postgrado que estén estudiando esta temática.

## Análisis morfológico

Se trata de descomponer un conflicto o un concepto para obtener sus estructuras básicas o elementos esenciales. El objetivo es poder separar cada una de sus características, rasgos, atributos o cualidades y combinarlos o relacionarlos de forma diferente y novedosa.

La técnica consta de los siguientes pasos:

1. Como primera medida, creamos una matriz morfológica dibujando, por ejemplo, una cuadrícula subdividida en cuadrados más pequeños.
2. Luego, escribimos sobre cada columna un tema que queramos solucionar.
3. Entonces, procedemos a rellenar cada uno de los cuadrados de cada columna con palabras, pensamientos o dibujos que correspondan a algún tipo de solución.
4. Por último, combinamos las imágenes intentando encontrar una nueva idea.

## Debate

De mucha utilidad a la hora de ampliar nuestra perspectiva, esta técnica requiere de dos personas o de varios grupos que deberán debatir sobre un mismo tema, pero adoptando distintos puntos de vista o argumentos.

Resulta muy interesante para armar talleres sobre Educación Sexual Integral (ESI) en las escuelas.

## Conexiones forzadas

También denominada "asociación forzada". Partiendo de un concepto o problema, iremos escribiendo una lista de palabras al azar, eligiéndolas o seleccionándolas a partir de libros, revistas, diccionarios u objetos que pueda haber a nuestro alrededor, por ejemplo. Luego, en un paso posterior, iremos asociando cada una de estas palabras con el problema o el concepto del cual partimos.

Una manera original de poner en práctica esta técnica es ir seleccionando palabras, imágenes u objetos con los ojos vendados, ya que esto nos obligará a esforzarnos aún más a la hora de establecer conexiones.

## Role-playing

Esta técnica teatral se utiliza mucho en las terapias gestálticas o en el psicodrama. Propone a los participantes adoptar el papel de un determinado personaje o persona hablando, gesticulando, caminando, pensando e interactuando como lo haría este, con el objetivo de generar una situación parecida a la que podría ocurrir en la vida real.

Sirve para desarrollar la empatía y a entender las decisiones del otro; pero, también, nos ayuda a analizar aspectos de nosotros mismos que no habíamos tenido en cuenta.

Uno de los muchos ejercicios de *role-playing* que podríamos proponer, por ejemplo, en el marco de un taller sobre la violencia sexual contra la mujer es: dividir a los participantes en dos grupos, uno de los cuales podría representar a mujeres quienes, víctimas de la trata, han ejercido la prostitución; y otro, que podría representar a un grupo de publicistas que suele crear propagandas con ideología machista y patriarcal.

En otro taller, se puede proponer el ejercicio de entrevistar a alguien que interprete un determinado papel. Por ejemplo, uno de los participantes puede adoptar el rol de un hombre preso que es misógino, mientras que otro de sus compañeros, en un rol de periodista, le va realizando una serie de preguntas.

## Método 365

Se basa en 3 ideas, 6 personas, y 5 minutos. Un grupo de seis personas debe reunirse cada una con una hoja en blanco en la cual deberán escribir tres ideas claras y concisas en cinco minutos. Al terminar, deben pasarle la hoja a la persona que tienen a su derecha, repitiéndose el proceso hasta completar un ciclo de seis intervenciones de cinco minutos cada una, en el que se habrán hecho circular todas y cada una de las hojas una sola vez por cada participante. Así, al finalizar, tras media hora de ejercicio quedarán plasmadas dieciocho ideas en la hoja de cada uno de los participantes, y un total de 108 ideas creativas que puedan dar respuesta al planteo de cómo resolver un determinado problema.

## Ideogramas

Consiste en representar gráficamente las ideas más importantes de un texto o una charla, por ejemplo, suplantando las palabras claves con esquemas, dibujos, bocetos, etcétera.

Esta técnica resulta especialmente útil para los docentes que coordinan talleres o quienes coordinan grupos de autoayuda.

## Técnica 4x4x4

Los participantes se dividen en grupos de 4 personas, que deben escribir individualmente 4 ideas sobre un tema acordado en 4 minutos. Luego, el grupo se divide por parejas, cada una de las cuales tiene que elegir por consenso las cuatro ideas creativas más importantes. A continuación, repiten el procedimiento colocándose en grupos de cuatro, y así continúan repetidamente hasta que todos los integrantes del grupo se pongan de acuerdo sobre cuáles son las cuatro ideas principales. Así, de dieciséis ideas quedan ocho y, finalmente, cuatro.

## Mapas mentales

Partiendo de una idea o un proyecto, lo escribimos en el centro de una hoja en blanco (o en el centro de un pizarrón); desde allí, vamos dibujando en forma de ramas líneas de pensamiento escritas utilizando palabras claves que vamos asociando. El dibujo que queda se termina pareciendo a un árbol visto desde arriba o a un mapa con sus calles.

## Copia creativa

Esta técnica consiste en buscar de varios autores ideas, conceptos, proyectos, nombres que nos gusten con el objetivo de tomarlos como materia prima y transformarlos, combinarlos, reinventarlos o mejorarlos.

Así, por ejemplo, podemos elegir a un determinado pintor e intentar copiar alguna de sus pinturas con las que nos sintamos identificados; pero cambiándole los colores, haciendo un collage –u otra transformación– para que nos represente mejor.

## Inspiración en la naturaleza

Propone que se asemeje un problema o una idea a algo del mundo de la naturaleza; por ejemplo, un animal, una planta, microorganismos, etc. Es una técnica frecuentemente utilizada por los científicos; de hecho, se dice que el velcro se creó a partir de la observación de cómo funcionaban los abrojos adhiriéndose a la piel de los animales. Básicamente, se trata de buscar en el mundo natural algo que se parezca a aquello que queremos solucionar o crear, observamos cómo funciona, y luego lo aplicamos por analogía.

Ejemplificaremos esta técnica transcribiendo un ejercicio que John Stevens llama "Invirtiendo un árbol":[29]

> Ahora visualice un árbol y obsérvelo cambiar a través de las estaciones. Imagine el agua y las substancias del suelo moviéndose dentro de las raíces en primavera..., y subiendo por el tronco y dentro de las ramas... convirtiéndose en hojas y retoños... Mire cómo crecen las hojas y maduran mientras las mece la brisa del verano... y luego se vuelven más viejas y tal vez más coloridas al aproximarse el otoño... Luego las hojas caen al suelo y lamentablemente se secan y se pudren, y se convierten en parte del suelo durante el invierno..., y luego son absorbidas nuevamente por las raíces cuando el árbol revive en primavera... Ahora, invierta este ciclo e imagine las viejas hojas secas sobre la tierra ascendiendo a las ramas... volviéndose más y más verdes..., luego volviéndose más y más pequeñas hasta ser absorbidas dentro de las ramas... y viajando por el tronco hacia las raíces..., y dentro del suelo y las hojas podridas, continúe con este proceso por un rato... Identifíquese ahora con el árbol invertido.

[29] Stevens, JO. "Viajes imaginarios", *El darse cuenta. Sentir, imaginar y vivenciar. Ejercicios y experiencias en Gestalt*, Santiago de Chile: Cuatro Vientos, 1976.

> Conviértase en ese árbol mientras cambia con las estaciones en orden inverso... Sienta cómo sus hojas son absorbidas dentro de la parte superior de su cuerpo y cómo se desplazan hacia las raíces, donde pasan dentro de la tierra... Continúe siendo este árbol invertido durante un rato y dese cuenta cómo se siente siendo ese árbol... Ahora continúe siendo ese árbol, pero invierta el ciclo según las pautas normales... Sienta sus raíces mientras beben la humedad del suelo..., siéntala avanzar por su tronco y dentro de sus ramas. Continúe esto durante un rato y dese cuenta de cómo se siente siendo ese árbol...

Al finalizar el ejercicio podemos reflexionar junto con el o los participantes acerca de cómo podemos identificarnos con el simbolismo de este árbol. También, por supuesto, podemos crear otros muchos textos con animales salvajes, por ejemplo, para trabajar acerca de temas relacionados con la violencia o la agresividad; con animales de granja, para trabajar sobre temas vinculados al abandono (tal como se hace en el cuento "El patito feo"), etcétera.

## Galería de famosos

Aquí debemos plantear un problema; y luego, buscar a personas famosas reales o de ficción (actores, científicos, músicos, personajes de películas, novelas, series o dibujos animados, superhéroes, etc.) para preguntarnos, por ejemplo: ¿cómo percibirían este problema?, ¿cómo reaccionarían frente a esta situación?, ¿cómo nos aconsejarían? Para inspirarnos, podemos leer biografías, buscar frases de estos personajes o imaginar qué nos dirían desde su punto de vista.

En el contexto de un taller sobre violencia laboral, podemos jugar con esta técnica realizando la comparación de dos personajes opuestos; por ejemplo, el personaje principal de la película *Rocky* y la Pantera Rosa.

## Inmersión en ambientes creativos

Leer un libro, visitar un museo o un taller de arte, ir a un recital o al teatro, reunirse con gente diferente a uno mismo, navegar por distintos sitios web en busca de imágenes que nos muestren paisajes de lugares a los que nunca hemos ido o a los que jamás nos animaríamos a ir, etc. A partir de esto se trata de tomar nota de nuestras observaciones, de aquello que más nos ha llamado la atención, de ciertos y determinados detalles con los que nos podríamos sentir o no identificados, del tema, el clima, etc. Finalmente, el desafío está en relacionar todo lo que fuimos anotando.

Se trata de una técnica que algunos terapeutas dan como "tarea para el hogar" a sus pacientes; pero también se puede realizar en el consultorio o en el marco de un taller con un tiempo límite prefijado.

## Técnica de Molière

Existen momentos en que podemos llegar a pensar que estamos estancados porque nos sentimos contaminados de tanta información, producto de haber trabajado o investigado excesivamente sobre un determinado tema. Para esta situación, esta técnica creativa propone consultar a una persona desconocida con una mirada fresca y limpia, que no tenga prejuicios ni información sobre el tema que le vamos a preguntar.

Podría ser muy interesante organizar un taller para trabajar cualquier tema que nos preocupe, en el cual se convoque a gente de distintas edades y campos profesionales; por ejemplo: profesionales de la salud; personal de limpieza; niñas, niños, adolescentes, adultos y ancianos, etcétera.

## Técnica Da Vinci

Se propone que los participantes se concentren en un determinado problema y, acto seguido, se relajen haciendo el dibujo que les venga a la mente, sin pensar ni hacer intentos por imaginar algo en específico y sin preocuparse por el estilo o la perfección con la que supuestamente habría que hacerlo. Luego, se procede a analizar los dibujos, con el objetivo de encontrar algún tipo de información, la cual, si tuvieran que ponerla en palabras no sabrían cómo hacerlo.

Como otras, se trata de una técnica que suele utilizarse en las psicoterapias, pero puede aplicarse en el marco de un taller.

## Técnica del mamarracho

Si bien esta técnica es muy similar a la anterior, es mucho más abierta y menos estructurada. No es necesario que el participante piense en ningún problema en particular, y por esa razón resulta de mucha utilidad para los momentos en los que no sabe de qué tema hablar o se siente estancado. Se le propone que realice un mamarracho en una hoja con los ojos cerrados o vendados; luego abrirá los ojos y con un marcador de otro color procederá a remarcar distintas formas que pueda ir identificando; por ejemplo, rostros, cuerpos, animales, números, figuras geométricas, etc. Después, se busca una relación entre estas figuras y recuerdos, proyectos, traumas, etcétera.

## Automatismo

Similar a las dos anteriores, esta técnica fue propuesta por artistas pertenecientes al movimiento surrealista. En lugar de partir desde la razón, se trata de expresarse siguiendo los dictados del inconsciente. Se trata de dibujar, pintar o escribir de manera automatizada y espontánea sin que medie el raciocinio, sin pensar ni buscar lógica alguna en aquello que se hace. Si los participantes así lo desean pueden tener la opción de buscar y analizar el producto simbólico de sus trabajos.

Se podría armar un taller, por ejemplo, en donde la propuesta sea escribir o pintar los sueños.

## Amalgamiento de figuras

Originada en el surrealismo e inspirada en los dibujos espontáneos que suelen hacer las personas con enfermedades mentales, en esta técnica se trata de combinar figuras con distintos motivos, temas o argumentos.

Podríamos poner como ejemplo los fotomontajes y collages.

## Método crítico-paranoico

Esta técnica fue elaborada y muy difundida en su época por el pintor Salvador Dalí. Parte del concepto de paranoia y del modo de percibir el mundo que tienen las personas con esta enfermedad: son capaces de encontrar enlaces entre objetos, personas, animales, distinto tipo de circunstancias, que no tienen ningún tipo de conexión.

Si la aplicamos dentro de un taller, por ejemplo, podemos pedir a los participantes que pinten o escriban relacionando cosas o hechos que en la realidad sería imposible encontrar. Luego, en un segundo momento, se procederá a analizar el simbolismo de la obra; y si sus autores así lo desean, también se la podría vincular a alguna situación traumática por la cual hayan atravesado o alguna otra experiencia de vida.

Se podría armar un taller en donde se proponga a los participantes pintar –de manera realista o simbólica– aquello (circunstancias, personas, traumas, pesadillas, etc.) por lo cual se sienten perseguidos o por las cosas que más los preocupan y que son incapaces de dejar de pensar.

## Imaginación activa

Creada en el año 1916 por Carl Gustav Jung[30] como un recurso terapéutico que ayuda a profundizar y explorar el inconsciente, esta técnica es una de las más utilizadas por los terapeutas junguianos, gestálticos y arteterapeutas.

Se trata de un método para hacer conscientes aquellos contenidos inconscientes (traumas, creencias, sueños, etc.) que influyen en nuestro comportamiento consciente provocando que hagamos –o no hagamos– cosas sin saber por qué. Así, será el mismo paciente quien trabaje activamente al interpretar e interactuar con los productos de su imaginación (dibujo, pintura, escultura, música, danza, etc.) dejando surgir espontáneamente sus emociones, fantasías e ideas, con el objetivo de conectarse con ellas y redescubrirse.

Se realiza con los siguientes pasos:

1. Conectarse con una emoción (tristeza, enojo, mal humor, etc.) que se quiera trabajar.
2. Elegir un sueño, una imagen o una fantasía que se le venga a la mente a partir de esta emoción, o que pueda representar esta emoción (el proceso es similar a soñar despierto).
3. Concentrarse en esa imagen, contemplarla y memorizarla en sus detalles (si la imagen va cambiando, debe anotarse la secuencia de cambios).
4. Representar la imagen visualizada en algo concreto, plasmarla en la realidad a través de una obra de arte.

---

[30] Jung, CG. *Recuerdos, sueños y pensamientos*, Seix Barral, 2010; *Las relaciones entre el yo y el inconsciente*, Paidós, 2012; *El hombre y sus símbolos*, Paidós, 2017; *Arquetipos e inconsciente colectivo*, Paidós, 2013.

5. La persona debe conectarse con lo que acaba de crear y establecer un diálogo con su obra (puede llorar, gritar, bailar); así, la obra le devuelve un mensaje (el cual, en realidad, es un mensaje de su propio inconsciente).

Resulta llamativo en los talleres basados en esta técnica cómo los participantes, luego de conectarse con un sentimiento de alegría o de violencia, por ejemplo, terminan haciendo para su asombro una escultura o pintura que simboliza la tristeza o a un ángel o a un niño indefenso, etc.; es decir, a algo opuesto a la idea original. El arte siempre irrumpe con lo inesperado, y es normal que la obra traiga un mensaje inesperado a su autor.

## Psicodrama

Si bien es un método de psicoterapia creada por Jakob Levy Moreno[31] que en un principio fue concebida como terapia grupal, en la actualidad también es usada como una técnica dentro del contexto de la terapia individual. En el psicodrama los pacientes actúan o dramatizan experiencias o acontecimientos de su vida, ideas, sentimientos, etc., que desean elaborar. También, pueden practicar un determinado rol y/o actuar para ensayar sobre distintas formas de dar respuestas o comportarse, con el objetivo de ir aprendiendo nuevos patrones de comportamientos.

La sesión de psicodrama debe estar integrada por:

- **Escenario**: espacio en donde se va a desarrollar la dramatización.
- **Protagonista**: quien va a interpretar el rol principal. Se trata de un paciente o uno de los participantes de un taller, quien elige un tema conflictivo de su vida que necesita trabajar.
- **Director**: el terapeuta, quien dirige la sesión.
- **Auxiliares**: son otros terapeutas o participantes que colaboran interpretando otros papeles (pueden ser uno o más de uno).
- **Público**: con sus reacciones espontáneas, se dice que actúa como una caja de resonancia.

La sesión de psicodrama se desarrolla en cuatro tiempos:

- **Fase de caldeamiento del yo-auxiliar**: el terapeuta o director deberá dar un mensaje acerca de la naturaleza del trabajo que

[31] Moreno, JL. *Psicodrama*, Paidós, 1977.

se desarrollará; a continuación, hará una breve entrevista a los participantes del taller y luego de averiguar sus conflictos, procederá a seleccionar al protagonista. Puede aconsejar o indicar pautas a seguir a quien elija cumplir el rol principal y a aquel o aquellos que elijan el rol de yo-auxiliar.

- **Dramatización**: el protagonista actúa su rol, improvisándolo. Si hay un yo-auxiliar, deberá imitar o reproducir verbal y corporalmente lo que el protagonista va expresando, como si fuera un espejo.
- **Fase de cuestionamiento**: el yo-auxiliar interviene haciendo preguntas, con el objetivo de poner en duda la veracidad del comportamiento del protagonista. Por ejemplo: ¿no seré yo el equivocado?, ¿seré yo el malo?, ¿será todo culpa de él?
- **Fase de compartir**: en este momento, el doble deberá retirarse de escena dejando el lugar al protagonista, para que pueda salir de su personaje y expresar lo que hasta el momento le había sido imposible; por ejemplo, cómo se siente realmente ante determinada circunstancia. El público o el grupo funcionará como un eco, estimulando o rectificando aquello que va diciendo. Vale aclarar, que en esta instancia no se pueden hacer comentarios superficiales.

El psicodrama tiene un conjunto de técnicas. Algunas de ellas son: 1) inversión de roles; 2) soliloquio; 3) el doble; 4) técnica del espejo; 5) la escultura y la silla vacía. Procederemos a describirlas continuando con la anterior lista de ejercicios para desarrollar la creatividad:

## Inversión de roles

Se trata de una técnica del psicodrama cuyo objetivo es actuar imitando el rol o el modo de actuar de otra persona.

Podemos ejemplificarla con el ejercicio llamado "Diálogo con los padres" que propone John Stevens diseñado para trabajar los vínculos conflictivos con los padres:[32]

> Siéntese confortablemente y cierre los ojos... Visualice a uno de sus padres, sentado frente suyo. Tome cierto tiempo para ver realmente a su padre o madre sentado frente suyo y tome contacto con él o

[32] Stevens, JO. *El darse cuenta*, ob. cit., "Comunicación interior".

ella. ¿Cómo está sentado?... ¿Qué está usando?... ¿Qué tipo de expresión facial tiene?... Note todos los detalles de su padre o madre allí sentado frente a usted… ¿Cómo se siente mientras mira a su padre o madre?... Comience ahora a ser completamente sincero con él o ella. Cuéntele todas las cosas que nunca le dijo y dígaselas directamente a él o ella como si le estuviera hablando ahora. Dígale todo lo que le viene a la mente: resentimientos que oculta, ira que tenía miedo de mostrar, amor que no haya expresado, preguntas que nunca formuló, etc. Tome conciencia de cómo se siente mientras lo hace y note si comienza a poner tenso su cuerpo en algún lugar, etc. Asegúrese de estar en contacto con su padre o madre mientras hace esto. Tómese alrededor de cinco minutos para hacerlo…

Ahora, conviértase en su padre o madre y responda a lo que acaba de decir. Como padre suyo, ¿cómo responde a lo que su hijo acaba de decir? Tome conciencia de cómo se siente mientras lo hace… ¿Cómo se siente respecto de su hijo?... Cuéntele ahora qué siente hacia él y dígale qué piensa de él… ¿Qué clase de relación tiene con él?...

Cambie puestos nuevamente y conviértase en usted mismo. ¿Cómo responde a lo que su padre o madre acaba de decir?... ¿Qué dice ahora, y cómo se siente mientras lo dice?... Dígale cómo se siente hacia él o ella, y dígale qué piensa de él o ella… ¿Cómo experimenta esta relación?... Dígale qué necesita y qué quiere de él o ella. Tómese cierto tiempo para decirle exacta y específicamente qué quiere que haga usted, y tome conciencia de cómo se siente mientras hace eso…

Ahora, conviértase nuevamente en su padre o madre, ¿qué responde a esa expresión de necesidades y deseos de su hijo?... ¿Cómo se siente mientras hace eso?... ¿Qué entendimiento tiene de lo que él está pidiendo?... ¿Ha experimentado algo parecido en su vida?... Ahora, dígale a su hijo qué quiere y qué desea de él…

(…)

Cambie de puesto y vuelva a ser usted mismo, ¿cómo responde a lo que su padre acaba de decir?... ¿Tiene una mayor comprensión de él ahora?... Dígale en qué lo beneficia aferrarse a él en la fantasía… ¿Qué gana reteniendo todos esos sentimientos irresueltos hacia su padre/madre? Conviértase en su padre y responda a esto…

El texto es más largo y continúa; tan solo hemos transcripto algunos fragmentos a modo de ejemplo. Es importante aclarar que este tipo de ejercicios debe hacerse en el marco de una psicoterapia bajo la supervisión de un psicólogo experto, ya que suele ser muy movilizador a nivel emocional. También, por supuesto, se puede adaptar a otra gama de temas; por ejemplo, el vínculo con hermanos, compañeros de escuela, amigos, jefes del trabajo, etcétera.

## Soliloquio

Se trata de otra de las técnicas de psicodrama. El participante elegido hará una especie de monólogo en el que verbalizará sin interrupciones sus propios pensamientos.

## El doble

Con esta técnica psicodramática, se busca evidenciar o sacar a la luz aspectos de la personalidad de los que no somos conscientes. Se requiere de otra persona que haga de yo-auxiliar del participante de este ejercicio, quien procederá a imitar corporalmente sus gestos, su modo de comportarse, moverse, pensar, sentir u otras características de su personalidad (sin exagerar ni sobreactuar). Vale destacar que puede usar más de un doble; especialmente, a la hora de trabajar sobre conductas y emociones ambivalentes. El objetivo final es que el protagonista sienta que está consigo mismo y se identifique con el yo-auxiliar.

## Técnica del espejo

Cuando el participante tiene dificultades para representarse a sí mismo (hablando o actuando) en un ejercicio de psicodrama, el yo-auxiliar cumple la función de espejarlo copiando su comportamiento corporal, su forma de hablar, etc. Esta técnica se diferencia de la anterior, la del doble, en que no agrega ni quita nada –ni verbal, ni físicamente– de aquello que está haciendo el protagonista; tan solo se limita a imitarlo fielmente.

El objetivo es que el protagonista o paciente pueda mirarse desde afuera, de forma objetiva y neutral frente a distintas situaciones conflictivas representadas en la dramatización. Lo que generalmente sucede es que queda asombrado luego de percibir que la imagen que tenía de sí es muy diferente a cómo los demás lo ven.

## La escultura

Es una técnica muy utilizada en el psicodrama, en donde se representa una "foto" real o imaginada empleando gente y otros objetos auxiliares como telas, sillas vacías, dibujos, figuras recortadas de revistas, etc. Así, se terminará por construir una escultura, la cual, posteriormente, tomará vida y podrá moverse o hablar siguiendo las indicaciones del protagonista del ejercicio. Al final de la representación, se abrirá un espacio de reflexión individual y/o grupal.

## La silla vacía

Esta es una de las técnicas más famosas, formulada por Fritz Perls,[33] el creador de la terapia gestáltica. Se trata de reproducir un encuentro y diálogo imaginado entre el participante del ejercicio y otra persona o situación imaginada con la cual tiene un conflicto. Consta de distintas etapas:

1. En una primera instancia, el participante identifica el conflicto que lo angustia.
2. Se sienta ante una silla vacía y se dirige a ella tal y como si estuviese sentado alguien –o algo– importante para él.
3. Acto seguido, establece un diálogo imaginado. Comienza a dialogar tal y como si en la silla que está frente a él, efectivamente, hubiese alguien. Puede decirle o preguntarle a su interlocutor imaginado lo que quiera.
4. Luego, se cambiará de silla y representará a la otra persona o situación con quien se comunicó anteriormente, con el objetivo de responder –responderse– mediante palabras, silencios o actitudes.
5. Esta escena se repite formulando sucesivamente distintas preguntas y respuestas que irán propiciando que el participante vaya expresándose –verbal y emocionalmente– hasta que pueda darse cuenta o tomar consciencia de distintos aspectos referidos a la situación dramatizada, así como de sus propias reacciones, prejuicios, deseos, etcétera.

Vale destacar que si bien el uso más frecuente que se le suele dar a esta técnica es para trabajar los estados de duelo ante la pérdida de personas o situaciones queridas para el sujeto, también se puede

[33] Perls, F. *Dentro y fuera del tarro de basura*, Santiago de Chile: Cuatro Vientos, 1969; *Sueños y existencia*, Santiago de Chile: Cuatro Vientos, 1974.

adaptar con muy buenos resultados en el trabajo con sujetos que han perdido a seres queridos producto de la violencia (cuando el sujeto ha sido lastimado física, psicológica y emocionalmente); divorcios conflictivos; conflictos laborales; discapacidades (cuando, por ejemplo, el sujeto ha perdido un ojo, una pierna); situaciones de estrés; *burnout* (agotamiento y estrés laboral crónico); acoso, etcétera.

## Sueño despierto dirigido

También suele llamarse "ensueño dirigido", y se trata de una técnica creada por Robert Desoille,[34] la cual constituye una de las favoritas de todos los terapeutas, ya que es un método de autodescubrimiento del propio inconsciente a través de la imaginación. Se propone a la persona recostarse sobre un sillón o un par de almohadones, lo más cómoda posible; luego, debe cerrar los ojos e imaginar una historia en donde sea el héroe o la heroína principal. Otra opción, es que el terapeuta sea quien dirija la sesión proponiendo un tema o una historia al sueño que él mismo dirigirá y que el participante o paciente irá completando con su propia imaginación. Al finalizar, el participante contará oralmente (o por escrito) lo que fue imaginando y el terapeuta lo ayudará a interpretar e interrelacionar los símbolos vinculados entre su historia imaginada, su historia de vida pasada y sus conflictos actuales.

En el caso de los niños y niñas, vale destacar, este ejercicio se modifica: deberá hacerse con los ojos abiertos y podrá plasmarse el escenario imaginado en un dibujo o cómic, entre otras opciones.

Daremos un ejemplo acerca de cómo un psicólogo podría utilizar esta técnica en el marco de una psicoterapia individual o grupal. Para ello, transcribiremos un ejercicio muy conocido en las terapias gestálticas llamado "La tienda abandonada y la casa de empeño", de John Stevens. La consigna que da este autor es la siguiente:[35]

> Quiero que imagine que está caminando en una ciudad, de noche, bajo la lluvia. Usted está convenientemente abrigado y puede ver las luces de la ciudad reflejadas sobre las calles mojadas... Camine, simplemente durante un rato y explore la ciudad... ¿Qué ve?... ¿Cómo es la ciudad?... ¿Qué sucede en su ciudad?... ¿Cómo se siente mientras camina a través de esta ciudad?... A pocos metros

[34] Desoille, R. *Lecciones sobre el sueño dirigido en psicoterapia*, Amorrortu, 1945.

[35] Stevens JO. *El darse cuenta*, ob. cit., "Viajes imaginarios".

hay una callejuela lateral. Camine por esta callejuela y pronto verá una vieja tienda abandonada... La vitrina está sucia, empañada y salpicada por la lluvia, pero si mira desde cerca, puede ver algunas formas borrosas detrás... ¿Qué fue abandonado en esta vitrina?... Acérquese más y trate de ver qué hay allí... Limpie parte del vidrio empañado y húmedo a fin de poder ver con mayor claridad... Examine detalladamente esa cosa abandonada... ¿Cómo es?, repare en todos los detalles... Conviértase ahora en esa cosa en la tienda abandonada. ¿Cómo es su existencia siendo ese objeto abandonado?... ¿Por qué fue dejado aquí?... Y, ¿cómo se siente esa cosa?... Compenétrese todavía más de la experiencia de ser esa cosa abandonada... Vuelva a ser usted nuevamente y mire muy detenidamente otra vez al objeto abandonado en la vitrina... ¿Advierte algo que no notó antes?... Lamentablemente, despídase de esa vitrina y de lo que hay en ella, y continúe caminando a través de las calles de la ciudad... Continúe explorando su ciudad durante un rato... Justo allí delante hay otra callejuela lateral. Mientras camina por esa calle, verá una vitrina que tiene una increíble variedad de cosas: algunas viejas, otras nuevas, otras muy antiguas. Algo de esto son trastos y algo de esto son preciosidades, y usted nunca esperó ver todas esas cosas en el mismo escaparate... Mientras usted se encuentra mirando esa vidriera llena de cosas, un amigable viejecito sale a la puerta y lo invita a pasar. Le explica que no es una tienda común. Dentro de su aparente pequeñez, allí se encuentra todo lo que hay en su mundo. Todo el que encuentre el camino hacia esta tienda puede elegir algo y llevárselo. Solo puede llevar una cosa. Usted no puede llevar dinero ni vender por su valor monetario aquello que elija. Al margen de esto, puede tener cualquier cosa de la tienda. Dedique ahora cierto tiempo para recorrer el local y vea qué hay allí... Hay todo tipo de escondrijos y cuartos laterales, llenos de cosas que usted podría querer... Finalmente, usted tendrá que decidir cuál de todas esas muchas cosas quiere llevarse... Cuando haya decidido qué quiere llevarse, emplee cierto tiempo en conocer mejor el objeto elegido. Mírelo cuidadosamente y note todos los detalles posibles... Tóquelo con sus manos..., levántelo y huélalo... ¿Cómo se siente respecto de esa cosa?... Mientras se dirige a la salida con el objeto, el encargado de la tienda vuelve a hablarle y le dice: "Usted puede quedarse con eso tal como le dije antes. Solo hay una condición: debe darme algo a cambio. Puede ser absolutamente cualquier cosa que tenga y no es necesario que la tenga aquí con usted ahora, pero debe darme algo en cambio por lo que lleva". ¿Qué le dará al viejecito?... Tiene cierto tiempo para decidirlo... Dígale ahora al viejecito qué le dará... Ahora, salga de la tienda y eche un último vistazo a la ciudad... Lamentablemente, despídase de esta ciudad... Ahora, regrese a este cuarto y traiga lo que usted haya decidido tomar de la tienda... Conviértase ahora en el objeto que encontró en la tienda... Siendo esa cosa, ¿Cómo es usted?... ¿Cuáles son sus características?... ¿Cómo es su vida?... Y, ¿qué le pasa?... ¿Cuál es su función o utilidad?... Trate de compenetrarse realmente de todos los detalles de la experiencia de ser este objeto... Vuelva a ser usted mismo nuevamente y mire al objeto... Vea si puede descubrir aún más acerca de él... ¿Lo entiende mejor ahora?... Lamentablemente, despídase del objeto y guárdelo en algún lugar de su memoria..., y ahora descanse tranquilamente durante un rato...

El análisis del simbolismo de este conocido ensueño dirigido nos lleva a contactarnos con aquellos aspectos abandonados de nuestra personalidad o de nuestra vida. Existen decenas de de historias simbólicas cuya función será sondear en diversos aspectos de nosotros mismos, tales como: "La cueva submarina", "El cuarto oscuro", "El hombre sabio", creadas por nuestros más grandes maestros de la psicología de la Gestalt y al alcance de cualquiera que se interese en este tipo de estudio.

Mencionaremos a continuación otras técnicas creativas ampliamente difundidas en la psicología de la Gestalt, la cual se basa en una metodología centrada en el estudio de la percepción como un todo y no únicamente como la suma de las partes. Así, la terapia gestáltica se encarga de estudiar a la persona y el comportamiento humano en su totalidad, enfocándose más en los procesos que en los contenidos. Trabaja con los pacientes no solo desde un aspecto intelectual, mental, o sustentado únicamente en el lenguaje oral, sino que propone un enfoque holístico encuadrado principalmente en la percepción, el pensamiento, la memoria y las sensaciones corporales y emocionales. Desde esta teoría se trabaja con la persona para que sea capaz de verse en su totalidad y pueda darse cuenta de muchos aspectos de sí misma, y de aquellos mecanismos conductuales que suele implementar tanto en el transcurso de un conflicto como en su solución. Con este propósito se han desarrollado una infinidad de técnicas creativas. Las más famosas fueron difundidas por pioneros de la psicología mundial, como los citados Fritz Perls, John O. Stevens, John Grinder y Richard Blander.

Proseguiremos desarrollando algunas de las técnicas creativas descriptas por Stevens en su libro *El darse cuenta*. Vale aclarar que si bien en algunos casos transcribiremos las consignas dadas por este autor por considerarlas casi imposibles de mejorar, en muchos otros procederemos a adaptarlas a un lenguaje más actual. Asimismo, por tratarse de técnicas un poco más extensas y complejas que las anteriores, describiremos con mayor detalle sus objetivos y consignas.

La idea es brindar un bagaje de conocimientos de amplio espectro a quienes por primera vez se acercan al trabajo creativo. La historia de la psicología ha demostrado con creces su utilidad tanto en el marco de las terapias breves y grupales como en las terapias individuales y convencionales. Hemos seleccionado las técnicas creativas gestálticas que mejor pueden adecuarse a la práctica del trabajo en el tratamiento y la prevención de los traumas y conflictos vinculados con los distintos tipos de violencias.

No solo nos interesa homenajear al gran científico John Stevens. También queremos estimular y motivar la relectura de sus enseñanzas en las nuevas generaciones de pacientes, alumnos y terapeutas.

## Identificación invertida

Consigna:[36]

> Recuéstese y busque una posición confortable... Cierre los ojos y déjese estar... Note cualquier tensión. Vea si puede relajar esa tensión o colocar su cuerpo en otra posición más confortable... Enfoque su atención en su respiración y déjese estar mientras yo le hable... Todos nosotros tendemos a construir una imagen de cómo las cosas "son realmente", y una imagen de quién y cómo somos. Esa imagen de nosotros mismos puede ser cierta en alguna medida, pero es una fantasía. Siempre hay aspectos de nosotros mismos que no coinciden con esa imagen. Si nos aferramos a esa imagen, nos restringimos y aminoramos y nos prevenimos de descubrir las partes de nuestra experiencia que son desconocidas o permanecen alienadas. Si puede desapegarse, aunque sea un poco, de la idea de lo que piensa que usted es, tiene una oportunidad más de descubrir más acerca de lo que experimenta en este momento. Lo que quiero hacer enseguida, es darle alguna experiencia en revertir el modo en que vivencia partes de su mundo y cómo se vivencia a sí mismo. Es una manera simple de desatar algunos de sus prejuicios ceñidores sobre la realidad. Puede aún ser una manera de

[36] Ibídem, "El darse cuenta".

encontrar nuevos modos de funcionamiento y de descubrir cosas acerca de usted mismo, de las que usualmente no se da cuenta, es una manera interesante de pasar al tiempo cuando está aburrido.

## No puedo - no quiero

### Consigna:[37]

Túrnense ahora para intercambiar frases que comiencen con las palabras "no puedo..." Tómese cinco minutos para hacer una larga lista de cosas que usted no puede hacer... Retroceda todas esas frases recién dichas y reemplace el "No puedo..." por el "No quiero..." Alterne con su compañero la formulación de esas frases. Diga exactamente lo que antes dijo, salvo en las palabras iniciales, y luego tómese tiempo para recapacitar sobre cómo se sintió diciendo cada frase. ¿Es algo realmente imposible, o es algo posible que usted se niega a hacer? Quiero que se dé cuenta de su capacidad y poder de negación. Luego, repita esa frase que comienza con "No quiero..." y agréguele cualquier otra frase que se le ocurra a continuación. Tómese unos cinco minutos en esta tarea...

Ahora, empleen algunos minutos en contarse qué vivenciaron haciendo esto. ¿Sintió alguna sensación de fuerza al asumir la responsabilidad de su negativa, diciendo "No quiero..."? ¿Qué otra cosa descubrió?

## Necesito - quiero

### Consigna:[38]

Túrnese con su compañero para intercambiar frases que comiencen con las palabras "Necesito..." Tómese unos cinco minutos para hacer una larga lista de sus necesidades... Retroceda a las frases que acaba de decir y reemplace el "Necesito..." por el "Quiero..." alternando con su compañero en la formulación de las mismas. Diga exactamente lo que anteriormente dijo, salvo en dicha modificación, y luego dese un tiempo para tomar consciencia de cómo se siente diciendo cada frase. ¿Se trata de algo que realmente necesita o es algo que usted quiere, pero puede fácilmente sobrevivir sin ello? Quiero que se dé cuenta de la diferencia entre algo que realmente necesita, como aire y alimentos, y otras cosas que quiere y son muy

---

[37] Ibídem, "Comunicación interior".

[38] Ídem.

agradables y bonitas, pero no absolutamente necesarias. Luego, repita esa frase que comienza con "Quiero..." e inmediatamente agregue las palabras que se le ocurran. Tómese unos cinco minutos en esta operación. Ahora, emplee algunos minutos en contar a su compañero qué experimentó haciendo el ejercicio. ¿Sintió algún tipo de alivio o libertad al comprender que alguna de sus "necesidades" realmente son conveniencias? ¿De qué otra cosa tomó consciencia?

## Diálogo del síntoma

### Consigna:[39]

Cierre los ojos y piense en algún síntoma físico que le preocupa. Si es posible, piense en un síntoma que pueda sentir ahora mismo. Si no siente ninguna incomodidad ahora, piense en algún síntoma que con frecuencia o regularmente lo preocupe, y vea si puede recrear la sensación de ese malestar. Fije su atención en ese síntoma y procure tomar una conciencia más minuciosa del mismo... Exactamente, ¿qué partes de su cuerpo están afectadas y qué sensaciones de dolor y tensión...? Vea si puede aceptar completamente ese síntoma... Tome conciencia de cómo incrementa ese síntoma... y vea ahora si puede reducirlo librándose de él de algún modo. Tómese un rato más para explorar mejor el síntoma y tomar mayor conciencia del mismo... Conviértase ahora en el síntoma. ¿Cómo es usted siendo síntoma...? ¿Cuáles son sus características y qué le está haciendo a esta persona...? Háblele ahora a esta persona y dígale qué le hace y cómo lo hace sentir... Como síntoma, ¿qué le dice a él...? ¿Cuál es su actitud y cómo se siente...? Ahora, sea usted mismo nuevamente y respóndale al síntoma... ¿Qué le contesta y cómo se siente mientras responde...? ¿Qué sucede entre ustedes dos...? Vuelva a convertirse en síntoma y prosiga el diálogo... ¿Cómo se siente ahora, siendo síntoma y qué dice...? Ahora, dígale a esta persona ¿qué está haciendo por él...? ¿De qué manera le es útil o le facilita la vida...? ¿Qué le ayuda a evitar...? ¿Qué otra cosa puede decir...? Sea usted mismo otra vez. ¿Qué responde ahora...? Continúe este diálogo un rato y alterne a fin de identificarse con quien sea esté hablando. Vea qué puede aprender de cada uno mientras prosigue el diálogo... Mantenga los ojos cerrados y recapacite en silencio sobre la experiencia... Ahora, abra los ojos y comunique su experiencia en primera persona del presente, como si estuviera sucediendo ahora...

---

[39] Ídem.

Explicación:

Los síntomas físicos (también, los emocionales) suelen brindarnos mucha información acerca de algún aspecto de nosotros mismos que tenemos olvidado y/o debemos sanar. Cuando no negamos el síntoma y le prestamos atención, resulta interesante todo lo que nos puede enseñar respecto de nosotros mismos. Por eso, siempre se recomienda estar atento y escuchar todos los mensajes que frecuentemente nos suele enviar. Debemos preguntarnos: ¿de qué me sirve mi síntoma?; ¿me ayuda a evitar ir a algún lado?; ¿me ayuda a no hacer algo que en el fondo no quiero hacer?; ¿mi síntoma me ayuda más de lo que me trae problemas?, ¿me salva de hacer tareas desagradables?; ¿podría explorar algunos otros recursos para evitar enfermar? Comúnmente, cuando encontramos otras alternativas, aquel síntoma que tanto molestaba mejora, e incluso, desaparece.

## Riña familiar

John Stevens explica cuatro tipos básicos de roles manipuladores, cada uno de ellos con innumerables variaciones y combinaciones:[40]

1. **Apaciguador**: pacífico, simpático, que evita confrontar, suaviza las diferencias, es protector; pero, también, suele disimular y ocultar lo que piensa y siente realmente. Dice: "Oh, no es tan malo...", "En esencia pensamos lo mismo".
2. **Evasivo**: evade tomar una postura respecto de un tema, hace que no escucha, simula que no entiende, suele dar la impresión de fragilidad. Dice: "No lo vi", "Eso no tiene solución".
3. **Inculpador**: siempre está juzgando y amenazando a los demás, nunca deja de quejarse o compararse con los otros. Dice: "Tú nunca...", "Tú siempre...", "¿Por qué no vas a...?".
4. **Predicador**: suele ponerse en una postura de autoridad que enseña, suele dar largas explicaciones en donde justifica lo que opina mediante argumentos lógicos con el objetivo de convencer al otro de que él tiene la razón. Se expresa con frases tales como: "Tú debes...", "Ellos deberían...", "Lo que realmente sientes es...", "Mi médico opina...".

[40] Ídem.

A partir de esta información, John Stevens propone el siguiente ejercicio grupal que, como todos, también podría adaptarse a una sola persona.

Consigna:

Deben armar grupos de 5 o 7 personas. Imagínense que son una familia. Cada cual elegirá un rol distinto: padre, madre, hija, hijo, abuelo, etc. Durante cinco minutos deben hablar actuando cada uno su rol. Luego, deben ir intercambiándose cada uno de estos roles, de manera tal que, al finalizar el ejercicio, todos habrán actuado los roles de todos. En cada rol deben hablar cinco minutos y pasar al siguiente. Este ejercicio tiene una duración de 20 minutos a media hora, según los participantes. Al finalizar, cierren los ojos por unos minutos para reflexionar en silencio sobre la experiencia. Piensen en:

- ¿En cuál de los roles se sintieron más cómodos y les resultó más fácil de interpretar?
- ¿En cuál de los roles se sintieron más incómodos, más tensos y no les resultó tan fácil interpretar?
- ¿En qué roles pudieron observar más cómodos e incómodos a sus compañeros?
- ¿De qué manera se sentaron? ¿Cómo era la postura corporal de cada quién? ¿Y su tono de voz?
- ¿Mientras hablaban, se miraban a los ojos o esquivaban la mirada?

Ahora, abran los ojos y tómense unos minutos para comentar aquello de lo que se han dado cuenta con el resto de sus compañeros.

Explicación:

No es casualidad que algunos roles les hayan resultado más simples o simpáticos, y otros, mucho más complejos, conflictivos o angustiantes. Estos roles que acaban de interpretar no son más que un reflejo de cómo ustedes mismos suelen comunicarse y vincularse con los demás.

## ¿Cómo hablamos?

La manera en cómo nos expresamos oralmente, cómo formulamos lo que decimos, incide directamente en las respuestas que recibiremos. Para trabajar sobre este aspecto, Stevens propone una serie de ejercicios cuyas consignas hemos actualizado:[41]

---

[41] Ídem.

1. **Frases impersonales**

Consigna: comiencen hablando unos con otros durante unos minutos. Deben hablar y/o preguntar de manera impersonal; por ejemplo: "Hace calor", "Los síntomas físicos son señales de un desequilibrio emocional". No se pueden hacer preguntas. Al finalizar, comenten con sus compañeros cómo se sintieron hablando de este modo.

Explicación: cuando se habla utilizando frases impersonales –que pueden incluir los pronombres "él", "lo", "la"–, se dice que el sujeto se externaliza a uno mismo. Hablar de esta manera sirve para dejar de involucrarse de forma personal en aquella cuestión acerca de la que se habla. Por ejemplo, en lugar de decir "Estas personas nos están agrediendo", dicen "El ambiente está agresivo"; en lugar de decir "Me siento incómodo hablando contigo", dicen "Lo raro es que nos comuniquemos de esta manera"; en lugar de decir "Me siento mal con mi vida", dicen "La vida es injusta".

2. **Frases personales en segunda persona**

Consigna: agrúpense de a pares y comiencen a hablarse utilizando tan solo comentarios que se refieran al interlocutor mediante frases que empiecen con "tú" o "usted". Por ejemplo: "Tú seguro que tienes la misma edad que yo", "Tú pareces buena persona". No se pueden hacer preguntas... Al terminar, comenten cómo se han sentido hablando de esta manera y compárense con cómo se sintieron hablando en el ejercicio anterior.

Explicación: cuando hablamos comenzando la frase con un pronombre personal de segunda persona tal como "tú", "te" o "ti", suele provocar que nuestro interlocutor se ponga a la defensiva y nos agreda de alguna manera. Esto se debe a que al usar "tú" en lugar de "yo", sutilmente le estamos diciendo al otro que es él quien está equivocado y debería cambiar. Por ejemplo, cuando decimos "Tú eres hiperkinético", estamos dando a entender que nosotros no somos así; de lo cual, se deduce que nos molesta ese modo de ser y que debería cambiar. Es por esa razón que, muchas veces, nuestro interlocutor puede llegar a respondernos de mala manera sin que, en apariencia, nosotros lo estemos agrediendo. Por lo tanto, para evitar confrontaciones que puedan llegar a resultar violentas es importante saber que, en este tipo de casos, cuando alguien opina de otro, en realidad, está hablando de sí mismo o proyectando en su interlocutor algún aspecto no reconocido de sí.

3. **Frases sobre "ustedes"**

   Consigna: ahora, comiencen a hablarse empleando frases que comiencen con ustedes; por ejemplo: 'Ustedes son desordenados', 'Ustedes no paran de hablar'.

   Explicación: cada vez que usamos el plural "ustedes" lo que en realidad estamos diciendo es "todo el mundo" o "cualquier persona" sabe –o, podría darse cuenta– que son "desordenados". Es por esta razón que nuestros interlocutores suelen reaccionar a la defensiva este tipo de frases y, en lugar de revertir su conducta negativa, la refuerza.

4. **Frases sobre "nosotros"**

   Consigna: ahora, comiencen a hablarse empleando frases que empiecen con nosotros: "Nosotros tenemos la misma estatura", "Nosotros tenemos el mismo color de remera", etc. Al finalizar, comenten cómo se sintieron hablando de esta manera y compárenlo con los dos ejercicios anteriores.

   Explicación: este modo de comunicarse puede unir a la gente porque hace que nuestro interlocutor pueda escucharnos mejor o, por el contrario, puede encubrir diferencias entre las personas, lo cual puede ser usado como una técnica de manipulación. Cuando alguien dice, por ejemplo: "Estamos de acuerdo" cuando en realidad no lo está, es una manera sutil de imponer su opinión. Cuando alguien dice "Debemos lavar los platos" puede tratarse, en realidad, de una orden encubierta: "Debes lavar los platos".

5. **Frases personales en primera persona**

   Consigna: ahora, comiencen a hablarse utilizando solo afirmaciones que empiecen con "yo" o "mi". "Yo me estoy impacientando contigo", "Mi problema es que no me gusta hablar demasiado".

   Explicación: cuando hacemos uso de la segunda persona "tú", ponemos la responsabilidad en el otro, marcamos una diferencia, y a raíz de esto puede iniciarse una disputa. En cambio, cuando hacemos uso de la primera persona "yo", estoy reconociendo mi postura, asumo parte de la responsabilidad y eso colabora a suavizar diferencias. No es lo mismo decir "Tú debes cambiar", que decir "Yo pienso que quizás deberías cambiar"; o, "Se nota que te sientes cómodo acá", que "Yo me siento cómodo contigo". Cuando alguien habla desde su "yo" y realiza una afirmación personal, se está expresando de manera más directa y personal; pero si, en cambio, habla de "tú", está poniendo cierta distancia y, probablemente, quiera manipularnos.

6. **Preguntas**

   Consigna: ahora, uno por vez, comenzarán a hacerse solamente preguntas por un par de minutos cada uno. Pueden hacerse todo tipo de preguntas, pero no pueden responderlas. Al finalizar, comenten qué sensación les ha producido preguntar y ser interrogados.

   Explicación: hacer preguntas puede resultar un buen método para desviar la atención del otro. Una pregunta que comienza una frase con un "¿Por qué?" (por ejemplo: "¿Por qué usas pantalones?"), hace que las personas respondan de manera defensiva ya que se sienten atacadas y juzgadas, obligadas a dar explicaciones. Esto es así porque este tipo de preguntas suele ocultar una crítica.

7. **Transformar una pregunta en una afirmación en primera persona**

   Consigna: ahora, recuerden las preguntas que hicieron anteriormente y transfórmenlas en afirmaciones en primera persona. Por ejemplo, si una de tus preguntas fue: "¿Por qué usas pantalones?", podrías convertirla en una afirmación utilizando alguno de los pronombres personales de primera persona ("yo", "mi" o "me") y decir, por ejemplo: "No me gustan tus pantalones". Realicen este ejercicio por unos cinco minutos y al finalizar hablen acerca de cómo se han sentido siendo receptores de este tipo de preguntas y comentarios.

   Explicación: al transformar una pregunta en un comentario, la persona debe asumir la responsabilidad de aquello que en verdad piensa y opina, de sus propios gustos, deseos y exigencias. Muy pocas preguntas que comienzan con "¿Por qué?" son sinceros pedidos de información; por el contrario, muchas veces, tienen como objetivo hacer dar explicaciones y hablar a la otra persona para ocultarse y evadir hablar de sí mismo. A diferencia de esto, aquellas preguntas encabezadas con "¿Cómo...?", "¿Qué...?", "¿Cuándo...?" o "¿Dónde...?", mayormente, no pretenden manipular; sino que, en cambio, suelen tratarse de sinceros pedidos de información.

**8. ¿Por qué? - Porque**

Consigna: ahora, por cinco minutos, comiencen a hablarse empleando únicamente frases que comiencen con "¿Por qué?" o "Porque". Cada cosa que digan debe ser una pregunta acerca de algo que esté aquí o que esté sucediendo en este momento. Todas las preguntas deben comenzar con "¿Por qué...?" y las respuestas con "Porque...". Al finalizar, comenten cómo se han sentido.

Explicación: generalmente, las conversaciones que se basan en el dúo del "¿Por qué? y el "Porque...", suelen llevar a una interminable cadena de preguntas y respuestas que son meras explicaciones racionales, lo cual termina alejando a las personas de una verdadera comprensión vivencial del tema inicial de la conversación. Este tipo de conversaciones termina confundiendo aún más.

**9. ¿Cómo? - Así**

Consigna: ahora, por cinco minutos, intercambiando los roles, comiencen a hablarse empleando únicamente frases que empiecen con "¿Cómo...?", a las cuales, su interlocutor deberá responder con "Así...". Por ejemplo, se podría decir "¿Cómo haces para tener esa alegría?", y responder "Así, sonriendo". Al finalizar, comenten cómo se han sentido.

Explicación: las preguntas que comienzan con "¿Cómo?", son más específicas y se realizan con el objetivo de conocer una cualidad de alguien, para averiguar y tratar de entender el procedimiento de algo. Las respuestas que generan este tipo de preguntas, frecuentemente, comienzan con la palabra "Así" y suelen conducir a un entendimiento mucho más profundo del asunto en cuestión. Por ejemplo, no es lo mismo que preguntemos "¿Por qué te enfermaste?" que "¿Cómo podrías describir lo que sientes?". Cuando preguntamos con "¿Por qué?" estamos exigiendo información y/o una explicación que, quizás, la otra persona no puede o no es capaz de darnos, lo que la hace sentir frustrada. En cambio, cuando preguntamos con un "¿Cómo?" damos la opción de abrir un canal de comunicación generando una mayor empatía porque este tipo de preguntas no conlleva implícito un juicio de valor.

**10. Pero**

Consigna: ahora, harán todo tipo de comentarios utilizando la palabra "pero" en algún lugar de la frase. Vale aclarar, que no se puede utilizar la palabra "pero" al principio de la frase.

Explicación: la palabra "pero" se puede utilizar de dos maneras: 1) para señalar diferencias, o 2) para negar la primera parte de una frase. Por ejemplo, cuando decimos "Tú me caes simpática, pero...", lo primero que dijimos, "Tú me caes simpática", queda completamente anulado a oídos de nuestro interlocutor quien, seguramente, se quedará con la segunda parte de la frase, la cual suele ser una crítica. Este tipo de frases donde se utiliza el "pero" también suelen constituirse como "autonegadoras" para la propia persona que las está formulando, el típico ejemplo es cuando alguien dice: "Voy a empezar el gimnasio, pero espero conseguir uno cerca de mi casa y que me coincidan los horarios"; esta frase podría ser traducida como que, en realidad, la persona que ha dicho esto no tiene demasiadas ganas de hacer gimnasia. "Es una maravillosa mujer, pero tiene dientes muy feos", podría ser otro ejemplo. Resulta muy interesante observar cómo muchas personas, al hablar, terminan negando constantemente lo que antes han afirmado y con ello, terminan confundiendo a su interlocutor y a sí mismas, dado que hablar así es un modo de alienarse.

**11. Y**

Consigna: ahora, tómense unos minutos para hablar reemplazando con un "y" al "pero" de las frases que anteriormente han dicho. En este ejercicio no se puede utilizar la palabra "pero". Luego, comenten qué diferencias pudieron observar. ¿Qué efecto produce la palabra "y" en sus afirmaciones?

Explicación: la palabra "y" suele mantener unidas las experiencias que relatamos; en cambio, la palabra "pero" las disocia. Al usar el "y" nos damos cuenta de que las dos cosas que estamos mencionando son ciertas; con lo cual, nos expresamos de modo más claro y evitamos ser confusos y contradictorios en nuestro discurso.

**12. Declaraciones personales de primera a segunda persona**

Consigna: en este momento, deben hacer comentarios que únicamente comiencen con "Yo" y se refieran directamente a su interlocutor; por ejemplo: "Yo me siento inferior a ti". Cada una de las frases debe incluir un comentario "Yo-Tú". No están permitidas las preguntas. Luego de un par de minutos, al finalizar, comenten con sus compañeros qué sintieron con esta experiencia y compárenla con los otros modos de comunicarse que ensayaron anteriormente.

Explicación: cuando utilizamos frases de primera a segunda persona, esto es, de "Yo a Tú", somos capaces de expresarnos con claridad y le damos la oportunidad al otro para que nos entienda mejor sin "metamensajes" ni indirectas.

Todos estos ejercicios nos posibilitan aprender a evaluar en qué momento hablamos de tal o cual manera y los efectos que eso produce en nuestros vínculos. Como ya explicamos anteriormente, muchas preguntas y maneras de formular las frases que decimos a diario son trampas, esconden una falta de compromiso o exigencias que generan que el otro adopte un tipo de respuesta basada en la psicología inversa y termine haciendo todo lo contrario a lo que nosotros esperábamos que hiciera. La pregunta "¿Cuándo regresaste?" no es tan inocente ni refleja una verdadera preocupación al darnos cuenta de que puede ser lo que se llama una pregunta "carnada", que lo único que pretende es controlar al otro, explica John Stevens. "Yo sé que has regresado hace una semana y estoy enojado porque no me llamaste ni me visitaste... Yo quería verte de inmediato y también quería tu demostración de que te intereso llamándome o visitándome...", podría tratarse de un modo de expresarse más honestamente.

Las afirmaciones suelen expresar algo, mientras que las preguntas, frecuentemente, suelen ser intentos de manipulaciones.

A partir de todo lo que hemos analizado, resulta asombroso comprobar cómo es que modificando algunos modos de expresión podemos ser más asertivos en nuestra comunicación.

## Comunicación no verbal

El lenguaje oral constituye el siete por ciento de la comunicación humana, el resto de la comunicación se da a través de otros tipos de lenguajes como, por ejemplo, el corporal y el paraverbal. Cuando hablamos decimos más con nuestros movimientos, expresiones faciales o tonos de voz que con las palabras. Frecuentemente, hablamos para callar y ocultamos información haciendo un uso particular de la semántica y la sintaxis cada vez que nos expresamos oralmente. No pronunciamos de la misma manera cuando estamos tristes que cuando estamos contentos; nuestros movimientos no son los mismos cuando estamos tranquilos que cuando estamos nerviosos; la expresión de nuestro rostro cambia si nos enojamos. Aunque no hablemos, constantemente estamos emitiendo mensajes. Resulta imposible poder tener un autocontrol total de nuestra conducta; es imposible no comunicar nada, aún el silencio es una forma de comunicar. Existen expresiones más evidentes y otras que muchas veces pasan desapercibidas, como los movimientos oculares o la dilatación o contracción de las pupilas, el aumento del calor corporal que se manifiesta a través de la transpiración o la inflamación de algunas venas de la cara. No es lo mismo decir "¡Eres un cretino!" en un tono de ira y enojo que en un tono amoroso que traduce admiración. El mensaje implícito dentro de la frase textual "Te extrañé" podría ser "Tengo ganas de tener sexo contigo" o "Me resulta difícil vivir sin ti", según la calidad de su mirada. Las relaciones humanas se caracterizan por ser un juego de poder, y partiendo de esto cada uno de nuestros mensajes tienen varias dimensiones desde las cuales podrían ser interpretados. Los malos entendidos y las desilusiones en el plano afectivo, laboral, etc. suelen darse por interpretar tan solo el nivel más superficial y textual de aquello que se nos está diciendo en verdad. Es cierto que podemos mentir; sin embargo, no por mucho tiempo, de una u otra manera nuestras expresiones no verbales siempre terminan delatándonos. Cuando sonreímos nuestra sonrisa pueden ser una expresión genuina de alegría o, por el contrario, podemos realizar una sonrisa del tipo "La Gioconda" con el objetivo de esconder nuestro verdadero estado de ánimo. Una sonrisa no siempre significa bienestar, a veces, significa una demostración de superioridad; mientras que otras veces, puede ser utilizada para desdecirse de algo de lo que anteriormente hemos expresado y nos avergüenza... Podríamos seguir dando muchos más ejemplos, pero, en definitiva, debemos saber que los seres humanos podemos decir algo con palabras mientras que, paralelamente, nos desdecirnos con una expresión facial o corporal. No es casualidad que a muchas personas no se las tome enserio y se las descalifique, mientras que otras tengan una mayor credibilidad; esto no depende tanto del grado de conocimientos sino de aquello que la persona exprese a través de la imagen que genera de sí de modo inconsciente. Cuántas veces terminamos siendo defraudados por socios debido a no haber sabido este tipo de cuestiones. Para que esto no nos vuelva a suceder, John Stevens ha desarrollado el siguiente ejercicio, el cual es una especie de entrenamiento para descubrir más rápidamente qué nos está diciendo el otro cuando nos habla.

## Negaciones no verbales

Consigna:[42]

> Elijan a un compañero y siéntense frente a frente. Durante cinco minutos comiencen a hablar. Uno de ustedes procederá a negar y descalificar verbalmente, con gestos y con posturas corporales todo lo que el otro va diciendo. Cada uno deberá ir tomando conciencia de cómo van reaccionando a medida que avanza el ejercicio y cómo se van sintiendo en su rol. Tomen consciencia cómo se sientan mientras lo hacen y qué actitudes van tomando a medida que pasa el tiempo... Ahora, deben intercambiar de roles... Finalmente, deben permanecer en silencio para asimilar la experiencia. ¿De qué manera han anulado los mensajes?, ¿y su compañero, cómo lo hizo? ¿Cómo se sintieron mientras su interlocutor les negaba sus mensajes?, ¿y cómo se sintieron al negar los mensajes del otro? ¿Reconocen algunos de estos métodos para anular mensajes que hayan hecho en sus propias vidas? Comenten con sus compañeros...

Este ejercicio también se puede hacer sin que uno de los compañeros sepa de qué se trata. Para eso, el terapeuta puede proponer al grupo que se divida en dos y sacar a uno de los grupos a fin de que no escuche cuando le dé la consigna de boicotear los mensajes del otro. Luego, se reúnen de nuevo, elijen cada cual su compañero y comienzan el ejercicio. Al final, se devela la verdad. Al hacer el ejercicio de esta manera, no solo resulta más divertido, sino que, sobre todo, se pueden evaluar mejor los resultados, dado que las actitudes resultarán más espontáneas.

Explicación:

Habitualmente, en medio de una conversación en la que estamos negociando algo quedamos perplejos, sin saber qué responder o qué pensar. Esto puede deberse a que el mensaje verbal se contradice con el no verbal. Nos dicen "Sí, quiero ser tu socio", mientras que inclinan su torso hacia atrás en la silla y nos esquivan la mirada... Debemos aprender a profundizar en nuestra manera de observar a quien tenemos enfrente para no guardar falsas expectativas ni desilusionarnos, dado que estas situaciones nos generan emociones negativas como la ira, que terminan desembocado en acciones violentas.

---

[42] Ídem.

A raíz de esto, otro ejercicio que proponemos será mirar al compañero con el objetivo de deducir qué significa su postura:

## Reflejo de movimientos

Consigna:

Reúnanse en parejas. El más alto deberá reflejar con su cuerpo y sin hablar la postura corporal y los movimientos que va haciendo el más bajo, tal y como si fuera un espejo. Es importante que la persona más baja tome consciencia de cómo se va sintiendo mientras alguien lo imita: ¿Cambia de posición o intenta quedarse quieto para disimular lo que siente?

Explicación:

Si intenta quedarse quieto, quizás pueda deberse a que se está más centrado en la apariencia externa.

## Profesor - alumno

Consigna:[43]

Agrúpense de a dos. Cierren los ojos. Uno de ustedes se convertirá en alumno y hablará en voz alta tal y como si estuviera frente a frente con el profesor. El profesor tan solo lo escuchará sin decir nada, solo deberá prestar atención a cómo va reaccionando su cuerpo mientras el alumno le va diciendo cosas... Durante cinco minutos hagan esto y luego cambien de rol y hagan lo mismo durante otros cinco minutos. Presten atención no solo a lo que le dicen sino a cómo lo dicen. Al finalizar, tómense unos minutos para pensar acerca de la experiencia. ¿De qué se han dado cuenta respecto de sus reacciones como "alumno"? ¿Y, como "profesor"? ¿Cuánto de esto pueden reconocer como sus propias experiencias y emociones?

Explicación:

Este ejercicio de empatía, en donde tratamos de ponernos en el lugar del otro, es ideal para comprender por qué el otro reacciona de determinada manera. También puede realizarse con cualquier otra relación de pares: madre-hijo, padre-hija, marido-mujer, patrón-empleado, etcétera.

---

[43] Ibídem, "Pares".

## Suposiciones

Consigna:[44]

Siéntense con un compañero frente a frente mirándose a los ojos. Durante cinco minutos, de forma intercalada, uno de ustedes le dirá al otro algo que comience con "Yo supongo que tú..." No respondan ni discutan tales suposiciones, solo limítense a escucharlas y luego cambien de rol, primero dice algo uno y luego el otro. Al finalizar, tómense unos segundos en silencio... Cuéntense lo que fueron experimentando y si algunas de estas suposiciones fueron ciertas o erróneas. ¿Qué pudieron descubrir? ¿Cuán acertados o equivocados han estado uno del otro respecto de sus suposiciones?

Explicación:

Este ejercicio es interesante para aprender a observar cuántas veces nos equivocamos cuando juzgamos a alguien sin conocerlo. Una variante útil puede ser: "Yo supongo que tú sabes".

## Lugar familiar

Consigna:[45]

> En silencio tomen conciencia de dónde están sentados y cómo se sienten allí... ¿Qué tiene esa ubicación que la hace preferible a otras?... Vean si pueden tomar conciencia de qué hace especial ese lugar familiar que ocupan... Miren ahora alrededor del cuarto y decidan qué lugar es todo lo contrario del que ahora están ocupando... ¿Cuál es el sitio más distinto a su lugar familiar?... Ahora, quiero que todos se dirijan en silencio a ese lugar diferente, o lo más cercanamente posible si es que alguien decidió sentarse allí también... Ahora, en silencio, tomen contacto con las sensaciones que les disgustan de este nuevo lugar... ¿Cómo es este nuevo lugar?... ¿Qué les disgusta de este nuevo lugar y qué les gusta de él?... Comparen su experiencia de este nuevo lugar con la del lugar primitivo... Ahora, ¿pueden expresar algo más respecto de lo que les gusta de su lugar primitivo?... Finalmente, permanezcan donde están y expresen la experiencia de estar en esos dos lugares diferentes. Cuenten en qué se diferencian para cada uno de ustedes y cómo se sienten en ambos sitios... Vuelvan ahora a sus lugares

---

[44] Ibídem, "Parejas".

[45] Ibídem, "Actividades de grupo".

> primitivos y, nuevamente, tomen contacto con las sensaciones de cómo es y cómo se sienten allí... Vean si pueden descubrir algo más acerca de lo que hace especial a ese lugar...

Explicación:

No es lo mismo sentarse en el último rincón de la sala que en el frente, en un lugar apartado de todo el mundo que junto a muchas personas. Este ejercicio trata de que tomemos consciencia del lugar que ocupamos en la vida, de cómo solemos posicionarnos frente a los demás, de las actitudes que pueden causar rechazo o provocar vínculos de amistad.

## Exigencia - respuesta rencorosa

Consigna:[46]

> Ahora, conviertan cada una de sus expectativas en una exigencia y tómense turnos planteándose estas demandas uno al otro. Expresen estas demandas clara y firmemente como si estuvieran impartiendo órdenes. Una vez que haya formulado una demanda quiero que su compañero le responda muy rencorosamente. El rencor es una forma sigilosa de la revancha. Por ejemplo, si la demanda es "Deja limpia la cocina", una respuesta rencorosa podría ser "No, no la limpiaré", o "Bueno, haré muchísimo ruido lavando los platos mientras tratas de ver televisión y me cansaré tanto limpiando la cocina que tendrás que poner los niños a dormir". Dese realmente todas las libertades y compenétrese de las respuestas rencorosas. Empleen unos cinco minutos para expresar las demandas y las respuestas rencorosas... Ahora, dediquen algunos minutos para discutir de qué se daban cuenta mientras hacían eso y qué descubrieron. ¿Hasta qué punto pudo realmente compenetrarse de su rencor y disfrutarlo? ¿Fue "simplemente un juego" o expresó usted algunos de los modos con que realmente se toma revancha de su compañero?... Ahora, hagan explícita esa revancha. Túrnense para contarse cómo sabotean las demandas del otro. Sean muy específicos acerca de lo que hacen para eludir las demandas de su compañero, y relaten exactamente cómo frustran muchos de sus deseos, metas y acciones. Comiencen cada frase con las palabras "Yo te saboteo". Por ejemplo, "Yo te saboteo demorando el arreglo de cosas de la casa hasta que cierran los negocios y no puedo ir a comprar los objetos necesarios". Empleen unos cinco minutos en hacer este ejercicio... Ahora, cuéntense cómo están agobiados debido a

[46] Ibídem, "Parejas".

> esas demandas que no están dispuestos a satisfacer. Compenétrense realmente de todos los detalles de esos puntos muertos: de lo que usted continúa demandando y su compañero continúa negándole. Por ejemplo, "Estoy harta de regañarte para que arregles las cosas y sentirme más y más frustrada por tu demora y tus maneras de no hacerlo", etc. Empleen unos cinco minutos para expresar todas las formas de su cansancio para con el otro... Ahora, mírense uno a otro y establezcan algún contacto físico. Digan la siguiente frase el uno al otro y hagan una pausa para absorber lo que vivencia al hacerlo. "En este momento no puedo ser en nada distinto de lo que soy"... Ahora, cámbienla por: "En este momento tú no puedes ser en nada distinto a lo que eres"... Empleen ahora cierto tiempo en comunicarse la experiencia vivida en esos experimentos.

Explicación:

Este ejercicio es de especial importancia para tomar consciencia acerca de cómo pueden generarse actos de violencia a partir de exigencias, demandas y falsas expectativas respecto del otro.

## Rol y rol opuesto

Consigna:[47]

Deben elegir un rol que suponen apropiado para ustedes, que lo sepan representar y actuar. Piénsenlo bien. Por ejemplo, si es un monje, describan qué clase de monje sería. ¿Se trata de un monje de clausura, hermético, que está meditando todo el día o de un sacerdote que hace labores altruistas y comunitarias en los barrios humildes? Elijan una frase apropiada que pueda decir, por ejemplo, "Es importante permanecer en silencio y meditar". Es necesario que cada uno comprenda el rol que se le ha asignado, ya que durante unos ocho minutos deberán interpretarlo al interactuar con sus compañeros, alternando en un momento u otro la frase. Compenétrense en su rol e interactúen con los demás miembros del grupo como si realmente fuesen ese personaje... Al finalizar, piense en: ¿Cómo te sentiste interpretando ese rol? ¿Qué pudiste notar en ti y en tus compañeros mientras lo hacían? Comenten su experiencia. Ahora, piensen en cuál sería el rol opuesto y la frase opuesta que acaban de interpretar. Por ejemplo, lo opuesto al monje ermitaño que dice "Es importante permanecer en silencio y meditar" podría ser una chica adolescente que dice "No puedo estar sola ni un minuto, me encanta

---

[47] Ibídem, "Actividades de grupo".

estar con amigos". Si no se les ocurre nada pueden pedir ayuda a sus compañeros... Ahora, deben comenzar a interpretar este nuevo rol, tal como hicieron con el otro anteriormente, alternando la frase que han elegido cada vez que hablan con alguien. Ahora, se pueden detener... Piensen un minuto qué sintieron al interpretar este nuevo rol. ¿Cuál de los dos roles les fue más cómodo interpretar? ¿Qué pudiste observar de tus compañeros? ¿Tomaste consciencia de algo? Ahora, durante unos ocho minutos interpretarán ambos roles opuestos con sus respectivas frases, alternándolos. Ahora, comentaremos entre todos la experiencia.

Explicación:

No es casualidad que hayamos elegido uno u otro rol, una u otra manera de hablar. Lo interesante de este ejercicio es que, al finalizarlo, podemos descubrir que en realidad ambos roles y maneras de ser se asemejan a cómo nos comportamos en muchas circunstancias de nuestra vida cotidiana. Las personas no somos completamente buenas ni completamente malas, ni completamente sabias o torpes, etc.; tenemos ambos aspectos complementarios, solo que no aceptamos –o rechazamos en los demás– aquel que menos nos gusta.

## Secretos

Consigna:[48]

Todos tenemos secretos porque suponemos que si somos sinceros y los contamos podrían ocurrir consecuencias negativas, se burlarían de nosotros, nos rechazarían, se enojarían. Este ejercicio es una especie de experimento para verificar estos supuestos. Ahora, repartiré unos papeles a cada uno de ustedes para que anoten en ellos sus secretos y luego, protegidos por el anonimato, puedan ver la reacción de la gente. Cierren por unos minutos los ojos, piensen y elijan algún secreto que quieran anotar y que no quieran que nadie se entere. Ahora, anotarán aquel secreto que jamás quisieran que sus compañeros se enteren. Si quieren pueden cambiar la letra, pero escriban clara y detalladamente. Por ejemplo, no escriban simplemente "Tengo miedo de mi padre", digan "Tengo miedo a mi padre porque es muy agresivo y podría llegar a matar a mi madre si se entera que estoy hablando de él. Esto, me ha traído problemas con mis parejas ya que suelen ser parecidos a él". Cuando hayan

[48] Ídem.

terminado doblen en dos su papel y colóquenlo en la caja que está en el medio del cuarto. Todos deberán doblar de la misma manera su papel al terminar, para que no sea posible identificar a nadie... Cuando ya hayan terminado todos, yo voy a revolver en la caja y ustedes irán pasando uno por uno para agarrar con los ojos cerrados un papel al azar y volverán a sentarse en su sitio... Ahora, leerán el secreto que a cada uno le ha tocado y se compenetrarán en él como si fueran esa persona... Una vez que hayan leído "su secreto", comenzarán uno por uno, a leerlo en voz alta. Los demás miembros del grupo estarán atentos observando a quien lee, pero, también, tomando consciencia de cómo se van sintiendo mientras escuchan. Si alguno de los secretos que escuchan es suyo y quieren admitirlo y hablar sobre ello pueden hacerlo; los que no quieran, pueden permanecer en silencio. Al finalizar, comentarán todo lo que han ido descubriendo: ¿cómo reaccionaron los demás al escuchar mi secreto?, ¿cómo se sintieron al escuchar el secreto de otro?

Explicación:

Este ejercicio resulta muy útil para tomar conciencia de cómo la sociedad, representada en los compañeros de grupo, podría llegar a reaccionar si se enterara de alguno de nuestros secretos. Podríamos darnos cuenta de que quizás, no se burlarían como lo hubiésemos pensado, sino que, por el contrario, serían empáticos. Quizás, podríamos llegar a descubrir que no somos los únicos que tienen ese problema.

## Escultor

Consigna:[49]

Ahora, elijan a un compañero y vayan ubicándose en parejas. La persona más alta será el escultor y la más baja, la arcilla. El escultor debe observar atentamente a su compañero: su postura física, la inclinación de su cabeza, etc. Entonces, el escultor deberá modificar la postura del compañero con el objetivo de exagerar aquella postura que observa en él. Si se da cuenta de que su torso está inclinado para atrás, deberá echarlo aún más atrás, por ejemplo. Hagan de cuenta que son verdaderos escultores. La persona que está siendo modelada debe ir tomando consciencia de cómo se va sintiendo durante el ejercicio. Continúen modificando la posición

[49] Ídem.

de la estatua hasta que estén satisfechos del resultado. Cuando hayan terminado, párense frente a la estatua, obsérvenla bien. Hagan con su propio cuerpo una copia exacta de ella. Piensen en lo que podría estar expresando... Ahora, cambien de rol: la persona más baja será el escultor y la más alta la arcilla y nuevamente repitan el mismo procedimiento. Cuando todo el grupo haya finalizado, pueden reunir todas las estatuas con el objetivo de formar una sola estatua, una estatua nueva.

Explicación:

Este ejercicio es ideal para tomar consciencia respecto de cómo nuestro cuerpo habla por nosotros, de cómo el cuerpo tiene memoria de ciertos traumas y cómo ha reaccionado colocándose corazas para afrontarlos; por ejemplo, estar encorvados, rígidos, etc. La estatua final que se hace en grupo, generalmente representa un mensaje positivo o de resiliencia para los participantes.

# Capítulo 3

## Uso de los arquetipos

Como arteterapeutas debemos partir del concepto que el mundo que vemos y tocamos constituye tan solo un mínimo porcentaje de la verdadera realidad. En este aspecto, por ejemplo, el psicoanálisis abrió un campo de investigación acerca de los universos simbólicos y de la realidad psíquica.

Carl Gustav Jung fue un psicólogo discípulo de Sigmund Freud que amplió el concepto del inconsciente. Él consideraba que el inconsciente de cada persona ya no solo era un fenómeno individual, sino que también era parte del colectivo social y cultural del planeta en el cual todos habitamos. Desde este punto de vista, nuestro inconsciente hereda componentes culturales que forman una matriz mental por la que terminamos percibiendo el mundo e interpretando las experiencias. A todos estos componentes que el individuo hereda inconscientemente, archiva, clasifica y ordena, Jung los denominó arquetipos.

Los arquetipos son imágenes universales que cualquier persona puede comprender en cualquier parte del mundo. Se trata de esquemas de pensamiento y de experiencias de la realidad que hemos heredado y van conformando patrones emocionales y de conducta que moldean nuestra manera de procesar las sensaciones, imágenes y percepciones dándoles un significado para entender lo que nos está pasando.

Jung llegó a estas conclusiones a partir del estudio de los símbolos en los mitos y los sueños de distintas culturas del mundo. Pudo encontrar evidencias empíricas de la existencia de cómo se repiten los mismos símbolos (símbolos universales) y temas en distintas partes del mundo y de la historia humana. De esta manera, podríamos decir que los arquetipos son patrones de imágenes y símbolos que se repiten (a veces, bajo diferentes formas, según la cultura), que las personas van heredando culturalmente de una generación a otra.

Dado que cada uno de los arquetipos representa diferentes maneras de percibir la vida, a las personas y a sí mismo, podríamos clasificar algunos de los principales arquetipos de la siguiente manera.

## Eventos arquetípicos

- **El nacimiento**: nuevos comienzos, renovación.
- **El viaje**: éxito, poder, desplazamientos, posición social, persona de alto rango. Acción, amigos a su alrededor, fuerza y energía.
- **La fortuna**: dinamismo, movimiento. Rapidez en la consecución de eventos y sorpresas traídas por el destino.
- **La pareja**: los enamorados, el amor, las relaciones afectivas, la boda, consecución de las relaciones, afianzamiento, los hijos. Representa la posibilidad de vernos enfrentados ante una elección.
- **El juicio**: el Juicio Final, la hora de diferenciar lo material de lo espiritual. Representa la hora del triunfo o del cambio de camino sobre unas nuevas bases positivas. Momento de cambio, de renovación.
- **La muerte**: cambio, transformación, no necesariamente representa la muerte física. Nacimiento de nuevas ideas.

## Temas arquetípicos

- **La creación**: libertad, imaginación, autoexpresión, inconformismo, autosuficiencia, capacidad para innovar y reorganizar nuevas estructuras.
- **La venganza**: acción violenta contra otro en busca de justicia.

## Virtudes arquetípicas

- **La fuerza**: suerte, oportunidades.
- **La templanza**: autodominio, autocontrol, equilibrio, moderación, amistad, regeneración.

## Figuras arquetípicas

- **Ánima**: arquetipo de lo femenino en la mente del hombre.
- **Ánimus**: arquetipo de lo masculino en la mente de la mujer.

- **La persona**: faceta de nosotros mismos que queremos compartir con los demás; es decir, nuestra imagen pública.
- **La sombra**: todo aquello de nosotros mismos que queremos que permanezca en secreto, porque es moralmente reprochable o porque es demasiado íntimo.
- **El héroe**: figura de poder que se caracteriza por luchar contra la sombra; es decir, que mantiene a raya todo aquello que no debe invadir la esfera social para que el conjunto no se vea perjudicado. Además, el héroe es ignorante, ya que su determinación le lleva a no pararse a reflexionar continuamente acerca de la naturaleza de lo que combate.
- **El sabio**: la sabiduría; su papel es complementario al héroe. Arroja luz sobre la senda del héroe.
- **El loco**: representa a quien no se mueve por convencionalismos, a aquella persona aventurera, que no tiene miedo de viajar hacia lugares desconocidos (internos y externos).
- **El ermitaño**: soledad, reflexión, prudencia; también, las personas estudiosas.
- **El colgado**: desinterés por las cosas de este mundo; pasividad, los momentos de espera.
- **El mago**: omnipotencia, poder absoluto; también, aquella persona que tiene poder de convencimiento, que puede hacer todo aquello que se proponga porque tiene en sus manos todas las posibilidades para elegir.
- **El diablo**: desdichas, dificultades, enfrentamientos y enojos; bajos instintos o emociones negativas.
- **El ángel**: poder espiritual, obediencia a la voluntad divina, cuidado, destino (aquello que sucede es porque tenía que suceder).

## Arquetipos de mujeres

- **La virgen**: doncella, mujer inocente, pura, sin malas intenciones, simple.
- **La madre**: para Jung este arquetipo nos permite detectar conductas e imágenes relacionadas con la maternidad tal y como la han ido experimentando nuestros ancestros.

- **La santa**: simboliza a la madre; a una mujer sabia, prudente, reservada, de sentimientos nobles y profundos; alguien que se sabe secretos y que no muestra todo lo que sabe.
- **La reina**: equilibrio y armonía entre cuerpo, mente, emociones y espíritu. También, representa la feminidad, la sensualidad y la maternidad.
- **La puta**: libertad sexual, sensorialidad, goce, ausencia de compromiso.
- **La bruja**: mujer malvada, manipulación, poder, mujer empoderada.

## Arquetipos de varones

- **El padre**: representa para Jung una figura de autoridad que ofrece una guía sobre cómo vivir la vida basándose en su ejemplo.
- **El rey**: poder terrenal y temporal, posición social, fortuna, placer material, bienestar, estabilidad y seguridad.
- **El amante**: poder de seducción, atractivo sexual.
- **El bufón**: el embaucador, el que introduce las bromas y la violación de las normas preestablecidas para mostrar hasta qué punto las leyes que explican las cosas son vulnerables. Pone trampas y paradojas en la senda del héroe.
- **El guerrero**: lucha, capacidad de defensa, fuerza, protección, destrucción.

Conocer el significado de todos estos simbolismos nos permitirá interpretar con mayor facilidad y rapidez muchos de los ejercicios y obras de arte de nuestros pacientes y también las nuestras. Además, considerando que los arquetipos son patrones que funcionan como guía de nuestra conducta en diferentes circunstancias y/o contextos de la vida, son ideales para implementar en el armado de múltiples y distintas propuestas de talleres de arteterapia con el objetivo de facilitarnos el descubrimiento de cuáles son aquellos patrones arquetípicos que, desde el inconsciente, condicionan nuestro comportamiento, nuestras emociones, nuestra psique, nuestra identidad.

## Talleres

A continuación, compartiremos algunas ideas de talleres basados en arquetipos junguianos. Antes de comenzar explicaremos qué son los arquetipos y sus significados, para luego desarrollar una serie de ejercicios basados en el arteterapia.

### 1. Arquetipos de la vida

- Consigna: elegiremos cuatro arquetipos que representen las cuatro etapas de nuestras vidas que más nos hayan marcado.
- Objetivo: reflexionar acerca de cómo hemos evolucionado a lo largo de nuestras vidas.

### 2. Arquetipos del cuerpo

- Consigna: elegiremos diferentes arquetipos que representen las distintas partes de nuestro cuerpo. Para esto, previamente podemos repartir imágenes impresas de los distintos arquetipos junguianos.
- Objetivo: reflexionar acerca de cómo nuestras percepciones, emociones y aquello que hemos aprendido tanto a nivel familiar como a nivel cultural nos ha influenciado en la relación que hemos tenido con nuestros propios cuerpos y con los de los demás.

### 3. Arquetipos de la sombra

- Consigna: a continuación, escribiremos una lista de arquetipos opuestos. Luego, al lado de cada uno, escribiremos una palabra (podemos pegar una fotografía, también) asociada a un verbo que refleje alguno de nuestros propios comportamientos. Por ejemplo, al lado del arquetipo "Mago" podemos escribir la palabra "Cocinar"; mientras que al lado del arquetipo "Demonio" podemos escribir "Discutir". Siempre debemos asociar un arquetipo con un verbo. Al finalizar, quien lo desee puede compartir sus reflexiones con el resto del grupo o con su terapeuta, si es que está en una sesión individual de psicoterapia.

A continuación, a modo de ejemplo, sugerimos una lista de arquetipos opuestos para elaborar este taller; aunque, por supuesto, podemos agregar muchos más:

- Ángel y Demonio
- Doncella y Puta
- Santa y Bruja
- Guerrero y Bufón
- Sabio y Loco
- Creación y Venganza
- Nacimiento y Muerte
- Madre y Amante
- Padre y Diablo
- Héroe y Bufón

Vale aclarar que los arquetipos femeninos y masculinos pueden ser usados indistintamente tanto por mujeres como por varones, dado que representan roles, funciones y modos de comportamiento.

- Objetivo: reflexionar acerca de cómo cada uno de nosotros tenemos aspectos duales y contradictorios dentro de nuestra personalidad. Es ideal para tomar consciencia de nuestros dones y virtudes; también para identificar nuestros retos, que son los aspectos negativos de nuestra personalidad que sería positivo modificar.

## 4. Arquetipo de la enfermedad

- Consigna: introduciremos en una bolsa imágenes de distintos arquetipos junguianos que, luego, procederemos a buscar al azar para, en un segundo momento, detenernos a pensar a cuáles de nuestras enfermedades (físicas o psicológicas) podría llegar a representar. Entonces, procederemos a colocarnos un detalle en el vestuario o en el peinado que recuerde a ese arquetipo (por ejemplo, si se trata de "El Loco", nos podemos despeinar). Por último, buscaremos una melodía para bailar el significado del arquetipo. De esta manera, por ejemplo, si padecemos de un cáncer, un problema auditivo, una depresión o un trastorno de ansiedad y nos tocó el arquetipo de "El Guerrero", bailamos al son de una melodía de Beethoven, Piazzolla o cualquier otra con la cual nos sintamos identificados.
- Objetivo: partiendo de la teoría de la sincronicidad que entiende que nada de lo que nos sucede es una casualidad, la finalidad de este ejercicio es identificar un arquetipo que nos facilite reflexionar acerca de un posible origen de nuestra enfermedad y hacer una catarsis emocional.

## 5. Arquetipo de la identidad

- Consigna: el terapeuta del grupo escribirá con tizas sobre un círculo en el suelo los nombres de una lista de seis arquetipos (por ejemplo, "La Virgen", "La Madre", "La Santa", "La Reina", "La Puta", "La Bruja"). Luego, se formarán grupos de seis personas que elegirán el arquetipo con el que más se identifiquen y se pararán sobre este. Entonces, durante cinco minutos cada uno improvisará el rol que ha elegido mediante gestos y mímica, posturas corporales y movimiento. Al finalizar, cada cual irá cambiando de rol arquetípico, representando el que tenga a su derecha. El ejercicio terminará cuando cada uno de los participantes haya podido completar la representación de todos los arquetipos. Quienes quieran, podrán escribir para sí mismos y/o compartir con el resto del grupo cómo se sintieron en general con esta experiencia, si es que recordaron algo, en cuál de los arquetipos se sintieron más cómodos en incómodos, etcétera.
- Objetivo: descubrir características vinculadas a nuestra identidad en relación con determinadas modalidades comportamentales asociadas a los arquetipos femeninos.

## 6. Arquetipo laboral

- Consigna: meditaremos sobre el trabajo que tenemos y luego, sobre cuál sería nuestro trabajo ideal. Entonces, relacionaremos a cada uno de esos trabajos con un arquetipo que los represente para realizar dos esculturas o dos pinturas inspiradas en ellos. Finalmente, compararemos ambas creaciones.
- Objetivo: reflexionar acerca de nuestra identidad laboral, nuestras aspiraciones y nuestras metas.

## 7. Arquetipos de la familia

- Consigna: pensaremos en cada uno de los integrantes de nuestra familia y le asignaremos un arquetipo.
- Objetivo: reflexionar acerca de cómo y/o de qué manera nosotros mismos hemos heredado esos arquetipos familiares.

Vale destacar que también podemos armar talleres para trabajar sobre el significado que le damos a otros tantos arquetipos, como por ejemplo el del amante con grupos de tercera edad de mujeres y de hombres. La idea de estos talleres es observar de qué forma cada uno de nosotros representa a cada arquetipo en particular, ya que, si bien los arquetipos son simbolismos universales, cada cual los imagina según sus propias vivencias individuales. Así es cómo podremos observar que una persona puede representar el arquetipo del amante como un hombre joven y musculoso mientras que otra, en cambio, dibuja como un remolino, un grito, un gemido o incluso, como alguien a punto de morir.

En nuestra historia, podemos tener algunos arquetipos lastimados y otros demasiado idealizados; algunos pueden representar situaciones dolorosas y conflictivas mientras que otros, momentos felices. El trabajo con arquetipos en arteterapia resulta sumamente enriquecedor y a la vez sanador, ya que al ir identificando los patrones que nos suelen bloquear, también los vamos pudiendo modificar para lograr una mayor calidad de vida.

# Capítulo 4

## Talleres de arteterapia individuales y grupales

El objetivo de este capítulo es desarrollar talleres de arteterapia inspirados en las distintas disciplinas artísticas incluidas en: escritura, artes plásticas, artesanías y manualidades, música, danza, teatro, fotografía y juego de construcciones.

Para organizarnos mejor, nos detendremos en: 1) definir algunos conceptos y analizar distintas clasificaciones incluidas dentro de cada disciplina artística; 2) describir el uso de cada técnica en particular; 3) hacer una propuesta de talleres y 4) ejemplificar a través del relato de algunas historias vinculadas a la práctica del arteterapia.

Vale destacar que todos los talleres que proponemos a continuación tendrán la función de ser una simple guía; como hemos expresado desde el principio, se pueden adaptar a personas de cualquier edad, sexo y problemática y todos ellos pueden hacerse de forma individual o grupal.

Los talleres individuales tienen la facilidad de poder hacerse según el ritmo de cada persona, sin límite de tiempo; mientras que, en los talleres grupales, por una cuestión de organización, el tiempo de cada uno de los ejercicios se limitará a la cantidad de participantes, el contexto general y el lugar donde se realicen.

Aclaramos que no hace falta saber escribir ni pintar bien ni ser grandes escultores, eso es lo de menos. Tan solo necesitamos ganas de sumergirnos en la aventura de trabajar en el arte que nos atraiga. Frecuentemente, después de terminar nuestra obra, nos llevamos una gran sorpresa, y no podemos creer que hayamos sido nosotros quienes pusimos esas palabras sobre una hoja en blanco, dimos esas pinceladas o tomamos esa fotografía. Y en ese momento, caemos en la cuenta de que, en realidad, se trata de ejercicios que, en el fondo, de una u otra manera son el producto de nuestras propias proyecciones.

## Taller de escritura

No es lo mismo hablar, que decir, que escribir. Materializar nuestros pensamientos en un papel nos hace conscientes de aspectos de nosotros mismos nunca antes tenidos en cuenta, nos constituye como sujetos diferentes al resto. La palabra hablada nos hace seres sociables pero la palabra escrita nos hace humanos. ¡Ningún otro ser en el planeta Tierra tiene la condición de escribiente! Cuando escribimos nos damos cuenta de que cada palabra abre infinitas posibilidades. Cada oración que se une a otra es un puente para trascender y habitar los pesares de esta vida de una forma creativa.

No importa si escribimos bien o mal, si sabemos de gramática y estilos literarios o si tenemos mala ortografía, escribir es un acto terapéutico en sí mismo. Escribir como sea y lo que sea sana, limpia el alma de las emociones enquistadas detrás de cada cosa no dicha. La magia está en que cada vez que escribimos nuestras heridas y nuestros traumas, nos apropiamos de ellos, reinscribimos nuestra historia, nos desprendemos del pasado, comenzamos a ser libres nuevamente.

El contenido y el estilo de lo que escribimos están íntimamente relacionados con aquello que somos, con el contexto en el que vivimos y en cómo lo percibimos. Cada uno de nuestros relatos, en alguna medida, delata quienes somos. En este sentido, somos nuestra propia ficción. Mario Robles dice: "La fantasía habla sin desnudar a la vez que desnuda sin hablar".[50]

La función del arteterapeuta no es juzgar sino ayudar a que la persona sea capaz de no juzgarse a sí misma en el acto de escribir. La idea no es reprimir ni censurar, se trata de guiarla para que supere sus temores y se anime a escribir sobre cualquier tema: malestares, terrores, amores, alegrías, aburrimiento, odios y todo lo que vaya registrando a nivel táctil, visual, auditivo y olfativo.

El arteterapeuta, de ser necesario, podrá ayudar también explicando semánticas, sintaxis o técnicas que sean de utilidad, como las clásicas estructuras de: 1) introducción (presentación del personaje); 2) desarrollo (narración de los sucesos más trascendentes de su vida); 3) conclusión (quien escribe, habla de manera subjetiva acerca de la importancia del personaje).

---

[50] Robles, M. (2015) "Escrituroterapia y arteterapia". Disponible: <arteterapiamariorobles.com>.

## Biografía

Como si aún tuviese trece años recuerdo una visita a la casa de mis tíos que cambiaría mi vida para siempre. Aburrida de las conversaciones de los adultos, me escabullí por entre varias de las habitaciones buscando algo con qué entretenerme hasta que llegué a un lugar sin luz. Apenas entré, la penumbra del ambiente me inspiró a investigar directo en el placar; cuando lo abrí y vi lo que vi, casi me desmayé: allí adentro había una biblioteca oculta. Entre todos los libros, uno cautivó mi atención. Se trataba de un libro cuya tapa tenía el retrato de un abuelo todo despeinado sacando la lengua: era la biografía de Einstein. "¿Quién es?", salí corriendo a preguntar. Era la primera vez que estaba frente a una biografía que, si bien no leí hasta cinco años después, sembró dentro de mí un nuevo deseo: investigar el alma de las personas.

*Definición*

La palabra "biografía" tiene su origen etimológico en un término compuesto *bios* (vida) y *graphein* (escribir). Es un género literario de ensayo y narrativa en el cual se escribe exponiendo la vida de una persona desde sus antecedentes y/o antepasados familiares, su propio nacimiento hasta su muerte. El objetivo es dar un testimonio acerca de los acontecimientos más importantes de la historia de un personaje real, que suele ser un personaje público y famoso a nivel social (no siendo esto excluyente) que ha fallecido; aunque también, se puede escribir acerca de alguien que aún vive, siendo en tal caso que la narración deberá abarcar un cierto y determinado período de vida. Otra de las características de la bibliografía es que debe brindarse datos exactos y precisos (por ejemplo, nombres, fechas, lugares, acontecimientos).

*Técnica*

A la hora de ponerse a escribir, se debe recolectar información sobre la persona protagonista de nuestra biografía; con tal motivo, se la puede entrevistar a ella o a alguien que la haya conocido que pueda brindar información confiable. Existen una serie de preguntas que pueden servir como guía: ¿quiénes fueron sus padres?, ¿a qué se dedicaba?, ¿cómo se conocieron?, ¿qué relación tenía con ellos?, ¿cómo fue su infancia y su adolescencia?, ¿cuándo descubrió su vocación?, ¿cómo estudió?, ¿cómo fueron sus primeros pasos en el trabajo?

*Clasificación*

Existen muchos tipos diferentes de biografías que dan origen a subgéneros. Algunos de ellos:

- **Biografía autorizada**: el propio personaje biografiado es quien aporta datos, recuerdos, documentos, videos, etc.; y además, supervisa y corrige el borrador de lo escrito acerca de él antes de que se publique.
- **Biografía no autorizada**: es aquella escrita con total libertad por su autor, sin ser corregida por el personaje biografiado e, incluso, en contra de sus deseos.
- **Biografía ficticia**: se procede a escribir, por ejemplo, acerca de un animal, de una persona que nunca existió, etcétera.
- **Vidas de santos**: se trata de escribir acerca de la vida de personas consideradas santas, pueden estar basadas en sus pasiones o en sus milagros o en sus escritos intelectuales, por ejemplo. No solo existen las biografías de santos católicos; también, las hay de santos judíos o de la India y del Oriente.
- **Curriculum vitae**: este término podría traducirse como "carrera de la vida". Se trata la también llamada "hoja de vida", un documento en el cual se procede a describir el conjunto de conocimientos y estudios, habilidades personales, actividades académicas, experiencias laborales. Puede incluir: 1) Datos personales, nombre, apellido, dirección, mail; 2) preparación y actividades académicas; 3) ocupación o profesión; 4) experiencia laboral cronológica; 5) idiomas; 6) habilidades personales; conocimientos y estudios en general; 7) por qué quiere candidatearse a un trabajo en particular.
- **Prosopografías**: descripción puramente física de una persona, los rasgos de su rostro, sus características físicas, estatura, peso... Se trata de un estudio que puede tener utilidad para investigar y describir cómo son o eran las personas pertenecientes a un determinado grupo; por ejemplo, los estudiantes de economía o los de psicología.

# Talleres

## 1. Biografía

- Consigna: escribiremos la biografía de una persona que admiremos, puede ser alguien que conozcamos personalmente, un actor, cantante u otro personaje público tal como un científico, por ejemplo.
- Al finalizar, podemos preguntarnos: ¿por qué hemos elegido a esa persona?, ¿qué es lo que más admiramos de ella?, ¿en qué nos sentimos identificados con ella?
- Objetivo: buscar y encontrar referentes e ideales con los cuales identificarnos.

## 2. Biografía no autorizada

- Consigna: escribiremos la biografía no autorizada de una persona con la que no tengamos nada en común.
- Al finalizar, podemos preguntarnos: ¿por qué hemos elegido a esta persona?, ¿qué es lo que más admiramos de ella y lo que menos?, ¿en qué nos sentimos identificados con esta persona?
- Objetivo: tomar consciencia de cómo proyectamos en otras personas tanto defectos propios como virtudes que pensamos que nosotros mismos no tenemos.

## 3. Curriculum vitae

- Consigna: escribiremos nuestro propio *curriculum vitae* u hoja de vida; luego, en un segundo momento, escribiremos el *curriculum vitae* que quisiéramos tener en el futuro.
- Al finalizar, podemos preguntarnos: ¿existe mucha diferencia entre ambos *curriculum vitae*?, ¿consideramos que tenemos muchas carencias como para buscar y conseguir abrirnos camino en el mundo laboral que anhelamos?, ¿podríamos considerar estas carencias como virtudes?, ¿de qué manera podríamos revalorizar nuestras carencias?
- Objetivo: tomar consciencia tanto de nuestras potencialidades y virtudes, y de cómo podemos adaptarlas al mundo laboral.

## 4. Biografía de un animal, planta u objeto

- Consigna: escribiremos la biografía ficticia de la vida de un animal, una planta o un objeto que elijamos. Puede tratarse de una mascota, un animal doméstico, salvaje, un insecto, un árbol, una verdura comestible, un inodoro, una piedra, entre otras opciones.
- Al finalizar, podemos preguntarnos: ¿en qué nos identificamos con el personaje de nuestra biografía?, ¿en qué cosas no nos parecemos en nada?
- Objetivo: abrir un espacio de autorreflexión sobre nosotros mismos.

## Autobiografía

Escribir la autobiografía de nuestra propia vida puede ser un ejercicio muy interesante. Es una propuesta que nos ayuda a reflexionar acerca de detalles de nuestro pasado sobre los cuales, quizás, nunca antes habíamos reparado; es una manera de redescubrirnos al mirar en perspectiva nuestras experiencias positivas y negativas; y, en definitiva, contribuye a revalorizarnos. También, a reevaluar algunas de las decisiones que tomamos y a proyectar distintas posibilidades de futuro.

*Definición*

Biografía de una persona escrita por ella misma.

*Técnica*

Se escribe con la misma técnica que la biografía. Si bien puede constar de introducción, desarrollo y conclusión, su autor puede modificar esta estructura en base a las experiencias y anécdotas que desee relatar desde su subjetividad y en primera persona.

*Clasificación*

Dentro del estilo de la autobiografía se pueden considerar algunos otros subgéneros, tales como:

1. **Autobiografía falsa**: se trata de escribir una autobiografía inventada, de ficción.

2. **Autobiografía de un animal**: se trata de escribir una autobiografía colocándonos en el lugar de su protagonista, quien, en lugar de un ser humano, deberá ser un perro, un gato, un águila, etcétera.
3. **Memorias**: aquí el escritor puede hacer una narración parcial sobre algún hecho del que haya sido protagonista o testigo (por ejemplo, un viaje, su infancia, un período histórico), sin necesidad de mencionar en detalle y orden cada uno de los acontecimientos de su vida.
4. **Epistolario**: es un libro (también podemos armarlo en un cuaderno) para el cual seleccionamos cartas, que agrupamos según sus autores, temas, fechas, entre otras posibilidades.
5. **Libro de viajes**: aquí se relatan todas las experiencias que se han vivido u observado en un viaje; puede acompañarse de mapas, dibujos y fotografías tomadas por su propio autor o por alguien que lo haya acompañado.

## Talleres

### 1. Autobiografía

- Consigna: escribiremos nuestra propia autobiografía.
- Al finalizar, podemos preguntarnos: ¿cómo nos hemos sentido en el proceso de tener que escribir nuestra propia vida?, ¿qué características tiene esta autobiografía?, ¿en cuántos capítulos se divide?, ¿a qué etapas o sucesos de nuestra vida les dimos mayor importancia?
- Objetivo: abrir un espacio para observarnos en perspectiva, repensarnos y repensar a las personas que, de una manera positiva o negativa, nos pudieron haber marcado en la vida.

### 2. Autobiografía ficticia de un animal, planta u objeto

- Consigna: como si nosotros mismos fuésemos un animal, una planta o un objeto (mascota, un animal doméstico, salvaje, un insecto; por ejemplo, o una palmera, una zanahoria, un sillón, una roca, etc.), debemos escribir nuestra autobiografía.
- Al finalizar, podemos preguntarnos: ¿en qué nos identificamos con el personaje de nuestra autobiografía?, ¿en qué cosas no nos parecemos en nada?
- Objetivo: abrir un espacio de autorreflexión sobre nosotros mismos.

### 3. Libro de viajes

- Consigna: en un cuaderno escribiremos anécdotas y recuerdos de alguno de nuestros viajes: 1) el más divertido; 2) el más aburrido; 3) el más bizarro, etc. Si queremos, podemos complementar el texto con fotografías. Si nunca han podido viajar, pueden inventar un viaje; o pueden relatar un viaje a la casa de algún tío, amigo, o por qué no, un viaje de la habitación al baño, por ejemplo. Nunca debemos limitar nuestras posibilidades a la hora de escribir.
- Al finalizar, podemos preguntarnos: ¿qué tipo de viaje hemos descripto en nuestro libro?, ¿se trata de un viaje largo, unas vacaciones?, ¿o quizás de un viaje mental, por ejemplo?, ¿cómo ha influido este viaje en nuestras vidas, en nuestra personalidad?, ¿qué aprendimos de este viaje?
- Objetivo: abrir un espacio de autorreflexión sobre nosotros mismos, sobre cómo nos relacionamos y cómo disfrutamos de la vida.

### 4. Leyendo una autobiografía

- Consigna: buscaremos y seleccionaremos una autobiografía que nos interese.
- Al finalizar, respondemos: ¿a quién pertenece la autobiografía que seleccionamos?, ¿se trata de una actriz, un cantante, un científico, un empresario?, ¿por qué nos interesó saber de esta persona?, ¿nos sentimos identificados con ella por algo en especial?
- Objetivo: encontrar personas con las cuales identificarnos o de las cuales aprender cosas.

## Diario íntimo

Un día mi madre llegó a casa con un regalo sorpresa: el *Diario de Ana Frank*. "Escuché que lo estaban recomendando en la radio; y como la protagonista tiene tu misma edad, me pareció una buena idea comprártelo". Apenas lo abrí me lo "devoré", no podía creer cómo toda una familia había podido vivir escondida, encerrada en un espacio tan reducido. ¡Y cómo terminaba...! De inmediato, comencé a escribir mi propio diario íntimo, que abandoné después de un tiempo un poco por pereza y otro poco por paranoia de que alguien más pudiera leer mis secretos. Hoy, cuarenta años después, me encuentro con estos recuerdos mientras escribo encerrada desde hace semanas debido a la cuarentena dispuesta por el gobierno para prevenir contagios por la pandemia provocada por el coronavirus. La vida esconde misteriosas sincronicidades y esa es una de las cosas que más inspiran a escribir historias.

*Definición*

Subgénero de la autobiografía, en el cual su autor va escribiendo todos los días –o más espaciadamente– el registro fragmentario de sus vivencias, anotando la fecha. El diario íntimo es una especie de reflexión escrita sobre sí mismo para el propio autor, es un espacio en donde puede expresarse libremente y desahogar sus sentimientos, hacer una catarsis. La práctica de escribirlo permite concientizarse de los progresos, errores, aciertos, deseos y aquellos patrones de comportamiento que se desearían evitar. También, posibilita tener un registro de nuestras experiencias y vivencias para que no caigan en el olvido si en un futuro se las quiere recordar. Si bien el diario íntimo es más popular entre los adolescentes, muchos adultos gustan de escribirlo como un legado para dejárselo de regalo a sus hijos, como un testimonio de su vida y logros, una vez que sean mayores o ya hayan fallecido. Vale destacar que uno de los diarios íntimos más famosos es el de Ana Frank.[51]

*Técnica*

De esta técnica, se dice que es un gran ejercicio de autoaceptación, ya que nada de lo que se escriba puede estar mal. Existen varias maneras de escribir un diario íntimo y personal; por ejemplo: 1) haciendo un registro cronológico de las anotaciones (a veces, se pueden tomar notas todos los días e, incluso, varias veces por día; mientras que otras, se puede llegar a escribir entre pausas más largas); 2) quien escribe suele hacerlo en primero persona (yo), aunque también puede hacerlo en segunda persona (tú), como si le estuviese confesando un secreto a su diario; 3) lejos de usar tecnicismos, para escribir se emplea un lenguaje coloquial y/o cotidiano; 4) incluye situaciones reales tales como: recuerdos, situaciones presentes que el autor experimenta (vacaciones, nacimientos, muertes, mudanzas, chismes, anécdotas,

---

[51] Frank, A. (1942-1944) Diario de Ana Frank, Buenos Aires: Lea, 2015.

pensamientos, reflexiones, problemas sentimentales, desamores, peleas, conflictos éticos, morales, religiosos, etc.); 5) también, puede incluir situaciones no vividas, deseadas, inventadas, imaginadas.

La persona describe y expresa sus: 1) pensamientos; 2) sentimientos; 3) preguntas; 4) confesiones de mentiras ocultas; 5) desahogos; 6) aclara sus ideas y 7) registra su modo de percibir el mundo.

Se escribe de forma sincera y en soledad acerca de uno mismo y de sus secretos. Y, finalmente, en el diario íntimo está permitido pegar fotos, canciones, copiar frases, entre otras elecciones.

Como se trata de una obra sin trama argumental, puede escribirse de forma libre y espontánea. Hay quienes, por ejemplo, durante las horas de la mañana, escriben acerca de los sueños que han tenido la noche pasada; de las expectativas que se tienen para el día o sobre lo que se han propuesto conseguir, por ejemplo. Por la noche, en cambio, se pueden narrar las experiencias que han tenido durante el correr del día. Y se suele anotar la fecha y la hora cada vez que se escribe.

Sin embargo, para ser más organizados se aconseja seguir los siguientes pasos: 1) elegir un diario (se puede elegir un cuaderno tanto físico como virtual, un bloc de hojas, la aplicación notas del teléfono celular, el programa Word de la computadora o el iPad); 2) crear un hábito (si bien se puede escribir en cualquier momento, es importante que la persona elija un lugar lo más cómodo posible y una hora del día en que se sienta a gusto para escribir a solas consigo misma, sin ser interrumpida. Esto puede ser antes de ir a dormir o tomando un café en el recreo de la escuela o del trabajo, por ejemplo); 3) escribir todos los días, sin importar si se escribe mucho o poco; se recomienda escribir todos los días; si se no encuentra inspiración, se pueden contestar preguntas tales como: ¿Cómo me ha ido hoy?¿Qué sucedió?¿Qué problemas he tenido?¿Cómo los podría solucionar?¿Cómo me he sentido frente a esa persona?¿Por qué me he sentido de esa manera?¿Qué he aprendido de la experiencia que atravesé?¿Qué proyectos tengo para esta semana?, ¿y para mi vida, en general?; 4) escribir la fecha a las anotaciones: escribir la fecha cada vez que se escribe algo en el diario íntimo es importante para cuando se lo vuelva a releer en el futuro; otorga la posibilidad de evaluar el estado emocional de una época de la vida y los progresos frente a determinados problemas, ayuda a evaluar situaciones y a evaluarnos en perspectiva; 4) dejar fluir las ideas: al momento de escribir es fundamental dejar fluir las ideas libremente, sin prestar atención a la gramática, la ortografía, puntuación, etc.; 5) escribir sobre los problemas: cuando se está cargado emocionalmente nada mejor que hacer una catarsis de estas emociones por escrito, tiene un efecto de alivio casi inmediato, aleja los feos pensamientos como por arte de magia, aclara las ideas confusas. Ya sea que se escriba sobre uno mismo o sobre un conflicto con otra persona (pareja, familiar, amigos), casi siempre, al finalizar, se puede encontrar una solución o un sentido a lo vivido); 6) releer lo que se ha escrito: releer lo que se ha escrito después de un tiempo resulta de importancia para reevaluar situaciones y observarnos en perspectiva; también, para ver cómo se ha evolucionado frente a una determinada situación conflictiva. A su vez, también posibilita recordar y revivir lindos momentos vividos.

*Clasificación*

Existen varios subgéneros del diario íntimo:

1. **Diarios personales imaginados**: suelen ser una estrategia narrativa en las novelas, cuando un personaje relata su vida, por ejemplo.
2. **Blog personal**: este formato digital es ideal para escribir y documentar a diario experiencias, así como para narrar historias a amigos virtuales.
3. **Diario inventado**: consiste en escribir un diario íntimo como si fuésemos otra persona.

## Talleres

### 1. Diario personal

- Consigna: escribiremos nuestro propio diario personal.
- Al finalizar, podemos preguntarnos: ¿qué características tiene?; ¿cuáles aspectos o etapas de nuestra vida nos detenemos más en describir y/o reflexionar?, ¿y sobre cuáles, menos?; ¿si alguien que conocemos leyera nuestro diario personal, podría identificar que nosotros lo escribimos?
- Objetivo: la finalidad de este ejercicio es el autoconocimiento.

## 2. Blog personal

- Consigna: armaremos nuestro blog personal en internet, escribiremos y publicaremos algo todos los días: pensamientos, fotos, frases, resúmenes de libros que hayamos leído y todo lo que consideremos esté representando nuestro estado de ánimo y vivencias de ese día.
- Al finalizar, podemos preguntarnos: ¿sobre qué temas preferimos escribir en nuestro blog?, ¿qué respuestas solemos tener de quienes nos siguen?, ¿le damos mucha importancia a lo que opinan de nosotros?
- Objetivo: poder expresar nuestras ideas y distintos aspectos de nuestra personalidad, darnos a conocer y establecer nuevos vínculos.

## 3. Diario íntimo ficticio

- Consigna: escribiremos un diario íntimo tal y como si fuésemos otra persona.
- Al finalizar, podemos preguntarnos: ¿qué persona elegimos ser en nuestro diario íntimo ficticio?, ¿por qué?; ¿qué fue lo que más nos atrajo de esa persona?; ¿conocemos a la persona que elegimos?; ¿con qué rasgos de su personalidad y/o experiencias de su vida nos podemos identificar?
- Objetivo: tomar consciencia de quiénes somos y de cuánto nos parecemos a otra persona que, quizás, creíamos muy diferente a nosotros.

## Carta

Mi primera carta fue a un compañerito del jardín de infantes. Como no sabía escribir y tampoco firmar, decidí contarle mi amor mediante el simple dibujo de un corazón. Más adelante, me había agarrado el hábito de escribir una carta al año, justo para Navidad, a mis primas de España. Cuando le cuento a mis pacientitos que en aquellas épocas las cartas viajaban semanas enteras antes de llegar a su destinatario se matan de la risa y piensan que estoy mintiendo; en cambio, cuando lo cuento a algún adolescente, me terminan confesando que ellos también disfrutan escribiendo cartas, aunque, ¡con WhatsApp!

*Definición*

Medio de comunicación escrito que tiene el objetivo de comunicar algo entre un emisor o remitente, y un receptor o destinatario. Una persona escribe un mensaje para dar una noticia a alguien.

*Técnica*

Las cartas suelen llevar un mensaje distinto para cada ocasión y destinatario. Están compuestas por distintas partes: 1) fecha y lugar; 2) texto (en donde, por ejemplo, se explica el asunto que se quiere transmitir); 3) despedida; 4) firma o nombre; 5) posdata (P. D.); o sea, un mensaje adicional al final del texto escrito y después de la firma, en el cual se suele redactar algo que se ha olvidado de explicar o que se quiere aclarar; 6) membrete con nombre y apellido del remitente o destinatario (persona, empresa, institución, etc., y con su dirección o domicilio, su teléfono y la ciudad en donde vive).

*Clasificación*

Existen diferentes estilos de carta:

1. **Formal**: es aquella carta dirigida a un ámbito profesional, laboral, institucional.
2. **Coloquial** o **informal**: se trata de una carta que está dirigida a un amigo.
3. **Familiar**: para alguien de la familia.
4. **Informativa**: su objetivo es el de informar acerca de eventos, acontecimientos, fiestas, entre otros acontecimientos.

## Talleres

### 1. Carta a alguien importante en nuestra vida

- Consigna: escribiremos una carta a una persona importante para nuestra vida: padre, madre, hermano, abuelo, expareja, amigo, profesor, actriz de cine.
- Al finalizar, podemos preguntarnos: ¿por qué elegimos a esta persona para escribirle una carta?, ¿se trata de alguien a quien conocemos o es un desconocido?; ¿cuál ha sido nuestra motivación a la hora de escribir esta carta?, ¿agradecer, culpar o reprochar, transmitir un mensaje de amor, advertir una venganza, rememorar viejas épocas, transmitir una noticia personal o de

otra persona?; ¿cómo nos sentimos escribiéndola?; ¿nos animaríamos a entregar esta carta a su destinatario o preferiríamos deshacernos de ella?

- Objetivo: reevaluar nuestros vínculos.

## 2. Carta a un enemigo

- Consigna: escribiremos una carta a alguien que nos haya causado daño físico o psicológico y emocional.
- Al finalizar, podemos preguntarnos: ¿cómo nos sentimos al escribir la carta?, ¿nos animaríamos a leérsela a algún amigo?, ¿cómo imaginamos qué reaccionaría?, ¿nos animaríamos a mandarle esta carta a nuestro enemigo?, ¿cómo nos imaginamos que podría reaccionar?
- Objetivo: hacer una catarsis emocional.

## 3. Carta a quien fuimos

- Consigna: se trata de un ejercicio de imaginación, nos escribiremos una carta a nosotros mismos en el pasado, cuando éramos niños/as.
- Al finalizar, podemos preguntarnos: ¿cómo nos sentimos en esta experiencia de escribirnos a nosotros mismos como si fuésemos otra persona?; ¿qué nos contamos, qué nos advertimos, qué reflexionamos?; si esta carta fuese real, ¿nos hubiese gustado recibirla de niños/as?, ¿nos hubiera gustado que alguien nos cuente de antemano algo respecto de nuestro futuro?; ¿nos seguimos pareciendo a ese niño/a que alguna vez fuimos?, ¿en qué?, ¿y en qué cosas hemos cambiado y estamos irreconocibles?
- Objetivo: abrir un espacio de autorreflexión y conectarnos con nuestro niño/a interior.

## 4. Carta a quien seremos

- Consigna: esta es una continuación del ejercicio anterior. Escribiremos una carta a nosotros mismos en el futuro, cuando seamos adultos o ancianos.
- Al finalizar, podemos preguntarnos: ¿cómo nos imaginamos de grandes?, ¿estaremos felices y plenos o amargados y frustrados?, ¿estaremos activos y creativos o enfermos y pasivos?, ¿tendremos el mismo trabajo?

- Objetivo: tomar consciencia de que el futuro no es algo abstracto sino que, por el contrario, es algo que vamos construyendo desde nuestro presente, con cada una de las decisiones que tomamos.

## Cuento

El primer cuento que leí me lo leyeron. No recuerdo cómo se titulaba porque era muy pequeña; pero lo que sí recuerdo es que su protagonista, una ardilla, solía escribir cartas que nadie entendía por no saber leer. A partir de entonces –yo tendría unos dos años–, insistí en comenzar la escuela cuanto antes porque quería aprender rápido las letras. Cuando tuve ocho años me animé a leer mi primer cuento largo: *Alicia en el país de espejo*, la continuación de *Alicia en el país de las maravillas*. Entonces, tenía ocho años y como el cuento era muy largo, me llevó varios meses en terminarlo. Disfruté mucho de su lectura; es que, de alguna manera, gracias a ese cuento había tomado consciencia de que el mundo, en parte, suele ser un espejo de cómo es la gente que lo habita. Seguí leyendo muchos más cuentos hasta el día de hoy; ninguno llegó a mi vida por casualidad: todos y cada uno de ellos supieron mostrarme en lapsos breves de tiempo infinitos universos de información.

### *Definición*

Narración breve basada en hechos reales y/o acontecimientos imaginados que se estructuran a través de un argumento sencillo protagonizado por pocos personajes. Puede ser transmitido de forma escrita u oral. Su objetivo es dar un mensaje y despertar una reacción emocional en quien lo lee o escucha.

### *Técnica*

Se dice que mientras la novela recrea mundos y personajes describiendo la psicología, vida y los conflictos particulares de cada uno de ellos, el cuento, en cambio, se limita a recrear una situación en particular. Suele escribirse en forma de prosa; es decir, con un lenguaje natural, exento de reglas como ocurre en los versos, por ejemplo. Y, en cuanto al narrador, puede realizar monólogos, diálogos o descripciones en el relato de su historia.

El cuento se caracteriza por tener: 1) ficción: si bien puede estar inspirado en hechos reales, el cuento debe ir más allá de la realidad;

2) argumento: en el cuento los hechos deben ir entrelazándose dentro de un formato de introducción-nudo-desenlace; 3) una única línea argumental: a diferencia de cómo se desarrolla una novela, en un cuento todos los personajes y acontecimientos se van encadenando en una sola sucesión de acontecimientos; 4) estructura central: todos los personajes y elementos que se mencionan en la narración del cuento están relacionados entre sí y funcionan como indicios del argumento; 5) protagonista: si bien pueden existir varios personajes, la historia habla de uno en particular, a quien le ocurren los principales acontecimientos; 5) unidad de efecto: a diferencia de una novela a la que se puede leer por partes, se dice que el cuento está escrito para ser leído de principio a fin, y si se corta la lectura se pierde el efecto narrativo; 6) brevedad: el cuento debe ser breve por todas las razones antes dichas.

El cuento se caracteriza por su corta extensión; por lo tanto, suele contar con una estructura cerrada a través de la cual se cuenta tan solo una historia en la cual podrá identificarse un clímax en particular. En su estructura se observan: 1) introducción: se presentan los personajes y la historia; 2) nudo: suceden los hechos más importantes y el conflicto central de la historia; 3) desenlace: sucede el clímax y el desenlace de la historia.

*Clasificación*

Existen muchos subgéneros de cuentos:

- **Cuento popular**: los autores son desconocidos; y si bien todos tienen la misma estructura, existen muchas versiones que pueden diferir en ciertos detalles.
- **Cuento fantástico**: narración a partir de elementos y situaciones que surgen de la fantasía. En este género, pueden incluirse los cuentos de terror, ciencia ficción y literatura gótica. Se caracterizan por narrar acerca de: fenómenos extraordinarios, magia, criaturas que nunca existieron en la realidad o fenómenos sobrenaturales, por ejemplo.
- **Cuento de hadas**: relata hechos extraordinarios; muchas veces –aunque, no necesariamente–, con personajes ficticios (brujas, ogros, hadas, duendes, sirenas, dragones, troles, ogros, gigantes, unicornios, animales que hablan, reinas malas, príncipes valientes, madrastras malvadas, princesas buenas, niñas valientes, etc.) que se habitan mundos irreales, sin localidad. Respecto de esto,

Bruno Beltelheim,[52] hace referencia a los "Cuentos de hadas" de los hermanos Grimm,[53] y explica que sus historias comienzan con la frase "Había una vez...". Su trama suele transcurrir en lugares desconocidos y su argumento (basado en prohibiciones, rupturas, consejos) se nutre del simbolismo de los arquetipos. Por ejemplo, "La bella durmiente".

- **Fábulas**: se trata de un género didáctico en el cual, a partir del relato de historias de animales se pretende brindar una enseñanza, moraleja, o una crítica –utilizando el recurso de la metáfora–, acerca de las costumbres del lugar (injusticias sociales, vicios y virtudes), o de las pasiones humanas (envidia, soberbia, codicia). Los personajes principales son animales y cosas inanimadas con características similares a las de las personas. Suelen ser relatos breves, escritos en prosa o en verso, que transcurren en un tiempo y lugar indeterminados. Por ejemplo, la "Fábula del gato y el ratón".
- **Parábola**: narración breve cuyo relato describe un acontecimiento ficticio con el propósito de transmitir una enseñanza de contenido ético o religioso. Se sirve de metáforas y analogías basadas en similitudes y comparaciones. Sus personajes atraviesan importantes dilemas morales. Por ejemplo: la parábola de Jesús sobre el hijo pródigo.
- **Mitos**: narraciones basadas en falsas verdades, en historias imaginadas a partir de acontecimientos prodigiosos protagonizados por seres sobrenaturales (dioses) o seres extraordinarios (monstruos, héroes de la antigüedad). Se resaltan ciertas y determinadas virtudes de personajes que encarnan o representan de manera simbólica las fuerzas de la naturaleza, aspectos de la condición humana, etc. Los hechos contados carecen de testimonio histórico y, como se han transmitido oralmente durante siglos, nunca se relatan de igual manera en cada versión escrita. El objetivo de los mitos es brindar explicaciones acerca de hechos o acontecimientos a los que no se les encuentra demasiado sentido; por ejemplo, la creación de la Tierra, el nacimiento, la muerte, el sufrimiento, etc. Existen muchas clases de mitos: 1) mitos cosmológicos: intentan

[52] Beltelheim, B. *Psicoanálisis de los cuentos de hadas*, Barcelona: Crítica, 2006.

[53] Hermanos Grimm: *Cuentos de hadas*, Alma, 2019.

explicar la creación del mundo; 2) mitos teogónicos: relatan el origen de los dioses; 3) mitos antropológicos: narran la creación del ser humano, etcétera.

- **Leyendas**: narraciones que, si bien se basan en hechos históricos, abordan sucesos sobrenaturales (a los que no se les ha encontrado una respuesta lógica), hechos naturales o una mezcla de ambos. Se transmiten de generación en generación en forma oral o escrita y, frecuentemente, se entremezclan con supersticiones. Sus historias se basan en malas interpretaciones de un suceso real; generalmente, relatan fenómenos milagrosos o de ultratumba y transcurren en un tiempo y lugar conocidos por una determinada comunidad. Los personajes pueden ser desde criaturas fantasmales, de sirenas hasta dragones, por ejemplo. Existen muchas clases de leyendas: 1) leyendas históricas: narran hechos ocurridos en la guerra o en épocas de las conquistas; 2) leyendas etiológicas: aclaran el origen de los elementos relacionados con la naturaleza, tales como los ríos, lagos, montañas; 3) leyendas religiosas: historias de santos y pecadores; 4) leyendas urbanas: acontecen en la ciudad; 5) leyendas rurales: transcurren en el campo; leyendas locales: suceden en un determinado lugar como una mansión; un municipio, una provincia.
- **Cuento de suspenso**: tipo de narración en donde el objetivo principal es crear un cierto grado de expectativa, tensión, miedo o susto en el lector, a partir de una situación dramática y de incertidumbre que le sucede a alguno de los personajes. A diferencia de los cuentos de terror (en los que el único objetivo es crear miedo), los cuentos de suspenso buscan generar un efecto de constante expectativa e intriga; y lo logran brindando al lector información desde el principio, anticipando diferentes tipos de desenlaces o escribiendo el texto con un estilo pausado y ordenado, por ejemplo.
- **Cuento de terror**: relato fantástico que provoca horror, miedo, desasosiego, escalofrío. Uno de sus principales objetivos es funcionar como una especie de antídoto ante las posibles situaciones reales que podrían causar horror (amenazas, fobias, experiencias traumáticas) endureciendo el alma.
- **Cuento de comedia**: relato humorístico y/o festivo cuya meta es generar una reflexión a partir de la risa, mediante una historia que describe de forma exagerada defectos y vicios del protagonista y

demás personajes, los cuales representan arquetipos (mentiroso, santa, avaro, miedoso, etc.) que reflejan situaciones reales. Se caracterizan por tener finales felices. Existen diferentes tipos de comedias, que se escriben como guiones antes de pasar al lenguaje audiovisual: 1) comedia de situación o *sitcom*: formato televisivo que nació en Estados Unidos, en cada capítulo se escuchan risas provenientes de una audiencia de espectadores que está sentada frente a los actores; 2) *stand-up*: un humorista en directo y delante del público realiza monólogos acerca de hechos o situaciones de la vida diaria con las que los espectadores suelen identificarse y divertirse; 3) comedias de cine: se incluyen bromas verbales y/o visuales.

- **Cuento histórico**: narración cronológica basada en sucesos y personajes verídicos que han pertenecido a un cierto y determinado lugar de una época histórica en particular. En su trama se entremezcla la realidad con la ficción. Su objetivo es que el lector pueda interesarse y reflexionar sobre conflictos bélicos de guerra, o sobre el trasfondo que pudo haber motivado a los protagonistas a actuar como actuaron, por ejemplo.
- **Cuento romántico**: su argumento gira en torno al enamoramiento y el amor de los protagonistas principales que suelen ser un varón, quien se deja llevar por sus emociones; y una mujer entusiasta, de buenos sentimientos, que siempre está en apuros.
- **Cuento dramático**: su argumento se basa en algún tipo de conflicto que los personajes principales logran resolver mediante el diálogo. Existen varios géneros dramáticos: 1) tragedia; 2) comedia; 3) melodrama; 4) obra didáctica y 5) tragicomedia.
- **Microrrelato**: cuento de ficción muy breve y conciso escrito en prosa, con una estructura simple. Sus temas pueden ser abordados a través de la ironía, la parodia o el humor, por ejemplo.
- **Cuento de ciencia ficción**: este tipo de cuento tuvo mucha popularidad en el siglo XX. A lo largo de su trama se especula con acontecimientos posibles y/o del futuro, que son narrativamente fundamentados en las ciencias físicas, sociales, naturales, etc. La acción gira en torno a: robots, androides, adelantos tecnológicos, viajes interestelares, naves espaciales, mutaciones de la raza humana, extraterrestres, fin del mundo, por ejemplo. Y los personajes (héroes, villanos, seres antropomórficos) transcurren

su vida en espacios alternativos a la realidad conocida, pudiendo ser capaces de viajar en el espacio-tiempo a otras dimensiones y lugares del pasado, presente o futuro. Dentro de la ciencia ficción existen muchos subgéneros: 1) ciberpunk: refleja visiones de una sociedad ficticia peligrosa, indeseable); 2) ciencia ficción militar: sus historias describen, por ejemplo, a personajes militares –poseedores de una gran valentía y disciplina– luchando con tecnología avanzada en otros planetas o galaxias; 3) *space opera*: su argumento se centra en aventuras románticas que tienen lugar en lugares futuristas.

- **Cuento policial**: narraciones caracterizadas por el suspenso, de hechos ficticios cuyo tema principal es la necesidad de resolver un misterio, perseguir un delincuente, buscar justicia, entre otros. La historia de este tipo de cuentos gira en torno a la escena del crimen, al análisis de pistas, indagación de testigos o el seguimiento de una hipótesis de investigación hasta lograr su resolución. Existen varias clases de cuentos policiales: 1) clásicos: un detective sagaz, pero con aspecto de perdedor, logra resolver un crimen a través de deducciones racionales luego de superar duras pruebas psicológicas y físicas); 2) negros: un detective solitario pone en riesgo su vida para resolver un crimen y se involucra en zonas marginales donde no hay una clara diferenciación entre los personajes buenos y malos.
- **Cuento de aventuras**: narraciones pobladas de acción y cuyo protagonista (quien suele ubicarse en el lugar de héroe) muestra los riesgos, misterios y sorpresas de las aventuras que ha tenido en alguno de sus viajes exóticos. Se le da más importancia a la trama del cuento y no tanto al aspecto psicológico de los personajes.
- **Cuento de Navidad**: historia sentimental que tiene lugar en Nochebuena o Navidad; generalmente, en un lugar frío en el que está nevando, en un clima rodeado de nostalgia. En su trama –siempre entretenida y lúdica– sucede algún tipo de revelación o conflicto que termina resolviéndose por alguna especie de milagro o suceso mágico y deja al descubierto la nobleza, la bondad y la grandeza humana, compasiva y generosa. Siempre tienen un final feliz.

## Talleres

### 1. Reinventando un cuento

- Consigna: elegiremos un cuento infantil y lo reescribiremos agregándole o cambiándole algún personaje que sea parecido a alguien que hayamos conocido en nuestra vida. También se puede cambiar el final.
- Al finalizar, podemos responder: ¿qué cuento elegimos?, ¿por qué?; ¿por qué decidimos quitarle ese personaje y agregarle ese otro?; ¿en qué nos sentimos identificados con la historia del cuento?; ¿decidimos cambiarle el final?, ¿por qué?
- Objetivo: abrirnos al cambio, a poder repensar otros destinos a pesar de haber transitado por cierta y determinada historia.

### 2. Cuento de terror

- Consigna: escribiremos un cuento de terror que incluya algún objeto o una persona que normalmente sea considerado inofensivo.
- Al finalizar, podemos preguntarnos: ¿cuál ha sido el argumento de nuestro cuento?; ¿en nuestra vida, hemos tenido alguna experiencia que nos haya causado terror?, ¿cuál?; ¿somos personas miedosas?, ¿qué cosas les tememos más?, ¿a qué personas les tememos más?; ¿qué vivencias jamás quisiéramos atravesar en nuestra vida?
- Objetivo: profundizar nuestra mirada sobre las cosas cotidianas; también, conectarnos con nuestros miedos.

### 3. Aventura

- Consigna: escribiremos una aventura que hayamos tenido. No es necesario que incluya a amigos, puede incluir amantes, amores fugaces, viajes, animales, etcétera. Puede ser escrita con sentido del humor o en tono de tragedia; con un final feliz o con un final triste, esto es a libre elección.
- Al finalizar, podemos preguntarnos: ¿somos personas muy aventureras en nuestra vida cotidiana?, ¿cuántas aventuras podemos decir que tuvimos a lo largo de nuestra vida o, más

bien, tendemos a ser más estructurados y conservadores?, ¿hace mucho que no tenemos una aventura?, ¿consideramos al estudio o a la lectura una aventura?, ¿qué definiríamos por aventura?
- Objetivo: abrir un espacio para reflexionar acerca de nuestra capacidad de adaptación y nuestra potencialidad para la flexibilidad, los cambios.

## 4. Cuento policial

- Consigna: escribiremos un cuento policial cuyos personajes sean familiares, amigos o conocidos.
- Al finalizar, podemos preguntarnos: ¿sobre qué tema hemos decido escribir?, ¿hemos vivido algún robo, un asesinato de alguien cercano, una estafa o algún otro tipo de fatalidad?
- Objetivo: conectarnos con nuestros miedos y desarrollar la capacidad de resolver conflictos y tomar el control de nuestras vidas.

## 5. Mito

- Consigna: escribiremos un mito que tenga algún tipo de relación con alguien o algo que conozcamos.
- Al finalizar, podemos preguntarnos: ¿existe algún tipo de mito que circule en nuestro entorno respecto de nosotros mismos?, ¿cuál?, ¿sabemos de dónde surgió?, ¿cómo nos ha influido en nuestra vida o en la de otra persona?
- Objetivo: reflexionar sobre las habladurías y las consecuencias de los malos entendidos que pueden surgir por ellas.

## 6. Microrrelato

- Consigna: escribiremos un microrrelato acerca de un personaje perteneciente al reino animal, vegetal o mineral.
- Al finalizar, podemos preguntarnos: ¿sobre qué personaje hemos decidido escribir?, ¿en qué nos identificamos con él?, ¿podemos encontrar algún paralelismo entre esta historia y nuestra vida?; ¿cuándo hablamos, somos demasiado sintéticos o "nos vamos por las ramas"?
- Objetivo: desarrollar la capacidad de síntesis.

## 7. Eligiendo un cuento

- Consigna: buscaremos y seleccionaremos un cuento para leer.
- Al finalizar, podemos responder: ¿qué cuento hemos seleccionado?, ¿en qué estilo ha sido escrito?, ¿por qué nos habrá interesado leerlo o nos ha llamado la atención?, ¿podríamos hacer un paralelismo entre su trama y alguna experiencia de nuestra propia vida?, ¿con cuál de los personajes nos sentimos más identificados y con cuál, menos?
- Objetivo: motivarnos a la lectura y conocer nuestras preferencias literarias.

A modo de ejemplo, compartiremos a continuación un cuento que fue escrito por una niña víctima de bullying en su psicoterapia. En realidad, como a ella le costaba escribir, a medida que lo iba creando, se lo fue dictando a la psicóloga. Escribir es un hecho sanador ya que, al finalizar, la persona consigue sentirse mucho mejor de ánimo, puesto que ha logrado transformar una experiencia negativa en un aprendizaje de vida.

### Una gatita llamada Cleo

> Había una vez una gatita llamada Cleo. Cleo tenía un hermano. Cleo de desayuno comía cereales con leche todos los días. Iba a la escuela con su papá y su hermano. Siempre esperaban el autobús para ir a la escuela. Sus amigos eran el perro Dexter y la coneja Vivi. A Vivi le gustaba patinar y a Dexter le gustaba pasear. Un día de tormenta, en la escuela Cleo fue mandada a la dirección. Cuando escuchó a la maestra, preguntó: "¿Por qué yo a la dirección?". La maestra respondió enojada: 'Tus compañeros me dijeron que en el recreo le habías pegado a un nene de primero". Cleo respondió que no había hecho eso. La señorita no le creyó y la agarró del brazo y la llevó a la dirección. En la dirección, la directora le preguntó por lo que había hecho y Cleo no respondió nada. En el segundo recreo, la directora le pidió a la maestra que le dé el cuaderno de Cleo para escribirle que se había portado mal. Cuando Cleo llegó a su casa y sus padres vieron la nota la castigaron. A sus padres, Cleo les dijo que ella no había hecho eso. Los padres no sabían si creerle o no, y le sacaron el castigo. Al día siguiente Cleo y sus amigos trataban de descubrir quién había dicho eso. Ellos pensaban que la oveja Lola o el oso Tim habían hecho eso porque ellos odiaban a

> Cleo. En los tres recreos ellos buscaban quién había dicho que Cleo se había portado mal. Un día sábado de reunión de cooperadora Dexter, Vivi y Cleo descubrieron que en la escuela había cámaras.

En la escrituroterapia, no importa saber escribir bien o sin faltas de ortografías, lo que más importa en realidad es cómo se siente la persona luego de haber plasmado sus emociones y pensamientos proyectados en un cuento, como en este caso, o en una poesía, una carta, o un diario personal. Dentro del arteterapia, escribir es una forma de elaborar lo traumático, de poder pensar haciendo uso de la metáfora, de poder resignificar la propia historia.

## Epopeyas

No solo nuestros adultos mayores cuentan cómo fueron protagonistas y héroes de guerras; frecuentemente, los niños y niñas suelen contar de forma totalmente espontánea distintos tipos de epopeyas a través de sus juegos. Los adolescentes también nos relatan las suyas propias: peleas callejeras, experiencias con las drogas que los llevaron al inframundo, u otros momentos duros que ellos y sus familias debieron sortear con entereza y valentía, a pesar de las crisis económicas de su país o de la indiferencia de todo el mundo.

### *Definición*

Relato épico en donde se narran de forma extensa y detallada acciones trascendentales que deberían ser recordadas en un pueblo o nación. El protagonista siempre es un héroe con virtudes (proféticas, de valentía, etc.) que los demás querrían tener y, frecuentemente, desciende al inframundo o al infierno.

### *Técnica*

El modo de narrar es detallista, con oraciones largas, haciendo uso de descripciones. Las epopeyas suelen estructurarse en largos y cuidados discursos en los cuales pueden intervenir dioses y criaturas fantásticas en los asuntos humanos. Dado que es un género literario que viene de la antigüedad, frecuentemente está poblado con personajes tales como guerreros, sacerdotes, nobles y algunos elementos fantásticos como dioses, por ejemplo. Su argumento gira en torno a la realización de peligrosas hazañas, viajes al inframundo, visiones proféticas, sueños proféticos.

*Clasificación*

Si bien como género literario existe la epopeya clásica, que nos llega desde la antigüedad (por ejemplo, las epopeyas de Aquiles y Ulises escritas por Homero en la *Ilíada*); también existen aquellas que se denomina epopeyas actuales, las cuales se instalan en el siglo XIX con argumentos que reflejan valores de otras capas sociales en donde la burguesía de clase media pudo instalarse en el poder. El *Quijote* (1605-1615), de Miguel de Cervantes, por ejemplo, es una parodia del género más antiguo, que puede representar la transición hacia una novela más moderna y realista.

## Talleres

### 1. Epopeya personal

- Consigna: escribimos o relatamos alguna epopeya personal que hayamos vivido.
- Al finalizar, podemos responder: ¿de qué tipo de epopeya se trata?, ¿qué opina la gente cuando nos escucha contarla?
- Objetivo: la finalidad de este ejercicio es revalorizarnos.

### 2. Epopeya social

- Consigna: escribiremos acerca de una epopeya que haya vivido otra persona, que hayamos leído o que conozcamos.
- Al finalizar, podemos preguntarnos: ¿quién vivió esta epopeya?, ¿qué es lo que más admiramos de quien la experimentó?, ¿les habría gustado vivir esa misma experiencia?, ¿por qué?
- Objetivo: revalorizar a otras personas y buscar ideales con los cuales poder identificarnos.

### 3. Acto de valentía

- Consigna: preguntarnos, ¿cuál ha sido el acto de mayor valentía en nuestras vidas?
- Al finalizar, podemos responder: ¿cómo podríamos decir que este acto de valentía nos describe a nosotros mismos?
- Objetivo: reflexionar sobre nuestras virtudes.

## Crónica

A diario escuchamos y leemos las crónicas de los periodistas en la televisión, en las revistas o en los periódicos. A veces, nos parecen hechos poco objetivos, demasiado exagerados y hasta grotescos, pero el hecho de que sean transmitidos por algún testigo directo de los acontecimientos suele atrapar nuestra atención.

*Definición*

Género periodístico en el cual se procede a realizar una recopilación de hechos históricos narrados en orden cronológico.

*Técnica*

Los hechos son narrados haciendo énfasis en las descripciones, en un lenguaje sencillo, directo y personal, siguiendo el orden temporal en el que ocurrieron, y teniendo en cuenta el testimonio de testigos presenciales y contemporáneos. Se puede escribir usando tanto la primera como la tercera persona. Las crónicas no tienen por qué ser escritas siguiendo una estructura fija o un rigor metodológico o científico. Se suelen redactar teniendo en cuenta las opiniones de varias personas.

*Clasificación*

Según su contenido, se clasifican en dos grandes grupos:

1. **Crónicas amarillas**: su contenido es más subjetivo y está basada en dichos de ciudadanos comunes.
2. **Crónicas blancas**: el contenido de lo que se transmite es más objetivo y se basa en la voz autorizada de un profesional, por ejemplo.

## Talleres

### 1. Crónica de situación extrema

- **Consigna**: escribiremos o relataremos la crónica de una situación límite o extrema que hayamos vivido. Es importante aclarar que esta situación no solo debe referirse a un hecho ligado con la fatalidad; también, puede tratarse de un hecho dramático ligado al deporte, al trabajo, a la familia, etcétera.

- Al finalizar, podemos preguntarnos: ¿hemos vivido alguna situación límite en nuestra propia vida?, ¿cuál?; ¿podríamos considerar que lo que para una persona puede tratarse de una experiencia extrema, para otra podría llegar a ser una simple aventura?
- Objetivo: abrir un espacio para reflexionar sobre cómo podemos superar nuestra propia línea de horizonte.

**2. Crónica amarilla**

- Consigna: escribiremos o relataremos una crónica amarilla de una persona que conozcamos; luego, en un segundo momento, escribiremos o relataremos una crónica blanca sobre esa misma persona.
- Al finalizar, podemos preguntarnos: ¿cómo nos hemos sentido creando una crónica amarilla y cómo creando una crónica blanca?, ¿cómo nos sentiríamos si alguien creara una crónica amarilla de nosotros mismos?, ¿cómo podemos darnos cuenta si el relato que estamos leyendo sobre algo o alguien es falso?
- Objetivo: desarrollar la capacidad de discernimiento de lo que es real de lo que puede ser una mentira, una exageración o una mirada parcial de los hechos.

## Poema

Recuerdo cómo pasaba tardes enteras de mi adolescencia escribiendo poemas. ¿Quién no lo ha hecho al menos una vez en su vida? Escribir poemas es una forma de meditar sobre uno mismo y sobre los misterios de la vida. Escribir poemas es una manera de detener el tiempo para mirar más profundo, para valorar lo simple y rescatar el milagro dentro de lo cotidiano, el sentido del sinsentido, la armonía dentro de las paradojas, el silencio en el trasfondo de las palabras.

*Definición*

Expresión artística basada en una composición literaria sujeta a la medida y cadencia del verso. Se trata de un texto en el que cada una de las palabras y frases se entrelazan componiendo versos, los cuales, si bien no siempre están sujetos a rimas, siempre expresan de un modo estético la condensación de cualquier idea que tengamos como pretexto para escribir: un deseo, un recuerdo, un sueño, un pensamiento, una emoción, una visión, un deseo…

*Técnica*

Frecuentemente, suele escribirse en versos cortos, caracterizados por distintos tipos de ritmos, recursos fonéticos y estructura semántica y sintáctica. Los poemas largos se dividen en "cantos" y los poemas cortos en "estrofas".

El primer verso de un poema es fundamental porque señala y en cierta manera define la mirada del poeta con respecto a un determinado tema. A su vez, un poema puede comenzar o, incluso, basarse en la comparación, la interrogación, la negación, etc. A continuación, daremos algunos ejemplos:

1. Interrogación: fragmento del poema de Alejandra Pizarnik, titulado *Exilio*:

> Esa manía de saberme ángel,
> sin edad,
> sin muerte en qué vivirme,
> sin piedad por mi nombre
> ni por mis huesos que lloran vagando.
>
> ¿Y quién no tiene un amor?
> ¿Y quién no goza entre amapolas?
> ¿Y quién no posee un fuego, una muerte,
> un miedo, algo horrible,
> aunque fuere con plumas,
> aunque fuere con sonrisas?
>
> Siniestro amar a una sombra.
> La sombre no muere…

2. Comparación: fragmento del poema de Jorge Luis Borges, titulado *Arte poética*:

> Mirar el río hecho de tiempo y de agua.
> Y recordar que el tiempo es otro río.
> Saber que nos perdemos como el río
> Y los rostros pasan como el agua.

Sentir que la vigilia es otro sueño
Que sueña no soñar y que la muerte
Que teme nuestra carne es esa muerte
De cada noche, que se llama sueño.

Ver en el día o en el año un símbolo
De los días del hombre y de sus años…

3. Exclamación: fragmento del poema de Pablo Neruda, titulado *Canto a las madres de los milicianos muertos*:

¡No han muerto! Están en medio
de la pólvora,
de pie, como mechas ardiendo.
Sus sombras puras se han unido
en la pradera de color de cobre
como una cortina de viento blindado,
como una barrera de color de furia,
como el mismo invisible pecho del cielo.

¡Madres! Ellos están de pie en el trigo,
altos como el profundo mediodía…

4. Afirmación: fragmento del poema de Lope Félix de Vega y Carpio, titulado *A mis soledades voy… (de La Dorotea)*:

A mis soledades voy,
de mis soledades vengo,
porque para andar conmigo
me bastan mis pensamientos.

5. Negación: fragmento del poema de Federico García Lorca, titulado *Alma ausente*:

No te conoce el toro ni la higuera,
ni los caballos ni las hormigas de tu casa.
No te conoce el niño ni la tarde
porque te has muerto para siempre.

No te conoce el lomo de la piedra,
ni el raso negro donde te destrozas.
No te conoce tu recuerdo mudo…

Existen cientos de maravillosos poetas del pasado y de la actualidad que nos han hecho pensar distintos aspectos de la vida desde otra perspectiva. Existen infinitos temas y maneras de escribirlos. Tan solo acabamos de dar algunos ejemplos con el fin de acceder a una mayor comprensión de un aspecto dentro de la literatura que muchas veces, suele estar rodeado de prejuicios, de una mística especial o de un cierto halo de inaccesibilidad pero que, sin embargo, no deja de resonar en el alma de todos y cada persona desde que el mundo es mundo.

*Clasificación*

Existen varios subgéneros; algunos de ellos son:

1. **Himno**: celebra las victorias y, por esa razón, transmite sentimientos positivos y de alegría.
2. **Elegía**: expresa sentimientos negativos, de tristeza o lamento, relacionados con muertes, duelos, desengaños amorosos, etcétera.
3. **Sátira**: transmite sentimientos tales como indignación, burla o desprecio frente a una situación o persona que va contra la moral social.

## Talleres

### 1. Poemas de amor y odio

- Consigna: escribiremos un poema de amor; luego, escribiremos el mismo poema, pero con una terminología referida al odio.
- Al finalizar, podemos preguntarnos: ¿de qué cosas pudimos darnos cuenta?, ¿nos ha sucedido alguna vez que amamos y odiamos al mismo tiempo?
- Objetivo: reflexionar sobre cómo, muchas veces, las emociones opuestas pueden ser los extremos de una misma emoción.

### 2. Poemas bipolares

- Consigna: escribiremos un poema con una temática pesimista; luego, escribiremos otro poema con una temática alegre y positiva.
- Al finalizar, podemos preguntarnos: ¿hemos podido notar que en un mismo día cambiamos nuestro modo de ver un mismo hecho o persona de un modo positivo a un modo negativo?,

¿de qué pudo haber dependido ese cambio?, ¿de ese hecho o de esa persona, o de cómo pudimos cambiar nuestra perspectiva a la hora de evaluarlo?

- Objetivo: reflexionar sobre la relatividad de muchas de nuestras creencias o ideas.

**3. Poemas con contradicciones**

- Consigna: escribiremos un poema basado en afirmaciones; luego, escribiremos un poema basado en negaciones.
- Al finalizar, podemos preguntarnos: ¿cuán positivos y cuán negativos somos en nuestras vidas?, ¿hablamos con más afirmaciones o con más negaciones?; en este aspecto, ¿cómo suelen hablarnos a nosotros las personas que nos rodean: madre, padre, profesores, pareja?
- Objetivo: reflexionar sobre nuestra manera de expresarnos y sobre cómo eso puede influir en nuestros vínculos y en nuestra vida.

**4. Poema con azar**

- Consigna: recortaremos una considerable cantidad de palabras de alguna revista o periódico y las iremos introduciendo adentro de una bolsa. Luego, procederemos a sacar al azar varias palabras que nos servirán como inspiración para escribir una poesía.
- Al finalizar, podemos preguntarnos: ¿cómo nos hemos sentido?; ¿nos hemos llevado una sorpresa al leer lo que, finalmente, logramos escribir?; ¿podríamos considerar lo que escribimos como producto del azar, o más bien como el producto de una sincronicidad?, ¿por qué?; ¿hemos podido notar algún tipo de paralelismo entre lo que escribimos con algo de nuestra propia vida o de nosotros mismos?
- Objetivo: desarrollar la creatividad.

**5. Poemas que nos representan**

- Consigna: buscaremos y seleccionaremos tres poemas que representen: 1) una experiencia de nuestra vida; 2) un deseo y 3) una idea.

- Al finalizar, podemos responder: ¿qué poemas hemos elegido?, ¿cuál de ellos nos define más?; ¿todos los poemas pertenecen a un mismo autor o a autores diferentes?; ¿nos sentimos identificados con los autores de estos poemas, con sus modos de pensar, de afrontar la vida?; ¿alguno de los poemas que hemos seleccionado ha sido escrito de manera negativa, o utilizando la interrogación u otra técnica?; ¿qué paralelismos podríamos encontrar entre el estilo de los poemas y nuestro modo de percibir la vida?
- Objetivo: reflexionar sobre nosotros mismos.

A continuación, a modo de ejemplo, transcribiremos una poesía escrita por una mujer superviviente de violencia doméstica y con fantasías de suicidio:

**Pulsa corazón**

Ni ilusión ni penas
Ni lágrimas ni amor
Pulsa corazón
Pulsa que ya no puedo cantar
Legados, trampas
Cuentos de hadas
Piedras encontradas
Pulsa corazón que tengo frío
Y lo trivial ya no me alcanza
Pulsa que los libretos ya se gastan
Y los abismos
Se arremolinan en mi alma
Pulsa corazón
Devuélveme tu magia o una flor
Y luego azótame si puedes
Hoy vengo por ti
Tu desierto me conmueve
Pulsa y canta corazón
Tenme piedad o de una vez
Muere

Después de casi treinta años de haber escrito esta poesía en un momento límite de su vida, su autora agradece al arteterapia por haberla conectado con su verdadera vocación de poetiza.

## Epitafio

El ejercicio de pensar que quisiéramos tener escrito en nuestra sepultura puede resultar muy interesante a la hora de reflexionar sobre nuestras acciones y metas en la vida ya que, normalmente, los epitafios suelen resumir cuál ha sido el sentido de la vida de una persona.

*Definición*

Inscripción grabada en una sepultura.

*Técnica*

Generalmente, es un texto breve elegido por el difunto o seleccionado por sus seres queridos. Puede escribirse en forma de verso o, simplemente como unas líneas cuyo objetivo es transmitir un homenaje al ser querido –o no– fallecido y/o transmitir alguna reflexión.

*Clasificación*

Los epitafios pueden contener frases que representen los logros de la vida de una persona, sus dichos o pensamientos característicos, o frases de otros autores que sean un símbolo de su vida, por ejemplo.

## Talleres

### 1. Nuestro epitafio ideal

- Consigna: escribiremos el epitafio que nos gustaría tener en nuestra propia sepultura.
- Al finalizar, podemos preguntarnos: ¿Esta frase resume nuestra vida, nos describe cómo solíamos ser o, en realidad, la manera en cómo nos hubiese gustado ser o vivir?
- Objetivo: reflexionar sobre nuestra calidad de vida y hacer una reevaluación de qué cosas quisiéramos cambiar y cuáles no.

### 2. Nuestro epitafio imaginado

- Consigna: escribiremos el epitafio que suponemos la gente, en general, nos escribiría en nuestra sepultura.

- Al finalizar, podemos preguntarnos: ¿se trata de un epitafio con una frase positiva o negativa, alegre o melancólica, es un poema o una crítica, una frase copiada o un pensamiento espontáneo?, ¿quién imaginamos que podría habernos dedicado esa frase?
- Objetivo: reflexionar acerca de la imagen que damos a la gente.

**3. Regalando un epitafio**

- Consigna: escribiremos el epitafio en la tumba de alguien; puede ser cualquier persona que elijamos.
- Al finalizar, podemos preguntarnos: ¿a quién le hemos dedicado este epitafio?, ¿se trata de una persona que de alguna manera nos ha marcado en nuestra vida?; ¿le dedicamos este epitafio a un amigo, un padre, una pareja o un enemigo?
- Objetivo: reflexionar sobre los vínculos y las personas que, de alguna manera, nos han marcado en nuestra vida, para bien o para mal.

## Reportaje

Un buen reportaje no se basa exclusivamente en la cantidad de preguntas y respuestas; a veces, se puede recopilar información mucho más interesante otorgando un mayor espacio a los silencios, las miradas, los gestos. Sucede que, a veces, las palabras son utilizadas para disimular, mentir, distraer; por eso, un buen periodista o reportero, debe ser no solo curioso, objetivo y neutral, sino, por sobre todas las cosas, empático, observador y comunicador.

*Definición*

Se trata de un trabajo cuyo objetivo es investigar y recopilar información acerca de un hecho, un personaje u otro tema para darla a conocer o compartir una determinada información a través de la prensa escrita, la televisión, la radio o un congreso, por ejemplo.

*Técnica*

Se utiliza un lenguaje simple para describir acontecimientos de interés público. Puede incluir documentos, imágenes, fotos o videos e, incluso, las opiniones personales del autor, para hacer más gráfica la idea que se quiere transmitir. Un requisito fundamental para que el reportaje tenga credibilidad es contrastar la información con una o varias fuentes. Suele constar de: 1) un reportaje a una o varias personas; 2) un título; 3) un sumario o índice; 4) citas; 5) fuentes; 6) contraste y 7) un desarrollo del tema que se decide abordar.

*Clasificación*

Existen varios tipos de reportajes:

1. **Explicativo**: se trata de investigar sobre las causas que puedan brindar una explicación acerca de un suceso, de una conducta, etcétera.
2. **Informativo**: consiste en recopilar datos para informar a la gente respecto de un tema o una persona en particular, por ejemplo.
3. **Formal** e **informal**: el reportaje formal es aquel que se basa en datos precisos, certeros o en estadísticas; en cambio, el reportaje informal es aquel que se le puede hacer espontáneamente a una persona en la vía pública, por ejemplo.
4. **Científico**: destaca los avances y descubrimientos científicos más recientes. Una de sus funciones es interpretar los términos científicos para que cualquier persona pueda entenderlos.
5. **Investigativo**: el reportero investiga como un detective con el objetivo de brindar detalles completamente desconocidos sobre un hecho o una persona en particular.
6. **Interpretativo**: el reportero tiene la función de explicar al lector un tema, como por ejemplo asuntos de finanzas, leyes, etcétera.
7. **Autobiográfico**: el propio reportero se convierte a sí mismo en el personaje del propio reportaje.

## Talleres

### 1. Autorreportaje

- Consigna: como si fuésemos periodistas, nos haremos un reportaje a nosotros mismos; pero, lo escribiremos como si se lo hubiésemos hecho a otra persona. Para esto, procederemos a cambiar nuestra identidad o valernos de un pseudónimo.
- Al finalizar, podemos preguntarnos: ¿cómo nos sentimos con esta experiencia?; ¿podría alguien llegar a reconocer que la persona a quien se le hizo el reportaje, en realidad, somos nosotros mismos?; ¿qué clase de preguntas nos hicimos?, ¿se trató de

preguntas superficiales o profundas, referidas a nuestra vida o a nuestros pensamientos, ideales?; ¿podemos decir que hemos sido sinceros en respondernos?

- Objetivo: el autoconocimiento.

**2. Reportaje a nuestra mascota**

- Consigna: le haremos un reportaje de fantasía a alguna de nuestras mascotas, que tengamos o hayamos tenido en el pasado. Si la única mascota que tuvimos ha sido una planta carnívora o un pichón al cual en alguna oportunidad le salvamos la vida, también es válido escribir sobre ellos.
- Al finalizar, podemos preguntarnos: ¿a qué mascota hemos decidido hacerle el reportaje?, ¿qué representa en nuestra vida, infancia, en la vida de nuestra familia?; ¿qué mirada tiene o ha tenido sobre nosotros y/o de nuestra familia, padre, madre, hermano, abuelo, pareja o de nosotros?; ¿cómo ha vivido su vida este animalito?, ¿ha tenido una vida simple, con enfermedades, se ha perdido en alguna oportunidad?; ¿cómo describiríamos a este animalito?; ¿podríamos decir que tiene o ha tenido una personalidad similar a la nuestra?; ¿de qué manera hemos influido en su vida?
- Objetivo: reflexionar sobre cómo podemos influir en los seres que nos rodean.

**3. Reportaje a un profesional**

- Consigna: buscaremos una persona que tenga una profesión que por algún motivo nos interese y le haremos un reportaje.
- Al finalizar, podemos preguntarnos: ¿por qué elegimos a una persona con esta profesión?, ¿qué es lo que más admiramos de esa persona y de su profesión?, ¿en qué aspectos nos sentimos identificados con ella?, ¿después de hacerle el reportaje, nos gustaría tener su misma profesión en el futuro?, ¿cuál es la diferencia entre tener una profesión y tener una vocación?, ¿pueden coincidir en una misma persona la profesión o el trabajo con su vocación?, ¿conocemos a alguien que pueda trabajar en algo relacionado con su vocación?, ¿cuál es la diferencia entre la vocación y un hobby?
- Objetivo: reflexionar sobre la vocación.

## 4. Leyendo un reportaje

- Consigna: buscaremos en internet o en un libro, revista o periódico algún reportaje hecho a una persona que, por algún motivo, nos interese.
- Al finalizar, podemos preguntarnos: ¿qué reportaje hemos leído?, ¿a quién o a quienes se lo hicieron?, ¿a algún profesional, deportista, sobreviviente, asesino?; ¿pudimos aprender algo leyendo este reportaje?; ¿hemos descubierto algo de nosotros mismos leyendo este reportaje?
- Objetivo: estimular el interés, la curiosidad y motivar para conocer otros mundos diferentes a los nuestros.

## Monólogo

Frecuentemente, podemos observar que la gente más que dialogar entre sí monologa sin escucharse. Desde otra perspectiva, detenernos a escuchar los monólogos de nuestros pensamientos diarios puede resultar un ejercicio muy interesante para evaluar nuestro estado mental, estilo de vida o calidad de vínculos.

*Definición*

Son pensamientos en voz alta, un diálogo que la persona tiene consigo misma, pero que también se puede dirigir a una persona o un auditorio que funcionen como receptores.

*Técnica*

El monólogo es un recurso que también puede utilizarse en otros géneros literarios y se puede incluir dentro de un cuento, novela, poesía, obra de teatro, etc. Lo primero que se debe elegir es un tema y/o un personaje con el objetivo de armar la trama de la historia y contarla de la manera más clara posible. Al hablar, el protagonista puede ayudarse con distintos tonos de voz, movimientos y expresiones faciales para recrear escenas de *flashback* de aquello que está diciendo.

*Clasificación*

El monólogo puede ser:

1. Interior
2. Dramático
3. Humorístico o *stand up*.

## Talleres

### 1. Monólogo humorístico

- Consigna: escribiremos y/o actuaremos un monólogo humorístico o *stand up* acerca de un tema que nos angustie o acerca de alguna situación, animal u objeto al que le tengamos aversión.
- Al finalizar, podemos preguntarnos: luego de escribir, ¿hemos notado que muchas situaciones que nos hacen reír tienen su origen en situaciones angustiosas o dramáticas?, ¿cómo podemos relacionar esto con la manera que miramos la vida?, ¿somos personas que tienen sentido del humor?
- Objetivo: aprender a desidentificarnos de la tragedia y a ser menos dramáticos en nuestros vínculos y en nuestra manera de interpretar todo lo que nos sucede en la vida.

### 2. Monólogo insólito

- Consigna: durante cinco minutos escribiremos todos los pensamientos que se nos vengan a la cabeza sin filtro y sin prestar atención a la puntuación.
- Al finalizar, podemos preguntarnos: ¿sobre qué temas hemos escrito?, ¿podemos observar que tienen puntos en común?, ¿tienen alguna relación con algo que nos haya sucedido en la realidad o se trata de pura fantasía?, ¿el monólogo trata sobre nosotros o sobre otras personas?
- Objetivo: desarrollar la creatividad y conectar con la espontaneidad.

### 3. Monólogo dramático

- Consigna: tal y como si fuésemos los guionistas de una película, escribiremos un monólogo dramático de alguno de los personajes.
- Al finalizar, podemos preguntarnos: ¿a qué personaje elegimos?, ¿qué clase de drama se describe en este monólogo?, ¿se trata de un drama pasional, deportivo, de vida o muerte?, ¿nos identificamos en algo con este monólogo?
- Objetivo: desarrollar la empatía.

## Diálogo

Nadie nace sabiendo dialogar, es una habilidad que se va aprendiendo y desarrollando a lo largo de la vida. Saber dialogar es todo un arte; principalmente, implica saber escuchar, ejercer la paciencia, ser empático, hacer a un lado los prejuicios. Quien sabe dialogar es difícil que llegue a pelearse con alguien y, por lo tanto, tendrá una mayor facilidad a la hora de insertarse socialmente y de construir vínculos sanos que le posibiliten una mayor calidad de vida, más estable y feliz.

*Definición*

La definición más común explica que se trata de una conversación entre dos o más personas que exponen sus ideas y comentarios de forma alternativa.

*Técnica*

Es una forma de comunicación que se puede hacer de manera verbal o por escrito, a través de la cual dos o más personas se comunican intercambiando información, a la vez que se alternan el papel de emisor y receptor. Entre los interlocutores o participantes de un diálogo, además de transmitirse información, puede haber exclamaciones, declarar pensamientos concordantes o disidentes, interrogar, fundamentar, hacer juicios de valor, analizar ciertos temas, entre otros.

*Clasificación*

Existen diferentes tipos de diálogos:

1. **Debate**: discusión entre dos o más personas que opinan acerca de uno o varios asuntos, exponiendo y defendiendo cada una sus opiniones, ideas e intereses.
2. **Entrevista**: encuentro o reunión de dos o más personas para tratar algún asunto; por ejemplo, en la profesión o trabajo, en la escuela, etcétera.
3. **Diálogo literario**: se da entre dos o más personajes de una obra literaria o teatral.

## Talleres

### 1. Diálogo con nuestro enemigo

- Consigna: escribiremos un diálogo imaginado con una persona con las cual nos llevamos mal. Luego, escribiremos un diálogo imaginado con esa misma persona; pero, de forma opuesta a cómo lo hicimos la primera vez.
- Al finalizar, podemos preguntarnos: ¿de qué me pude dar cuenta?, ¿los reproches que me hago son exagerados?, ¿a quién se parece mi enemigo interior?, ¿podría decir que lo que me dice mi enemigo interior es algo similar a lo que suele decirme mi padre o madre?
- Objetivo: hacer una catarsis emocional y aprender a desarrollar la capacidad de comunicarnos.

### 2. Diálogo ficticio

- Consigna: seleccionaremos dos personajes de una obra literaria o de una película de cine y escribiremos un diálogo imaginado entre ellos.
- Al finalizar, podemos preguntarnos: ¿por qué elegimos estos dos personajes?; si pudiéramos imaginar que estos dos personajes representan dos aspectos de nuestra propia personalidad, ¿cuáles serían?; si pudiéramos imaginar que estos dos personajes representan a dos personas cercanas en nuestra vida, ¿quiénes serían?
- Objetivo: aprender a desarrollar la capacidad de comunicarnos.

### 3. Diálogo imaginado

- Consigna: seleccionaremos a dos personas con características opuestas que conozcamos y escribiremos un diálogo imaginado entre ellas.
- Al finalizar, podemos preguntarnos: ¿qué características tienen las personas que seleccionamos para escribir este diálogo?, ¿podríamos decir que simbolizan a dos aspectos opuestos que hay dentro de nosotros mismos?; ¿sabemos dialogar sin discutir con personas que opinan totalmente diferente a nosotros?

- Objetivo: aprender a desarrollar la capacidad de empatía, así como también, la capacidad de poder conversar intercambiando ideas opuestas sin necesidad de pelear; es decir, aprender a diferenciar una discusión saludable de una pelea.

## Descripción

Las descripciones suelen ser muy útiles para comenzar una investigación o formular hipótesis. Ocasionalmente, especialmente en el área de la psicología, este proceso puede llegar a darse a la inversa; por ejemplo, a la hora de investigar sobre una persona puede partirse de una hipótesis previa, lo que evitará que el profesional se distraiga y deje de observar con detenimiento a quien tiene enfrente, perdiéndose datos tan importantes como los que brindan los movimientos oculares, las expresiones faciales, etcétera.

### *Definición*

Se trata de explicar de manera clara, detallada y ordenada cómo es una persona, un lugar, una experiencia, un objeto.

### *Técnica*

La descripción puede usarse para ambientar y hacer más creíble una cierta y determinada acción o escena. El proceso descriptivo consta de diferentes pasos: 1) observar, 2) seleccionar, 3) ordenar o estructurar lo que se quiere decir, 4) redactar.

### *Clasificación*

Existen diferentes modos de describir; algunos de ellos son:

1. **Descripción de personajes**: caracterización de los personajes, según sus rasgos, edad, apariencia física, entre otros.
2. **Retrato**: se describe tanto el aspecto externo como el interno de un personaje.
3. **Autorretrato**: se trata de describirse a sí mismo.
4. **Caricatura**: es cuando se exageran o ironizan los rasgos físicos o morales de una persona.
5. **Paralelismo**: comparación de dos o más personajes.
6. **Descripción objetiva**: se describe algo de manera neutral y evitando prejuicios.

7. **Descripción subjetiva**: narración que se hace respecto de una persona, un objeto, una película, una obra de arte, parte de un preconcepto y se basa en una opinión personal.
8. **Descripción física**: se centra en detallar las características físicas, estéticas o externas de una persona u objeto.
9. **Descripción psicológica**: se centra en contar características de personalidad.

## Talleres

### 1. Imagen corporal

- Consigna: mientras nos observamos a nosotros mismos frente a un espejo nos describiremos (de forma escrita u oral), basándonos en nuestra percepción subjetiva y en nuestras emociones. Luego, en un segundo momento, procederemos a describirnos de la manera más objetiva posible. Resulta muy interesante poder hacer este ejercicio con un compañero de equipo, quien pasaría a intervenir en una segunda instancia, describiéndonos a nosotros; en este ejercicio también deberemos invertir los roles.
- Al finalizar, podemos preguntarnos: ¿coincide la imagen que vemos en el espejo con aquella que pueden ver los demás, o nosotros mismos, pero en una instancia más neutral y objetiva, sin juzgarnos tanto?, ¿difieren mucho ambas descripciones?, ¿podríamos decir que la imagen subjetiva que tenemos de nosotros mismos está relacionada de alguna manera con las descripciones que han hecho nuestros familiares de nosotros durante nuestra infancia y/o adolescencia?
- Objetivo: reflexionar sobre la imagen corporal que tenemos de nosotros mismos.

### 2. Imagen ideal

- Consigna: seleccionamos y recortamos las fotos de diez personas de entre varias revistas; luego, procederemos a elegir aquella que más nos guste y la que menos nos guste. Por último, procederemos a describir cada una de estas dos fotografías reflexionando sobre en qué nos sentimos identificados.

- Al finalizar, podemos preguntarnos: ¿qué características en común tienen las diez imágenes?, ¿qué estilo de ropas llevan puestas?, ¿se trata de mujeres, varones, personas trans?, ¿son deportistas, modelos, científicos, escritores?, ¿qué profesiones podemos imaginar que tienen?, ¿podríamos decir que la imagen que más nos gustó y la que menos nos gustó reflejan dos aspectos opuestos de nuestra personalidad?, ¿podríamos decir que la imagen que más nos gustó, de alguna manera, refleja el ideal de lo que queremos ser?
- Objetivo: reflexionar sobre nuestra identidad, nuestro modo de ser y expresarnos en el mundo.

**3. Adivina adivinador**

- Consigna: el terapeuta o el coordinador del grupo proporcionará al paciente o a los participantes varias fotografías del rostro de personas con distintas ocupaciones, con el objetivo que ellos los describan con no menos de cinco adjetivos calificativos a cada uno y, luego, intenten adivinar a qué se dedican o qué profesiones podrían llegar a tener. Al finalizar el ejercicio, se les revelará las verdaderas identidades de estos personajes.
- Al finalizar, podemos preguntarnos: ¿los seres humanos nos guiamos por la apariencia?, ¿de qué sirve tener preconceptos de la gente?, ¿somos personas muy prejuiciosas?, ¿qué consecuencias ha tenido ser así en nuestras vidas?; ¿cuál ha sido la última vez que nos guiamos por un prejuicio al tratar a una persona que terminó resultando totalmente diferente a cómo la habíamos imaginado?
- Objetivo: trabajar sobre los prejuicios que nos formamos sobre las personas basándonos en su apariencia.

**4. Descripción a ciegas**

- Consigna: los participantes se vendarán los ojos; luego, en un segundo momento, el terapeuta o coordinador del grupo le alcanzará un objeto diferente a cada uno, que cada participante deberá describir y adivinar qué es.
- Al finalizar, podemos preguntarnos: mientras palpábamos el objeto, ¿su textura, forma y peso nos hizo recordar algo?, ¿qué imágenes se nos vinieron a la cabeza antes de adivinar?; ¿podríamos decir que las apariencias engañan?

- Objetivo: tomar consciencia sobre cómo nuestros preconceptos (positivos o negativos) suelen estar asociados a ciertas y determinadas experiencias que hemos tenido.

En este punto, vale aclarar que existen otros géneros literarios como las novelas y los ensayos, pero que hemos decidido no incluirlos por tratarse del armado de textos mucho más extensos y complejos, más difíciles de implementar de forma eficaz en los breves lapsos de tiempo que duran las sesiones de arteterapia.

## Taller de artes plásticas

Las artes plásticas son las favoritas de las personas más introvertidas y con mayores dificultades para expresar verbalmente sus conflictos, ideas y todas aquellas emociones que a diario atraviesan. Una sola y simple imagen es capaz de condensar un universo entero de conceptos y transmitirlos de forma instantánea a personas de distintas culturas, que podrán ser capaces de entenderla de forma intuitiva, atravesando las barreras del idioma.

Para dibujar no hace falta ninguna formación académica, cualquier niño/a desde antes de hablar ya es capaz de tomar un lápiz en sus manos y expresar con garabatos las emociones que percibe dentro de sí. Garabatos tranquilos y furiosos, llenos de colores luminosos y brillantes u oscuros y tenebrosos... Nada es casualidad cuando aprendemos a observar.

Se dice que las artes plásticas son una manera de meditar: cada vez que hacemos algo con nuestras manos –modelar, dibujar, pintar–, nos hacemos uno con aquello que estamos representando; poco a poco, nos vamos dando cuenta que los pensamientos van desapareciendo y la lógica de la razón se transforma en una lógica irracional en la que todas las contradicciones son posibles y pueden convivir sin problema.

Las artes plásticas son una experiencia espiritual. Cada vez que creamos algo, caemos en la cuenta de que no hemos creado nada, sino que somos una especie de canal a través del cual, como dice Pat B. Allen,[54] son las imágenes que elegimos las que en realidad nos eligen para mostrarnos algún aspecto que hemos olvidado, resignado, reprimido.

---

[54] Allen, PB. *Arte terapia. Guía de autodescubrimiento a través del arte y la creatividad*, Madrid: Gaia, 1995.

Las imágenes no existirían ni tendrían sentido sin alguien que las mire; y eso hace que, en definitiva, terminen transformándose en nuestro espejo. En este sentido, cada imagen que pintamos o modelamos es portadora de un mensaje.

Las artes plásticas son alquimia para el ser: cada vez que plasmamos –en un papel, en una tela o en un objeto– aquello que percibimos (dentro o fuera de nosotros), eso deja de existir puesto que es transformado. El misterio de su paradoja sucede cuando una vez que terminamos nuestra obra la exponemos a ser vista, porque quienes la ven también cambian para siempre.

## Dibujos

Una de las primeras cosas que hacen los niños/as apenas comienzan a tener fuerza muscular es sostener un lápiz e intentar dibujar líneas. Dibujar, más que una habilidad en sí misma, es para ellos un modo de ejercitar su psicomotricidad y desarrollar su inteligencia. Y cuando logran copiar con mayor destreza las distintas cosas que los rodean, van tomando consciencia de que el hecho de haber logrado una mayor autonomía en sus movimientos y en sus acciones les produce una indescriptible sensación de libertad y de poder. Dibujando, los niños/as van descubriendo cosas y también van autodescubriéndose, conociéndose a sí mismos; dibujando van interactuando y apropiándose del mundo; dibujando van imaginando y creando, haciendo posible lo imposible.

Así como los escritores se proyectan a sí mismos en sus libros, también las personas nos proyectamos en nuestros dibujos hasta convertirlos en espejos de nuestras experiencias, percepciones, deseos, emociones, traumas... Cada una de las líneas que vamos trazando terminan siendo mapas de nuestra propio Yo y de nuestra propia historia.

Un dibujo puede ser analizado desde dos aspectos fundamentales:

1. Aspectos expresivos:

   Así como cuando decimos algo podemos pronunciar una de las palabras con mayor énfasis o con un tono más grave o agudo, o con un volumen de voz más o menos bajo, también cuando dibujamos podemos expresar distintas cosas en la modalidad de cada uno de nuestros trazos. Como explica Emanuel F. Hammer, existen líneas felices, haraganas, nerviosas.[55] Se puede dibujar de una forma franca, impulsiva y rápida, casi sin pensar; o también de forma pausada y cautelosa, borrando y dudando demasiado. Desde este punto de vista, podemos analizar varios aspectos:

- La **secuencia**: por dónde se ha empezado a dibujar una figura (desde los pies, desde la cabeza, los brazos, etc.). También, si la persona hace varios dibujos, resulta interesante observar la secuencia de los temas desde el primero hasta el último.
- El **tamaño**: los tamaños demasiado pequeños y los demasiado grandes hablan de una baja autoestima respecto del autor del dibujo, por ejemplo.
- La **presión**: una línea puede ser muy fuerte (a veces, se llega a perforar la hoja); puede ser un indicador de agresión o, simplemente, de un exceso de energía. En determinadas oportunidades, en cambio, la línea resulta casi imperceptible; esto dependerá de cómo se siente la persona respecto de su entorno; también hace alusión a fortalezas o debilidades yoicas.
- El **trazo**: un dibujo puede realizarse con líneas largas y rectas, gruesas, circulares, entrecortadas tipo serrucho, tensionadas, estiradas; todo lo cual indica estados de personalidad. Los trazos que sufren muchas modificaciones y son borrados frecuentemente son indicadores de incertidumbre, angustia, o también de personalidades indecisas, insatisfechas, por ejemplo.
- Los **detalles**: un dibujo con demasiados detalles puede ser reflejo de personalidades más compulsivas u obsesivas; en cambio, los carentes de detalles pueden estar indicando un sentimiento de vacío.
- La **simetría**: el desequilibrio en las formas (por ejemplo, el dibujo de una persona con una pierna más corta que la otra), puede ser un reflejo de inteligencia si es que se hizo con la intencionalidad de marcar movimiento o perspectiva. De lo contrario, puede llegar a ser un indicador del desequilibrio de diferentes aspectos de la personalidad.
- El **emplazamiento**: las personas que emplazan sus dibujos en la parte superior de la hoja pueden llegar a ser demasiado idealistas, racionales, pensantes, espirituales, e incluso con

[55] Hammer, EF. *Tests proyectivos gráficos*, Buenos Aires-México: Paidós, 2004.

poco contacto con la realidad; en cambio, cuando los dibujos son emplazados en la parte inferior, esto es reflejo de personas mucho más concretas, pragmáticas, materialistas e impulsivas. Si no se hace una línea de base y las figuras aparecen como flotando en el aire, esto puede ser un indicio de inseguridad. Si las figuras están orientadas hacia la izquierda puede tratarse de personas más melancólicas, orientadas al pasado, apegadas a la familia o a la madre; en cambio, si las hacen orientadas hacia la derecha, suelen ser más independientes y seguras de sí mismas, no necesitan tanto apoyo de los demás.

- El **movimiento**: las figuras pueden ser dibujadas de forma rígida y estructurada o de manera desalineada; pueden estar moviéndose o ejecutando alguna acción o, simplemente, pueden estar paradas de forma totalmente estática. El movimiento o la rigidez de las figuras puede representar distintos tipos de personalidades: más rígidas y racionales o más plásticas y creativas, por ejemplo. Desde otro punto de vista, cuando las figuras tienen una inclinación hacia abajo, como si se estuviesen cayendo, eso puede reflejar estados depresivos.

2. Aspectos de contenido:

   No es lo mismo que se dibuje una casa llena de chimeneas que sin ninguna; o una casa sin puertas ni ventanas; un árbol con un tronco lleno de cicatrices o con una copa grande y frondosa o pequeña y sin frutos. Los componentes del contenido de un dibujo, en cambio, se refieren a los temas acerca de los que se elige dibujar y sus características particulares. De esta manera, una línea casi nunca es una simple línea; o un círculo, por ejemplo, puede esconder el dibujo de una madre, un padre, un meteoro y hasta... ¿por qué no?, ¡un elefante! Es que los dibujos no se basan en palabras sino en símbolos y metáforas que deben ser descifradas teniendo en cuenta sus características y funciones.

Las características de la copa de un árbol están asociadas al intelecto; las cicatrices en el tronco a los traumas; las casas a la familia y al yo; las ventanas a la comunicación; las nubes a los conflictos; la luna a la función materna y el sol a la función paterna. No es lo mismo que una niña o un niño dibuje un sol invertido, con la cara dada vuelta, lo que puede reflejar una mala relación con el padre, que si hace un sol radiante y luminoso... Podemos escribir un libro entero tan solo analizando los símbolos que aparecen en el contenido de los dibujos; sin embargo, no es este nuestro objetivo, sino más bien brindar un pantallazo general acerca de las diferentes artes gráficas y cómo podemos llegar a interpretarlas de una manera general.

*Definición*

Un dibujo es la representación gráfica que se hace mediante líneas y trazos para dar forma a cualquier clase de objetos, seres o ideas sobre una superficie plana bidimensional. Desde otro punto de vista, también se trata de un lenguaje universal mediante el cual se pueden transmitir ideas y/o símbolos de modo gráfico.

Dibujar y pintar no tienen el mismo significado, son dos técnicas de representación diferentes. El dibujo es la delineación de figuras, mientras que la pintura es la estructuración de planos mediante superficies coloreadas.

Los primeros dibujos datan de la prehistoria, hace más de 75.000 años. Un ejemplo de esto es la delineación del contorno de manos de seres humanos que se encuentran en las cuevas de Altamira.

Pat B. Allen dice:[56]

> Suele suponerse que "saber dibujar", poder representar los objetos con cierto grado de realismo, da la medida del verdadero artista. En realidad, dibujar es hacer visible la energía. El dibujo es un modo de entrar en contacto con la energía del tema representado, tanto si el tema es una naturaleza muerta, una figura o un estado interior. Dibujar es una manera de jugar con diversas formas de energía que es posible experimentar, una manera de llegar a conocerlas.

*Técnicas*

El dibujo consiste en plasmar algo real o ficticio (copiándolo o inventándolo) sobre algún tipo de soporte o superficie bidimensional: papel, cartón, madera, vidrio, metal, o también en la computadora.

El principal instrumento que se necesita para dibujar es la mano; también, el *mouse* o un lápiz óptico. Las personas con discapacidad utilizan su boca e, incluso, sus pies, por ejemplo. Otro instrumento fundamental es el lápiz de grafito, pero se pueden usar biromes, tintas chinas, carboncillos, lápices o lapiceras de colores y hasta programas digitales.

---

[56] Allen, PB. *Arte Terapia*, ob. cit.

Existen muchas técnicas para dibujar, una de las más conocidas son las que provocan sensación de profundidad y tridimensionalidad sobre un plano bidimensional mediante el uso de la perspectiva. Hay diferentes clases de perspectivas, por ejemplo, cónica, axonométrica, aérea.

*Clasificación*

Entre las clases de dibujos, podemos mencionar:

- **Dibujos espontáneos**: dibujos realizados sin una idea o consigna previa.
- **Dibujos libres**: se propone o se da la consigna a una persona para que dibuje algo, pero no se le dice qué.
- **Dibujos automáticos**: dibujos hechos sin que medie el pensamiento ni la razón. Se pueden realizar bajo estados de trance, de sonambulismo o con los ojos cerrados, etcétera.
- **Dibujos con consignas**: gráficos realizados a partir de instrucciones específicas, tal como sucede, por ejemplo, en la realización de algunos tests gráficos.
- **Garabatos**: grafismos creados de manera brusca e irregular; y aunque algunos intenten representar algo (como en el caso de los niños/as pequeños), no siempre las figuras pueden ser reconocidas o identificadas fácilmente. Los adultos también suelen hacer distintas clases de garabatos, por ejemplo, cuando dibujan en papeles cosas aleatorias sin prestar atención a la técnica, mientras hablan por teléfono.
- **Mamarrachos**: esta clase de grafismos, que muchas veces se hacen a partir de líneas o colores entremezclados, no tienen la intencionalidad de representar figuras reconocibles. Generalmente, los niños/as los utilizan para descargar y/o proyectar estados de ánimo.
- **Caricaturas**: clase de retratos en los cuales se exageran y distorsionan algunos rasgos de la apariencia física sin dejar de ser fácilmente reconocibles. Suelen tener una finalidad humorística.
- **Dibujos animados**: secuencias de dibujos que al ir pasándolas dan la ilusión de movimiento.
- **Dibujos artísticos**: no solo se utilizan para decorar un ambiente, sino que además suelen transmitir un mensaje simbólico.

- **Dibujos técnicos**: se basan en la geometría descriptiva de un objeto y se usan como soporte para su futura construcción.
- **Dibujos arquitectónicos**: dibujos que usan los arquitectos para construir edificios.

## Talleres

### 1. Dibujo libre

- Consigna: crearemos un dibujo libre. Puede ser cualquier cosa real, imaginada o de algo que recordemos; pero, no lo podemos copiar de ningún lado.
- Al finalizar, podemos preguntarnos: ¿está el dibujo que hemos hecho conectado de alguna manera con mi vida?, ¿representa una vivencia del pasado, un deseo o un pensamiento?, ¿puedo descubrir algún personaje o figura arquetípica?
- Objetivo: analizar el simbolismo de lo que hemos dibujado y observar cómo se conecta con nuestra vida. Tendremos en cuenta todos los detalles; por ejemplo, qué clase de arquetipos aparecen, cuáles figuras hemos dibujado con movimiento corporal y cuáles no.

### 2. Caricatura

- Consigna: haremos la caricatura de una persona cualquiera (esa persona no puede ser alguien que esté presente).
- Al finalizar, podemos preguntarnos: ¿la caricatura que hicimos es de alguien que conozco personalmente o es de una persona con la cual nunca he tenido vínculo alguno?, ¿por qué elegimos dibujar la caricatura de esa persona y no de otra?, ¿logramos representar sus rasgos más característicos?, ¿coinciden con nuestros propios rasgos de nuestro presente o de nuestro pasado, o rasgos que no nos gustaría tener?
- Objetivo: meditar sobre quién se ha elegido; si se trata de alguien con quien no tuvimos una buena relación. Este ejercicio quizás tenga una finalidad catártica; de lo contrario, puede ayudarnos a reflexionar respecto de los defectos y rasgos de personalidad de alguien con quien hayamos tenido un conflicto. En este aspecto, no será lo mismo que lo dibujemos con una boca u ojos gigantes, que con pies o, incluso, el área genital demasiado pequeños, por ejemplo.

## 3. Mamarracho

- Consigna: nos vendaremos o cerraremos los ojos; luego, haremos a ciegas un mamarracho con trazos al azar en una hoja durante un minuto. Al abrir los ojos intentaremos descubrir y luego remarcar el borde, y/o pintar aquellas figuras o números que hayamos reconocido. Podemos ayudarnos girando la hoja tantas veces como lo consideremos necesario.
- Al finalizar, podemos preguntarnos: ¿qué significa este número en nuestra vida, con qué lo podemos relacionar?, ¿lo podemos asociar a una fecha en particular?, ¿y si sumamos todos los números?; ¿con qué o con quien podríamos asociar esta cosa que hemos descubierto?; ¿qué simbolismos podemos descubrir en cada cosa que hemos descubierto?, ¿podríamos identificar que estos simbolismos contienen un mensaje del cual podemos apropiarnos en este momento de mi vida?
- Objetivo: facilitar el acceso a contenidos de nuestro inconsciente. Si aparecen números, deberemos preguntarnos si es que nos hacen acordar a una fecha en particular o una edad en que nos pudo haber sucedido algo traumático, por ejemplo; o si aparecen otro tipo de figuras, debemos analizar su simbolismo y/o qué representan o han representado en nuestras vidas.

## 4. Plano de la casa

- Consigna: dibujaremos el plano de la casa en donde vivimos actualmente; también, podremos dibujar el plano de las casas en donde hayamos vivido en nuestras infancias.
- Al finalizar, podemos preguntarnos: ¿cuáles de las habitaciones están juntas y cuáles separadas?, ¿quién duerme en cada una de las habitaciones?, ¿puede esto simbolizar la clase de vínculos entre los distintos miembros de la familia?; ¿cuál es la habitación o el ambiente más grande de la casa?, ¿cuál el lugar más pequeño?, ¿cuál el lugar más lindo o más feo?, ¿con qué recuerdos puedo asociar cada lugar?
- Objetivo: recordar y hacernos conscientes de cómo el lugar que habitamos suele ser un reflejo de aspectos de nuestra personalidad; pero, también, de nuestros vínculos con los demás miembros de la familia. Así, por ejemplo, podremos darnos cuenta de que no es casualidad que hayamos dormido en una habitación pegada a la de los padres durante toda la infancia

mientras que otro de los hermanos lo haya hecho en la más alejada; o que, por ejemplo, nos hayan adjudicado la habitación más pequeña de la casa o hayan puesto nuestra cama en un pasillo por donde todo el mundo pasaba y no había ningún tipo de privacidad, etcétera.

### 5. La casa

- Consigna: dibujaremos la fachada de la casa en la que vivimos; luego, aquella en la cual nos gustaría vivir en un futuro. En un segundo momento, compararemos ambas casas y reflexionaremos sobre cómo representan a nuestras familias; pero, también, a nosotros mismos.
- Al finalizar, podemos preguntarnos: ¿Qué características tiene cada una de las casas? ¿Tienen ventanas, chimeneas, puertas? ¿Son grandes o pequeñas? ¿Sus paredes son firmes o, por el contrario, están hechas con trazos temblorosos? ¿Cuál de las dos casas nos parece la más linda, y cuál la más fea?, ¿por qué?
- Objetivo: partiendo de la base de que la casa es un reflejo de uno mismo y/o de su familia, este ejercicio, en realidad, nos ayudará a tomar consciencia de cómo somos nosotros mismos y cómo quisiéramos ser o qué familia quisiéramos tener en el futuro.

### 6. Imagen corporal

- Consigna: sobre una cartulina o una superficie grande nos dibujaremos a nosotros mismos; pero no como somos en la realidad, sino como nos sentimos y cómo sentimos cada una de las partes de nuestro cuerpo. Por ejemplo, si sentimos que somos muy racionales o pensantes podemos hacernos con cabezas muy grandes; si nos sentimos impotentes, podríamos dibujarnos sin pies para movernos.
- Al finalizar, podemos preguntarnos: ¿hemos dibujado todas las partes de nuestro cuerpo o tan solo lo hemos hecho hasta la cintura, sin piernas?; ¿le hemos hecho una pierna más larga que la otra?; ¿de qué tamaño hemos dibujado cada parte del cuerpo?; ¿hemos hecho la cabeza demasiado grande, o demasiado pequeña?; ¿hemos dibujado un cuerpo mutilado o un cuerpo entero?, ¿nos hemos olvidado de dibujar las orejas, la boca, las manos u otra parte del cuerpo tal como la zona genital o los

pies?; ¿lo hemos hecho con las piernas pegadas o muy separadas?; ¿podemos descubrir que existen áreas del cuerpo que nos ha costado dibujar más que otras y que, por esa razón, hemos tenido que borrarlas varias veces?; ¿podemos descubrir alguna marca que hemos hecho de forma inconsciente sobre alguna parte del cuerpo?; ¿a quién o a qué nos hace acordar este cuerpo que hemos dibujado?

- Objetivo: tomar consciencia de nuestra propia imagen corporal, aquella que refleja las emociones, ideas y percepciones que a diario vamos proyectando sobre nuestro cuerpo, muchas de las cuales son el reflejo de juicios de valor que otros han hecho de nuestra persona.

### 7. Cómic

- Consigna: dibujaremos un cómic, historieta o manga japonés, con algún argumento que imaginemos.
- Al finalizar, podemos preguntarnos: ¿nos identificamos con alguno de los personajes?, ¿con quién?; ¿la trama de la historia coincide con algo que nos haya sucedido en alguna época de nuestras vidas?, ¿describe hechos de violencia, suspenso, amor, ciencia?; ¿hemos hecho más hincapié en la acción o en los diálogos?
- Objetivo: hacer un ejercicio de proyección, introyección y reflexión sobre nosotros mismos y/o sobre alguna experiencia que nos haya marcado.

### 8. Dos árboles opuestos

- Consigna: dibujaremos dos árboles totalmente distintos entre sí. Luego, durante treinta segundos, sin pensar demasiado, adentro de la copa de uno de los árboles deberemos escribir todas las palabras feas o negativas que se nos vengan a la mente sin discriminar ninguna; a continuación, cambiaremos de árbol, pero adentro de su copa escribiremos, en cambio, todas las palabras lindas o positivas que pensemos espontáneamente.
- Al finalizar, podemos preguntarnos: ¿cuál de las tres palabras que hemos escrito en el árbol que más nos gusta nos llaman la atención?, ¿por qué?; ¿cuál de las tres palabras que hemos

escrito en el árbol que menos nos gusta nos llaman la atención?, ¿por qué?; ¿cuál de todas las palabras de ambos árboles es la que más nos agrada y cuál la que más nos desagrada?

- Objetivo: tomar consciencia de aquellas cosas y/o situaciones que nos son beneficiosas en nuestra vida, a diferencia de aquellas otras que nos hacen mal e, incluso, nos perjudican. Es llamativa la sorpresa que frecuentemente se llevan los participantes al finalizar el ejercicio y releer lo que escribieron.

### 9. El lugar donde me siento más seguro

- Consigna: dibujaremos aquel lugar donde nos sentimos más seguros y cómodos; aquel lugar en donde nos podemos relajar, ser nosotros mismos y ser felices.
- Al finalizar, podemos preguntarnos: ¿el lugar que hemos dibujado coincide con un lugar de nuestra casa, de nuestra familia, o se trata de un lugar imaginado?, ¿es un lugar actual o del pasado?, ¿qué características tiene?, ¿qué es lo que más nos agrada de este lugar?
- Objetivo: identificar un lugar en el cual nos podamos refugiar cuando nos sintamos mal.

### 10. Recuerdo feliz

- Consigna: nos conectaremos con algún recuerdo de una situación que hayamos vivido que nos haya hecho muy felices; luego, la dibujaremos.
- Al finalizar, podemos preguntarnos: ¿qué hizo que esa situación nos llenara de felicidad?; ¿quiénes estaban presentes?, ¿estaba solo?; ¿en qué época del año sucedió?; ¿qué situación climática había, frío, calor, lluvia?, ¿era verano, otoño, invierno o primavera?; ¿qué edad teníamos?
- Objetivo: conectarnos con emociones positivas cada vez que estemos tristes.

### 11. Dibujos sobre arena o tierra

- Consigna: colocaremos arena en un recipiente que no tenga demasiada profundidad. Luego, simplemente, comenzaremos a improvisar dibujos en la arena. Si no tenemos arena, la reemplazamos por harina, o tierra (seca o húmeda), por ejemplo.

- Al finalizar, podemos preguntarnos: ¿cómo nos sentimos dibujando sobre un elemento tan fugaz y transitorio como la arena?; ¿cuáles han sido las experiencias de mi vida que han sido más fugaces en el tiempo o en mi memoria?, ¿y las que, por el contrario, me han marcado a fuego y aún perduran en mis recuerdos?
- Objetivo: expresarnos con nuestras propias manos a través de la arena facilita a que dejemos las preocupaciones de lado y nos conectemos con un elemento de la naturaleza. Una práctica de los monjes budistas tibetanos consiste en dibujar sobre o con arenas de distintos colores, e inmediatamente desarmar con sus manos lo que han hecho, porque esto los hace meditar sobre la finitud de las cosas, lo cual, en definitiva, sirve para reflexionar sobre la necesidad de ser felices en el aquí y el ahora y disfrutar de la vida en las pequeñas acciones.

En la imagen 1, compartimos el dibujo espontáneo de un niño que atravesó experiencias traumáticas que lo hicieron ver la muerte de cerca. Observemos cómo expresó su miedo a través de dibujos de cementerios, truenos y esqueletos. (Esta clase de sesiones de arteterapia deben ser supervisadas en todos los casos por un terapeuta profesional).

**Imagen 1**. Arteterapia en dibujo espontáneo de un niño que atravesó experiencias traumáticas de muerte

## Pinturas

Desde la prehistoria, los seres humanos tuvieron una inclinación a proyectar sus emociones y percepciones en pinturas realizadas sobre los más variados elementos, desde la roca de las paredes de una caverna hasta las pinturas para ser colgadas como cuadros en las viviendas. Así, más allá de lo que consciente o inconscientemente un pintor se haya propuesto transmitir, o el hecho de utilizar tal o cual color para pintar la atmósfera de algunos de sus cuadros o a alguno de sus personajes, lo fundamental serán las emociones e ideas que efectivamente transmita al espectador.

No es lo mismo pintar a una figura con colores claros y brillantes que con colores oscuros u opacos; los colores están relacionados con las emociones humanas, y a lo largo de la historia se han constituido como metáforas de los estados de ánimo. El símbolo de cada color surge de la propia naturaleza; y por tal razón, su significado suele ser similar en distintos lugares del mundo y en distintas épocas.

El rojo, por ejemplo, se asocia a la sangre en nuestro país, en China y donde sea. Ese es uno de los motivos por el cual simboliza la energía, la vitalidad y la pasión, aunque también el derramamiento de sangre y la muerte. El color azul, en cambio, está asociado simbólicamente al cielo y al mar; y su significado se conecta con la profundidad, el infinito, la paz, la introspección, el poder espiritual. El amarillo se asocia al sol y por esto desde épocas inmemorables se ha constituido como un símbolo de vida, alegría, juventud; pero también del poder terrenal plasmado en las coronas de oro de los reyes. El verde se asocia a la naturaleza y, en consecuencia, a la salud, a la esperanza y a la serenidad (no es casualidad que las paredes de muchas salas hospitalarias estén pintadas de este color). Al violeta se lo liga con los estados de transmutación; mientras que, al blanco, con los estados de pureza. Al marrón (relacionado con el otoño) se lo vincula con estados de depresión, pesimismo, angustia y muerte. Y al negro, en cambio, se lo asocia simbólicamente a estados emocionales de oscuridad, negatividad, temor, y a los secretos y conflictos.

Además, como hemos visto, no es lo mismo pintar (y dibujar) en un ángulo de la superficie (hoja, tela, etc.) que en otro. La mitad superior de la hoja se asocia al mundo mental y espiritual; la mitad inferior se asocia al mundo material, a la conducta de tipo pragmática y a los impulsos reactivos, por ejemplo. La mitad de la superficie izquierda suele estar ligada a los vínculos primarios, a la familia, a la función materna, al pasado; mientras que la mitad derecha se relaciona con la función paterna, la profesión, los proyectos y el futuro.

Con todos estos datos nos resultará más fácil comprender el significado de una pintura abstracta o de una pintura figurativa. El personaje de una pintura que esté mirando hacia la derecha no será interpretado de la misma manera que aquel que mira hacia abajo, hacia arriba o hacia la izquierda; y de estos ejemplos se podrían desprender infinidad de combinaciones. El arte de analizar una pintura también pertenece a otros territorios más allá de la psicología. Los historiadores del arte, por ejemplo, tienen un especial entrenamiento y trabajan con otros conceptos y herramientas de análisis.

*Definición*

El origen etimológico de la palabra "pintura" viene del latín *pigmenta*, que significa tinte o pigmento. El concepto de la pintura artística hace referencia a las representaciones gráficas en las cuales se utilizan pigmentos que se aplican sobre una superficie, con la intención de generar volumen, distintos tipos de planos, tridimensión o para crear distintos climas, estados de ánimo, emociones o comunicar ideas mediante el simbolismo de los colores.

*Técnicas*

Los soportes sobre los que se puede pintar van desde papeles, cartones, telas, madera, piedra, paredes y casi cualquier superficie. Por otro lado, existen muchos materiales para pintar a base de distintos pigmentos, que pueden ser húmedos o secos: óleos, tintas, acrílicos, témperas, acuarelas, marcadores o fibras, tizas, esmaltes de uñas, maquillajes, pinturas de tatuajes. Para pintar también se necesitan otros materiales como: disolventes o aglutinadores, pinceles, cartulinas, bastidores entelados, etc. A esto debe agregarse que en la actualidad se pinta mediante técnicas digitales.

*Clasificación*

Las pinturas pueden clasificarse, principalmente, por el estilo y los temas que han ido adquiriendo a través de las distintas épocas históricas. Por ejemplo:

- **Prehistórico**: desde hace más de 40.000 años el arte prehistórico se fue dando en diferentes culturas a lo largo de todo el mundo, abarcando diversas épocas y períodos como el Paleolítico, Mesolítico y Neolítico. Los arqueólogos han encontrado pinturas, grabados y esculturas con significados religiosos y mitológicos. Por ejemplo, las pinturas rupestres de las cuevas de Altamira en España, la Cueva de las Manos en Argentina, la Cueva San Borjitas en México, la escultura de la Venus de Willendorf en Austria, los monolitos de Stonehenge en Gran Bretaña.
- **Arte prehispánico**: antes de la conquista de los españoles en América, en 1492, existían grandes civilizaciones como los mayas, los aztecas y los incas, que se expresaban a través de distintas representaciones artísticas.
- **Arte antiguo**: obras de arte realizadas en diferentes culturas de la antigüedad, tales como las que habitaron Pompeya, Roma, Egipto, Grecia o el arte etrusco, celta sumerio, entre otros.
- **Medieval**: arte realizado en la Edad Media –también llamada la edad oscura–, entre los siglos V y XV, nada más ni nada menos que un período de mil años. Los artistas de esa época permanecían en el anonimato, ya que hacían obras por encargo de los reyes o sacerdotes. Este período, a su vez, abarca otros movimientos artísticos como el románico (siglos XI, XII y XIII), gótico, bizantino (los cristianos del Oriente), o el arte islámico, por ejemplo.
- **Gótico**: en los siglos XIV y XV aparece el arte gótico en Francia, donde reemplaza al románico del período anterior; a diferencia del románico, se caracteriza por un gran refinamiento y elegancia en la pintura y en la arquitectura con sus monumentales catedrales con cúpulas altísimas, como la de Notre Dame en París. La pintura de esta época se centraba en paisajes y retratos. Dos de los artistas más importantes fueron Fra Filippo Lippi y Fra Beato Angélico.
- **Renacimiento**: aparece en Italia y el resto de Europa durante el siglo XV. Los artistas más conocidos de este período fueron Miguel Ángel, que pintó la capilla Sixtina; Leonardo da Vinci (con pinturas como *La última cena* y *La Gioconda*) y Rafael (su pintura más famosa es *La escuela de Atenas*); también, el Bosco con *El jardín de las delicias*.

- **Manierismo**: movimiento de la segunda mitad del siglo XVI que se caracteriza por la habilidad y el virtuosismo a la hora de realizar figuras con un refinamiento erótico, en poses retorcidas, serpenteantes, inestables y muy difíciles de reproducir en la realidad porque requieren de gran pericia. Tiziano fue uno de los pintores más destacados de esta época; también, Miguel Ángel en su último período.
- **Barroco**: abarcó todo el siglo XVII y principios del siglo XVIII. Es un estilo pintado con claroscuros y excesivamente recargado con ornatos y detalles que dan un efecto grandilocuente, dramático. Sus más conocidos pintores son Velázquez (*Las meninas*), Rubens (*Sansón y Dalila*), Murillo (*Sagrada familia de Nazaret*), Vermeer (*La joven de la perla*, conocida como *Muchacha con turbante*).
- **Romanticismo**: movimiento que se produjo a partir del 1800; sus obras tienen un estilo imaginativo y novelesco, y se caracterizan por ser pintadas de un modo clásico, pero con temas basados en el amor y la muerte, la libertad, el héroe rebelde e idealista, la melancolía, el desengaño, la evasión. Uno de los autores más conocidos es Turner, quien, entre otras obras, pintó *Barco de esclavos*.
- **Realismo**: movimiento que surgió en la segunda mitad del siglo XIX, cuyo objetivo es pintar de la forma más realista posible, utilizando de manera hábil los colores y tonos. Uno de sus pintores más conocidos es Courbet y una de sus obras más controversiales es *El origen del mundo*, recién exhibida al público en 1995.
- **Hiperrealismo**: este movimiento que nace en 1970 va más allá del realismo y su objetivo es que aquello que se pinta o esculpe se vea más real que, incluso, una fotografía, por lo que es muy detallista. Diego Fazio o el talentosísimo escultor hiperrealista Ron Mueck son sus exponentes.
- **Impresionismo**: al contrario de lo que propone el movimiento anterior, el impresionismo (segunda mitad del siglo XIX) se centra más en las formas que en los detalles, por lo que se suele dar más importancia a las luces, sombras y color de los paisajes pintados al aire libre. Uno de sus autores más famosos fue Monet (*Estanque de Ninfeas*). Luego de este movimiento apareció otro llamado neoimpresionismo, en el cual se destacaron Vincent van Gogh (*Los girasoles, Noche estrellada*) o Tolouse Lautrec (*Baile en el Moulin Rouge*).

- **Puntillismo**: se caracteriza por utilizar los colores completamente puros sin nunca mezclarlos; se pinta utilizando una técnica a base de puntos, y es a través de su aplicación espacial como es que se consiguen la luz y las distintas gamas de colores complementarios, así como de formas. Uno de sus autores más conocidos es Seurat con *Tarde de domingo en la isla de la Grande Jatte*, de 1886.
- **Expresionismo**: movimiento que nace en reacción al impresionismo, porque uno de sus objetivos es poder ir más allá de las apariencias bonitas de los paisajes, por ejemplo, para adentrarse en el aspecto más dramático de la vida. No le interesa reflejar tanto la realidad externa como la realidad interna de las profundas emociones. Entre los autores más conocidos se encuentran Munch, con su pintura *El grito*.
- **Surrealismo**: tiene su origen en Francia, después de la Primera Guerra Mundial (1918) y se basa en la teoría psicoanalista, que comenzaba a hablar por aquellas épocas acerca del inconsciente; también, se inspira en los nuevos descubrimientos de la física respecto de un universo con muchas dimensiones espaciotemporales. Salvador Dalí fue su máximo exponente con obras como *La persistencia del tiempo*, *El gran masturbador* y *Torero alucinógeno*. Otros pintores surrealistas son Miró (*Esperanza*), Frida Kahlo (*Hospital Henry Ford*, *La columna rota*, *Las dos Fridas*).
- **Fauvismo**: este término fauvismo viene de *fauves* que en español significa "fieras". Se trató de un movimiento de arte que surgió en Francia a principios del siglo XIX. Sus cuadros estaban llenos de fuerza, tenían un tinte violento, parecían pintados por "fieras", se caracterizaban por los colores puros, sin matices, con líneas gruesas que destacaban la forma y el movimiento de sus figuras, así como la expresión de intensas emociones. Uno de sus autores más conocidos fue Matisse (*Danza*).
- **Cubismo**: movimiento artístico que apareció en Francia a principios del siglo XIX y que supuso un antes y un después en el concepto de lo que significaba una obra de arte. Sus pinturas se caracterizan por la representación del mundo mediante figuras geométricas; distintos objetos se pueden ubicar en un mismo plano o son representados en diferentes perspectivas simultáneas, por lo cual pueden ser vistos desde distintos ángulos; esto, muchas veces, produce una sensación de movimiento. Uno de los pintores más famosos es Picasso (*Guernica*, *Las señoritas de Avignon*).

- **Arte abstracto**: se trata de un estilo de pintura que evita tomar la realidad figurativa como referencia para sus obras de arte. Se inclina en representar más bien las emociones y el mundo interior de los seres humanos utilizando distintos colores y formas. Podemos nombrar dos pintores: Kandinsky (*Composición ocho*) y Mondrian (*Composición en rojo, amarillo, azul y negro*).
- **Arte pop**: arte figurativo y realista que nace en Estados Unidos en la década de 1960, y es todo lo contrario al arte abstracto o expresionista, por ejemplo. Se trata de polularizar al arte y ponerlo al alcance de cualquier persona; es por esa razón que sus representaciones se basan en cómics, publicidades y retratos de gente famosa. Uno de sus principales exponentes es Andy Warhol (*Shot Marilyns*)
- **Arte naif**: sus representaciones pictóricas se caracterizan por la ingenuidad, la espontaneidad, un gran detallismo, colores brillantes y la ausencia total o parcial de perspectiva. Los autores suelen ser autodidactas, y entre sus obras se encuentran muchísimas ilustraciones para tarjetas navideñas y cuentos infantiles.
- **Art nouveau**: movimiento artístico que surgió en el siglo XIX y suele traducirse como "arte nuevo". Sus pinturas se caracterizan por ser muy ornamentales y pueden estar plasmadas en un solo plano y ser vistas desde una sola perspectiva. Uno de los artistas más conocidos fue Gaudí, con sus collages de fragmentos de vidrios de colores y baldosas, que construyó la catedral de Barcelona llamada *La Sagrada Familia*, y Gustave Klimt con sus pinturas *El beso* y *El abrazo*.

## Talleres

### 1. Pintura libre

- Consigna: sobre una hoja dibujaremos algo, pero sin copiarlo de ningún lado. Luego lo pintaremos con los colores y la técnica que más nos guste. Algunas opciones: soplado de témperas, pintura y lavandina, pegando hojas u otros materiales como brillantinas, fideos, imágenes o palabras, etcétera.
- Al finalizar, podemos preguntarnos: ¿qué hemos hecho y qué hemos querido expresar?, ¿por qué hemos usado esta gama de colores?

• Objetivo: observar si el tema dibujado tiene alguna relación con los colores con los que hemos pintado. Resulta interesante observar cuántas veces dibujamos escenas supuestamente bellas o que bien se las podría asociar con momentos felices de la vida; pero que, sin embargo, las terminamos pintando con colores que reflejan según su simbolismo estados depresivos o de angustia: fríos como el azul, verde inglés, ocres, grises; o con colores oscuros como el marrón y el negro, por ejemplo. Cuando existe una discrepancia entre el tema del dibujo y el color con el que se lo ha pintado, esto sugiere que podría existir algún tipo de conflicto reprimido o ciertos y determinados sentimientos encontrados.

Como podemos observar en la imagen 2, en los talleres de arteterapia, mediante acrílicos y témperas de colores, hasta los más pequeños niños y niñas de jardín de infantes elaboran emociones traumáticas a través de pinturas no figurativas que nos hacen recordar a cuadros de grandes pintores abstractos. (Esta clase de sesiones de arteterapia deben ser supervisadas en todos los casos por un terapeuta profesional).

**Imagen 2.** Elaboración de emociones traumáticas en pinturas no figurativas, taller de arteterapia en el jardín de infantes

## 2. Pintura a ciegas

- Consigna: cerraremos los ojos y con témperas, óleos, pasteles, acuarelas o acrílicos haremos manchas en una hoja con ayuda de manos y/o pinceles.
- Al finalizar, podemos preguntarnos: ¿qué colores hemos utilizado en cada parte de la hoja?, ¿hemos usado colores fríos o cálidos?, ¿hemos utilizado más material en una parte de la hoja con respecto a otra de las áreas pintadas?
- Objetivo: reflexionar acerca de nuestro mundo emocional; y para eso, iremos relacionando las emociones representadas con cada color en las distintas áreas de nuestra vida asociadas a las distintas partes de la hoja; por ejemplo: 1) izquierda: símbolo del pasado, familia y madre; 2) derecha: símbolo del futuro, mundo laboral, padre; 3) arriba: mente, espiritualidad, imaginación; 4) abajo: impulsos, sexualidad, acción, lo terrenal.

## 3. Maquillaje

- Consigna: maquillaremos tan solo una mitad de nuestra cara. Una vez que terminemos, procederemos a maquillarnos la otra mitad de forma totalmente distinta.
- Al finalizar, podemos preguntarnos: ¿a quién nos parecemos maquilladas de esta manera?, y con respecto a la otra mitad de la cara, ¿a qué otra persona o personaje nos parecemos?; ¿se trata de personas cercanas o de algún personaje de una película o un cuento?; ¿nos pintábamos así en el pasado o en la adolescencia?; ¿qué edad daríamos la impresión de tener?
- Objetivo: identificar rasgos de personalidad asociados a cada parte de la cara y reflexionar en qué circunstancias de la vida nos comportamos de una u otra manera.

## 4. Manicuría

- Consigna: este ejercicio es ideal para compartir con otra persona compañera de la terapia o el terapeuta. Elegiremos a la otra persona; y luego, cada una procederá a pintarle las uñas a la otra del color que entre ambas acuerden. Quien esté pintando las uñas deberá contar alguna anécdota, la cual puede estar o no relacionada con las uñas en sí mismas; repetiremos el ejercicio, pero invirtiendo los roles.

- Al finalizar podemos preguntarnos: ¿cómo nos hemos sentido con este ejercicio?, ¿la otra persona pudo sentirse escuchada?, ¿nosotros nos sentimos escuchados?
- Objetivo: tomar consciencia de con qué tácticas nos defendemos cuando tenemos algún conflicto vincular. Las uñas suelen estar relacionadas desde la prehistoria con la autodefensa personal; aunque también cada persona las puede relacionar con otras cosas. No es lo mismo que alguien las tenga muy cortas y quebradizas, que no le guste pintarlas o que le guste pintarlas de diferentes colores.

Cuando se trabaja con niños/as púberes o adolescentes, que son especialmente tímidos, el juego de la manicura y/o pintarse las uñas puede llegar a ser un muy buen método para "romper el hielo" y que, poco a poco, se vayan animando a contar su historia o sus preocupaciones (ver imagen 3).

**Imagen 3.** Materiales para los talleres de maquillaje y manicuría: color y variedad amplían el abanico de elecciones

## 5. Pintando regalos

- Consigna: pensaremos en cada persona de nuestra familia, tanto en aquellas con las que nos llevamos bien como aquellas con la que nos llevamos mal. Luego, vamos a dibujar y pintar un regalo (lindo o feo) para cada una de ellas. Podemos dibujar todo en una misma hoja o en varias hojas por separado.

- Al finalizar, podemos preguntarnos: ¿por qué será que hemos decidido regalarle esto y no otra cosa a esta persona en particular? ¿Qué reacción tendría esta persona si le hubiésemos dado ese regalo en la vida real? ¿Cuáles de todos estos regalos nos gustaría recibir? ¿Qué regalos nos hubieran hecho cada uno de ellos?
- Objetivo: ayudarnos a repensar las características de nuestros vínculos. frecuentemente, los regalos están relacionados con la manera en cómo se han caracterizado nuestros vínculos con cada persona; observar qué clase de regalo hemos decidido hacer; cómo o con qué colores los hemos pintado, nos dará una pauta de esto. Así, por ejemplo, no será lo mismo el regalo de una computadora, que una cama o a un tacho de basura; sus significados simbólicos serán distintos.

### 6. Pintura naif

- Consigna: crearemos una pintura empleando el mismo método que se usa en la pintura del estilo naif. Para inspirarnos, podemos buscar en internet algunos cuadros pintados con esta técnica; pero, no podemos copiar nada.
- Al finalizar, podemos preguntarnos: ¿En qué aspecto de mi vida somos más naif, más ingenuos? ¿Ante qué persona nos mostramos más infantiles?
- Objetivo: conectar con nuestro lado inocente y libre de prejuicios.

### 7. Pintura puntillista

- Consigna: crearemos una pintura utilizando el mismo método que se usa en la pintura del estilo puntillista. Para inspirarnos, podemos buscar en internet algunos cuadros pintados con esta técnica; pero, no podemos copiar nada.
- Al finalizar, podemos preguntarnos: ¿en qué aspecto de nuestras vidas somos más detallistas y puntillosos? ¿Nos sirve ser demasiado detallistas y puntillosos para olvidarnos o distraernos de algo que, en verdad, nos está angustiando?
- Objetivo: como esta técnica consiste en pintar aplicando el color con pequeños puntos, este ejercicio es ideal para cuando

estamos agobiados con pensamientos obsesivos, rumiantes. Al concentrarnos en pintar, poco a poco, nos vamos relajando y nuestro estrés disminuye.

**8. Pintura expresionista**

- Consigna: crearemos una pintura empleando el mismo método que se usa en la pintura del estilo expresionista. Para inspirarnos, podemos buscar en internet algunos cuadros pintados con esta técnica; pero, no podemos copiar nada.
- Al finalizar, podemos preguntarnos: ¿qué es lo que más nos enoja en la vida?, ¿expresamos con frecuencia nuestro enojo, o más bien lo reprimimos?, ¿la gente que nos rodea se da cuenta cuando estamos disconformes, frustrados o enojados?
- Objetivo: hacer una especie de catarsis emocional conectando con nuestra ira y con todo lo que nos hace sentir frustrados e impotentes, tal como una injusticia social, una enfermedad o un trauma personal.

**9. Autorretrato surrealista**

- Consigna: nos pintaremos a nosotros mismos (solo nuestra cara o el cuerpo completo) valiéndonos de un estilo surrealista. Para inspirarnos, podemos buscar en internet algunos cuadros pintados con esta técnica; pero, no podemos copiar nada.
- Al finalizar, podemos preguntarnos: ¿por qué será que hemos decidido pintar este objeto en el lugar del cerebro y este otro en lugar de los ojos o la boca, etc.?; ¿por qué hemos decidido pintarnos con partes del cuerpo de un animal?, ¿qué estaría simbolizando esto y en qué área de nuestra vida?
- Objetivo: conectar con nuestros sueños, pesadillas y obsesiones. Pero, también, reflexionar sobre las diferentes facetas de nuestra personalidad.

**10. Eligiendo un estilo de pintura**

- Consigna: dentro de los distintos movimientos en la historia del arte, elegiremos un estilo de pintura con el que más nos identifiquemos. Luego, procederemos a crear una pintura intentando imitar el estilo. Para inspirarnos, podemos buscar en internet algunos cuadros pintados con esta técnica; pero, no podremos copiar nada.

- Al finalizar, podemos preguntarnos: ¿por qué será que me he identificado en este momento de mi vida con la manera de pintar de este estilo que he elegido?, ¿por qué habré elegido pintar acerca de este tema en particular?, ¿por qué habré usado esta gama de colores?
- Objetivo: puesto que no será casualidad el movimiento con el cual nos hayamos identificado, la finalidad de este ejercicio es poder hacernos conscientes de nuestras ideas y percepciones.

### 12. Pintando un cuento

- Consigna: elegiremos un cuento (infantil o para adultos) y luego, realizaremos una ilustración a color inspirándonos en su historia.
- Al finalizar, podemos preguntarnos: ¿cuál es el personaje con el que más nos identificamos y cuál con el que menos?; ¿qué parte de las experiencias de vida que hemos tenido podrían estar representadas en la trama de este cuento?, ¿coincide con el fragmento del cuento que he decidido pintar?
- Objetivo: puesto que no será casualidad el cuento que hayamos elegido en este momento de nuestras vidas, este ejercicio es ideal para pensar en qué nos sentimos identificados. Por ejemplo, si es que nos identificamos con su argumento; o, si es que tenemos características de personalidad similares a alguno de los personajes, o si no las tenemos y nos gustaría parecernos a ellos, entre otras opciones.

### 13. Retrato

- Consigna: recordaremos a alguien que nos haya cambiado la vida, tanto para bien como para mal. Luego, pintaremos la imagen (la cara o el cuerpo entero) de aquella primera persona que se nos haya venido a la cabeza.
- Al finalizar, podemos preguntarnos: ¿se trata de una persona familiar o es el personaje de una serie o de un libro?, ¿qué características tiene esa persona?, ¿en qué aspectos nos ha marcado para bien y/o para mal?

- Objetivo: conectarnos con los recuerdos reprimidos asociados a una persona especial en nuestras vidas. Resulta curioso cómo, en ocasiones, la primera persona que recordamos es alguien a quien no frecuentamos.

## 14. Pintando la música

- Consigna: elegiremos una pieza musical sin letra o instrumental; puede tratarse de música clásica, música heroica, tecno, etc. Luego, sin pensar nada en particular, nos expresaremos a través de la pintura dejándonos fluir con el ritmo. Una buena idea es programar el audio en una lista de reproducción para que la pieza musical se vaya repitiendo automáticamente y no estemos limitados con el tiempo a la hora de ponernos a pintar. Podemos usar y/o mezclar distintos materiales, colores y estilos.
- Al finalizar, podemos preguntarnos: ¿qué sentimientos despierta en mí este tipo de música?, ¿la asocio con la paz, con la rabia, con el miedo, la incertidumbre...?; ¿me hace recordar a una persona o a una vivencia?
- Objetivo: relajarnos y dejar aflorar las emociones.

## 15. Pintando nuestros miedos

- Consigna: dibujaremos y pintaremos algo a lo que le tengamos miedo o nos asuste mucho. Puede tratarse de un bicho, un animal, de una persona o de una pesadilla, por ejemplo. No importa que nuestra obra sea o no realista, nuestra pintura debe ser un reflejo de cómo nos sentimos frente a eso a lo que tememos.
- Al finalizar, podemos preguntarnos: ¿desde hace cuánto tiempo le tenemos miedo a esto?, ¿en qué fecha o época de nuestra vida comenzamos a tenerle miedo?, ¿es algo peligroso de verdad o su peligro es producto de nuestra fantasía?, ¿con respecto a este miedo, podemos decir que estoy exagerando?, ¿qué piensan los demás de esta clase de miedo?, ¿hemos pintado algo a lo cual no sabíamos que le teníamos tanto miedo?
- Objetivo: hacer frente a nuestros miedos y expresar las emociones negativas que nos producen para sentirnos más libres. Este ejercicio nos facilita mirar nuestro miedo como si fuésemos terceros observadores, desde afuera; nos ayuda a "desmitificar" aquello a lo que le habíamos otorgado tanto poder en nuestras vidas.

## 16. Pintando un poema

- Consigna: elegiremos un poema e intentaremos registrar las imágenes que evocan en nosotros su mensaje, sus versos, alguna de sus palabras en particular. La idea es que un poema retroalimente nuestra imaginación y nos inspire a pintar algo.
- Al finalizar, podemos preguntarnos: ¿qué aspecto olvidado de nuestra vida representa este poema?, ¿qué aspecto de nuestra personalidad?, ¿representa a alguien que conocemos o a alguien que desearíamos ser?
- Objetivo: conectarnos con nuestras ideas, percepciones, deseos, pero intentando evitar las racionalizaciones para conectar mejor con nuestro mundo emocional e intuitivo.

## 17. Pintando emociones

- Consigna: dibujaremos en una cartulina el contorno de una figura humana. Cerraremos los ojos con la intención de registrar qué sentimos en cada área de nuestro cuerpo: en la cabeza, en el pecho, en los brazos, en las manos, en cada pierna y cada pie. Luego, debemos abrir los ojos y pintar cada una de las partes del esquema del cuerpo con aquellos colores que sintamos las pueden representar.
- Al finalizar, podemos preguntarnos: ¿qué simboliza el color que hemos utilizado en una u otra parte del cuerpo?, y ¿con qué aspecto de nuestra vida o con qué vivencia podría asociar esa parte del cuerpo?
- Objetivo: tomar consciencia de cómo proyectamos nuestras vivencias en distintas funciones corporales. Así de esta manera, por ejemplo, una persona que esté deprimida podría llegar a pintar de negro el área del pecho, representante del corazón y las emociones; otra persona deportista, podrá pintar los pies de verde, porque le representan salud y movimiento; una persona positiva podrá pintar de amarillo el área del cerebro y si es demasiado racional, de azul, etcétera.

## 18. Cuerpos pintados

- Consigna: este ejercicio es una variante del anterior. Pintaremos con el color que elijamos las distintas partes del cuerpo de una muñeca Barbie y/o un muñeco Ken desnudos. Cada parte deberá ser pintada con un color diferente. Pueden utilizar marcadores, acrílicos, témperas u otro tipo de pintura a elección.

- Al finalizar, podemos preguntarnos: ¿qué simboliza el color que hemos utilizado en una u otra parte del cuerpo?, y ¿con qué aspecto de nuestra vida o con qué vivencia podría asociar esa parte del cuerpo?
- Objetivo: ídem al anterior.

En la imagen 4, compartimos una pintura que imita un estilo

**Imagen 4**. Pintura al óleo de estilo expresionista creada por una persona en rehabilitación de drogas

## Collages

El collage nos abre un abanico de posibilidades a la hora de crear obras que se pueden componerse casi con cualquier material: recortes de fotografías de revistas o de titulares de periódicos, papeles, cartas, etiquetas, dibujos, fideos, arena, telas, pegamento de colores... Se trata de una técnica ideal para cualquier persona adulta, adolescente o infante. Es especial para aquellas que no tienen demasiado desarrollada la motricidad fina, o que simplemente no les gusta o no tienen ganas de dibujar, pintar o modelar.

Es interesante analizar el mensaje que quiere transmitir cada collage: se puede basar en temas racionales o emocionales, en conflictos psicológicos, científicos, sociales, o simplemente pueden tener una connotación artística relacionada con el cine, con la estética o el adorno.

Además de analizarlos desde el simbolismo de su contenido, el collage puede ser interpretado desde un punto de vista expresivo, valorando, por ejemplo, la forma de recortar y pegar: con las manos o con las tijeras, de forma prolija o desprolija, con las figuras pegadas de manera superpuesta, en donde se van tapando las unas a las otras (a veces, puede resultar llamativo ver qué partes de la anatomía de una figura es ocultada por otra; por ejemplo, en el área genital, en la cabeza, etc.) y muchos otros aspectos, tales como en qué área de la hoja (izquierda, derecha, arriba, abajo, en el centro) fueron colocadas determinadas figuras representativas de vínculos o de otro tipo de cuestiones, como figuras felices o más o menos coloridas, por ejemplo.

*Definición*

Técnica artística que tiene la ventaja de implementarse, básicamente, con cualquier cosa que se pueda pegar, recortar, quitar, añadir y sufrir cualquier modificación, cosa que no todas las técnicas permiten. La idea es que, en base a estos recortes, se narre una historia visual acerca de algún tema personal, que al final se procederá a explicar.

*Técnicas*

Para hacer un collage debemos recortar, combinar y pegar los más diversos materiales que la imaginación pueda aportarnos. Básicamente, se trata de añadir cosas en una hoja, tela o en otra superficie como cartón, por ejemplo.

*Clasificación*

Existen distintas clases de collages:

1. **Libres** o a **partir de consignas**: se puede crear un collage sin un tema definido, e ir descubriendo de qué se trata a medida que se avanza en la labor; o se puede partir de un tema definido, como por ejemplo "la injusticia social".
2. **Simples** o **mixtos**: según sean hechos con un solo material (por ejemplo, recortes de papeles o figuras de papeles), o con diferentes texturas (arena, recortes, fideos, pinturas, dibujos).
3. **Figurativos** o **abstractos**: se puede construir un collage con o a partir de figuras reconocibles o tan solo puede ser la expresión de un sentimiento, como sucede en las pinturas abstractas.

## Talleres

### 1. Libre collage

- Consigna: juntaremos distintos tipos de materiales con diferentes texturas, para, en un segundo momento, distribuirlos en una hoja y pegarlos creando un diseño.

- Al finalizar, podemos preguntarnos: ¿encontramos algún mensaje de nuestro propio inconsciente en el collage que acabamos de hacer?, ¿y un mensaje del inconsciente colectivo?
- Objetivo: incentivar la imaginación y la curiosidad.

**2. La vida en un collage**

- Consigna: seleccionaremos fotos que representen diferentes momentos de nuestras vidas que nos hayan marcado. Luego, las pegaremos sobre una maqueta.
- Al finalizar, podemos preguntarnos: ¿qué fotos hemos seleccionado?; ¿en ellas hay muchas, pocas o ninguna persona?; ¿en todas o en la mayoría de las fotos estamos presentes o no aparecemos en ninguna?, ¿cómo podría interpretar esto?; ¿hay más imágenes alegres o tristes?; ¿hay más imágenes estáticas o en movimiento?
- Objetivo: contemplar toda nuestra vida de forma condensada, toda junta y a la vez, resulta un excelente ejercicio para evaluar la calidad de nuestras experiencias, así como todo lo que hemos aprendido hasta hoy, gracias a los buenos y malos momentos.

**3. Collages fetiches**

- Consigna: pensaremos en un objeto o en alguna parte del cuerpo humano que sobrevaloremos; luego, buscaremos recortes de esto y de otras figuras a elección. Por último, crearemos una figura pegando distintos recortes y le agregaremos nuestro fetiche, el cual puede ser unas lindas piernas, ropa interior, medias, manos, pies, una cámara de fotos, un reloj, etcétera.
- Al finalizar, podemos preguntarnos: ¿qué representa en nuestra vida ese fetiche?, ¿en qué momento solemos pensar en él?, ¿cuáles son sus características?, ¿para qué nos sirve?
- Objetivo: conocer qué cosas utilizamos para evadir o enfrentar nuestros miedos o fantasías.

**4. Fotos y frases**

- Consigna: buscar, seleccionar y recortar fotos y frases de revistas, periódicos, tarjetas, cartas, envoltorios, etc. Luego, con todos estos materiales armaremos un collage.

- Al finalizar, podemos preguntarnos: ¿qué mensaje quisimos transmitir a través del collage?, ¿está compuesto por fotos y frases que reflejan alegría, reflexiones, deseos?, ¿es colorido o monocromático?, ¿cómo puede reflejar este collage nuestro presente?
- Objetivo: establecer conexiones entre lo que pensamos y lo que percibimos.

**5. Fotomontaje**

- Consigna: armaremos un collage con elementos reales; y en un segundo momento, fotografiaremos nuestra creación.
- Al finalizar, podemos preguntarnos: ¿qué elementos hemos decidido utilizar en nuestra creación?, ¿se trata de elementos descartables o reciclables?, ¿se trata de elementos que simbolizan algo en nuestra vida?
- Objetivo: desarrollar la creatividad.

**6. Collage con elementos sólidos**

- Consigna: seleccionaremos la foto de un retrato o de una pintura de nosotros o de otra persona. Luego, guiándonos por los colores y la forma original de la imagen, iremos pegándole encima trocitos de papel o distintos papeles de colores que podemos picar con punzón; también, le podemos pegar elementos sólidos que pueden ser de origen comestible (fideos, arroz, hojas de árboles, cáscaras de fruta, etc.), u otros pequeños objetos como botones, papel, cartón, pedacitos de telas.
- Al finalizar, podemos preguntarnos: ¿qué hemos querido simbolizar con este collage?, ¿cómo lo pueden llegar a interpretar los demás?
- Objetivo: desarrollar la concentración y la psicomotricidad.

**7. Collage con relieves de pintura**

- Consigna: seleccionaremos la foto de un retrato, de una pintura o de una figura humana u objeto; y luego, la retocaremos aplicándole distintos colores con acrílicos, témperas, crayones, lapiceras, etcétera.

- Al finalizar, podemos preguntarnos: ¿qué hemos querido simbolizar con este collage?; ¿hemos escrito alguna frase o palabra simbólica?, ¿cuál?
- Objetivo: desarrollar la imaginación y liberarnos de los prejuicios.

**8. Collage digital**

- Consigna: seleccionaremos un conjunto de fotos que hemos guardado en nuestra computadora o teléfono; y luego, mediante algún programa digital, las reuniremos en una sola imagen.
- Al finalizar, podemos preguntarnos: ¿qué hemos querido representar con estas fotos?, ¿se trata de un collage representativo de todas nuestras vacaciones, de nuestros momentos felices, tristes, de logros personales?, ¿en qué parte de nuestra casa lo colgaríamos?, ¿a quién se lo regalaríamos?
- Objetivo: hacernos más conscientes de todas las experiencias que hemos vivido, y cómo nos han marcado en la vida y nos han hecho ser quienes somos.

**9. Collage tridimensional**

- Consigna: esta técnica es similar a un fotomontaje o a una escultura. Reuniremos distintos objetos para crear una sola figura.
- Al finalizar, podemos preguntarnos: ¿qué hemos querido representar con este collage tridimensional?, ¿qué pensaría la gente al verlo en una exposición?, ¿en qué parte de nuestra casa lo pondríamos?, ¿a quién se lo regalaríamos?
- Objetivo: transmitir alguna idea de cómo percibimos la realidad que nos rodea, a otras personas, a nosotros mismos.

**10. La familia en collage**

- Consigna: haremos un dibujo de nuestra familia; y luego, lo complementaremos con alguna de las técnicas de collage que hemos aprendido.
- Al finalizar, podemos preguntarnos: ¿cómo dibujamos a nuestra familia?, ¿cuál de las personas se destaca de una manera positiva y cuál de una manera negativa?, ¿podemos encontrar alguna analogía entre la obra que hemos creado y los vínculos que tenemos con nuestras propias familias?

- Objetivo: repensar los vínculos familiares sin presuponer que son buenos y que toda familia es perfecta.

Como podemos observar en la imagen 5, no todos los collages tienen por qué ser complejas obras de arte; también hay collages muy simples realizados por niños y niñas con dificultades de aprendizaje, con traumas o deficiencias mentales que aún no cuentan con un gran desarrollo psicomotriz. (Esta clase de sesiones de arteterapia deben ser supervisadas en todos los casos por un terapeuta profesional).

**Imagen 5**. Collage creado por un niño con dificultades de aprendizaje

## Mandalas

Se trata de una técnica originada en la India. Son representaciones geométricas que buscan el equilibrio de sus formas, y si bien su diseño es libre, llama la atención su similitud con las estructuras fractales del agua, similares a los fractales que se encuentran en la naturaleza y en todo nuestro universo, tanto del macro como del microcosmos. Javier Barros del Villar explica que:

> Un fractal es un patrón geométrico que se autorreplica infinitamente a escalas menores, para producir formas y superficies irregulares que escapan a los dominios de la geometría clásica. Al igual que en la naturaleza del holograma, cada porción de un fractal por más pequeño que esta sea, proyecta la figura completa a una escala más pequeña.

Un ejemplo de fractales son los calidoscopios; también, las fotografías del japonés Masaru Emoto de los fractales obtenidos de los cristales del agua.[57]

Los mandalas son muy utilizados en las meditaciones hindúes y budistas, dado que tienen comprobados beneficios a nivel espiritual, energético y psicológico. A medida que se van construyendo o pintando, poco a poco, las personas van entrando en un sorprendente estado de tranquilidad y paz. En occidente han adquirido una enorme popularidad, y los arteterapeutas los usamos con excelentes resultados: los mandalas no son complicados, los pueden hacer personas de todas las edades. Sin lugar a dudas tienen un efecto sanador porque nos conectan con nuestra esencia dando una sensación de relajación, de equilibrio, de estar centrados en el aquí y ahora sin apuros ni exigencias.

*Definición*

En sánscrito, el término *mandala* significa "rueda" o "círculo" y, como dijimos anteriormente, son representaciones de estructuras geométricas complejas, que incluyen distintas formas, figuras y símbolos, que muchas veces son una puerta de acceso para saber cómo está internamente una persona en el aquí y ahora de su vida.

*Técnicas*

Generalmente se hace un círculo de base (que puede incluir un gran cuadrado); luego, partiendo desde un eje cardinal se subdivide el espacio interior, sobre el que se dibujan distintos tipos de figuras y símbolos. En cuanto a los colores, se pueden pintar en blanco y negro o usarlos libremente desde la imaginación. Hay que destacar que, al ser su diseño libre, pueden interpretarse como un reflejo del estado interior de quien los hace.

---

[57] Barros del Villar, J. "Fractales en la naturaleza. Ecosistemas", 9/12/2010. Disponible: <pijamasurf.com>.

*Clasificación*

Los mandalas hindúes se caracterizan porque tener en el centro figuras geométricas tales como líneas, triángulos o espirales.

En los mandalas budistas, en cambio, se destacan las figuras animales y humanas.

Habitualmente, en el interior de los mandalas, se dibujan diferentes figuras que pueden interpretarse como símbolos con diferentes significados. Carla Manterola Acle da lo siguientes ejemplos:[58]

- **Triángulo**: vitalidad, transformación.
- **Cuadrado**: estabilidad y equilibrio.
- **Círculo**: seguridad, verdadero yo.
- **Espiral**: hace referencia a ciertas energías que son capaces de curar.
- **Laberinto**: confusión, autorreflexión y la búsqueda del centro de uno mismo.
- **Hexágono**: equilibrio y unión de los contrarios.
- **Cruz**: símbolo de decisiones y se relaciona con los puntos cardinales.
- **Estrella**: relacionada con la libertad y espiritualidad.
- **Mariposas**: símbolo de renovación del alma.
- **Negro**: tristeza, angustia, muerte, lo profundo, la ignorancia, el misterio.
- **Rosa**: dulzura, serenidad.
- **Rosado**: altruismo, dulzura, paciencia.
- **Morado**: contemplación, amor al prójimo, idealismo y sabiduría.
- **Violeta**: transformación, magia, espiritualidad e inspiración.
- **Verde**: ligado a la naturaleza, esperanza, crecimiento, salud, felicidad y libertad.
- **Azul**: paz, alegría, serenidad, satisfacción.
- **Amarillo**: luz y calidez.
- **Blanco**: perfección y purificación.
- **Rojo**: energía, dinamismo, pasión, sensualidad.

[58] Manterola Acle, C. "Los mandalas. ¿Qué son y qué significan sus formas y colores?", 2014. Disponible: <guioteca.com>.

- **Gris**: calma, espera, neutralidad, sabiduría, renovación.
- **Naranja**: energía, dinamismo, ternura, valor y ambición.
- **Plateado**: capacidades psíquicas, emociones fluctuantes.
- **Dorado**: sabiduría, lucidez.

## Talleres

### 1. Mandala fugaz

- Consigna: sobre una mesa o en el suelo improvisar un mandala con diferentes elementos u objetos (arroz, fideos de colores, papeles, piedras, polvo de brillantinas, etc.). Luego, antes de desarmarlo, opcionalmente, podemos tomarle una fotografía para compartir nuestra creación con amigos.
- Al finalizar, podemos preguntarnos: ¿cómo nos sentimos después de haber hecho este mandala?, ¿sentimos más paz?, ¿nos cambió para bien el ánimo?
- Objetivo: conectarnos con la paz, la serenidad, y con el aquí y el ahora.

### 2. Crear un mandala

- Consigna: crearemos nuestro propio mandala partiendo de un tema o de forma espontánea y libre.
- Al finalizar, podemos preguntarnos: ¿cómo nos sentimos creando nuestro propio mandala?, ¿ha cambiado en algo nuestro estado de ánimo?
- Objetivo: conectarnos con la paz, la serenidad, y con el aquí y el ahora.

### 3. Pintar un mandala

- Consigna: fotocopiar o calcar el dibujo delineado de un mandala (podemos conseguirlo en internet o de algún libro), y luego pintarlo con los materiales que deseemos: lápices acuarelables, marcadores, témperas, etcétera.
- Al finalizar, podemos responder: ¿qué colores hemos decidido usar y qué podrán simbolizar?, ¿hicimos un mandala monocromático o utilizamos muchos colores contrastantes?
- Objetivo: conectarme con la paz, la serenidad, y con el aquí y el ahora.

## 4. Mandala popular

- Consigna: elegiremos una calle poco transitada o una vereda y allí pintaremos un mandala con tizas de colores.
- Al finalizar, podemos preguntarnos: ¿se acercó gente para mirar cómo estábamos creando nuestro mandala en un espacio público?, ¿cuáles eran sus comentarios?, ¿pudimos notar que a los espectadores les cambiaba el ánimo?
- Objetivo: inspirar a la gente para que se conecte con la paz, la serenidad, y con el aquí y el ahora.

## 5. Mandala viviente

- Consigna: formaremos un grupo con varias personas y crearemos un mandala utilizando como material nuestros propios cuerpos en distintas posturas, las cuales podemos ir cambiando para darle más vida y movimiento a nuestra creación. También, podemos pedir a alguien que nos filme o nos tome una fotografía desde una perspectiva aérea (por ejemplo, desde lo alto de algún balcón o escalera) para difundir nuestra experiencia y/o el mensaje que hemos querido transmitir.
- Al finalizar, podemos preguntarnos: ¿cómo me he sentido participando de esta experiencia?, ¿pude aprender algo?, ¿se entendió el mensaje que quisimos transmitir?
- Objetivo: inspirar a la gente para que se conecte con la paz, la serenidad, y con el aquí y el ahora. Transmitir algún tipo de mensaje simbólico.

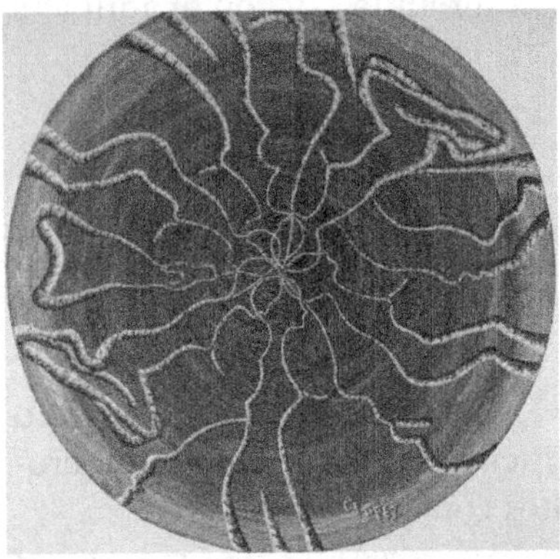

**Imagen 6**. Mandala creado con cuerdas

En la imagen 6, compartimos un mandala creado a partir de cuerpos de hombres y mujeres formados con cuerdas. Los mandalas no necesitan ser sometidos a demasiadas interpretaciones, su función principal es todo lo contrario: poner un manto de calma a las racionalizaciones para facilitar la conexión profunda con las emociones y con la existencia.

## Murales

Desde las pinturas rupestres del Paleolítico encontradas en cuevas hasta los frescos que Miguel Ángel hizo en la Capilla Sixtina, o los de Diego Rivera en México o los de Joan Miró en España, el arte del muro ha ido evolucionando con un éxito notable a través de la historia en lo que respecta a los materiales, pero, también, en lo que se refiere a los temas propuestos. Desde el arteterapia, se considera al mural como una técnica ideal para trabajarla en grupo, aunque también se puede hacer de forma individual. Lo que vuelve única a esta técnica es que los participantes se ven obligados a interactuar complementándose en sus capacidades y habilidades, ayudándose entre sí y comprometiéndose con el objetivo del proyecto. Así, resulta interesante observar cómo la gente, a medida que va haciendo un muro, va compartiendo también sus enfermedades, discapacidades, traumas, pérdidas, valores, ideales y proyectos de vida. Quizás este sentimiento de pertenencia que se genera es lo que hace tan sanadora a esta técnica artística.

### *Definición*

Técnica de arte que se caracteriza por pintar o pegar distintos materiales sobre un muro o una pared. En un principio, la técnica mural fue muy utilizada con una función decorativa, simbólica y didáctica; por ejemplo, en contextos religiosos.

### *Técnicas*

Si bien en la prehistoria se podían ver murales pintados directamente en las paredes de roca, luego, con el correr del tiempo, se fueron implementando otras técnicas; las más conocidas se realizan pegando cerámicos, mosaicos o pintando con la técnica del fresco. Las pinturas al fresco requieren preparar la pared antes de pintarla: se agrega un par de capas de revoque, enduido y una capa fina de arena y cal, siendo que los murales comenzarán a pintarse con la pared aún húmeda y fresca.

### *Clasificación*

Desde su aspecto estructural, pueden clasificarse según:

- La **monumentalidad**: tanto por el tamaño de la superficie pintada, como por la complejidad del tema representado.

- La **poliangularidad**: por los distintos puntos de vista con que sea representada la obra.

## Talleres

### 1. Mural interior

- Consigna: elegiremos un lugar en el interior de nuestras casas en donde poder pintar un mural; puede ser una de las paredes de nuestra propia habitación, la pared de la escalera o de la cocina o el baño, no importa el lugar, sino que luego elijamos un tema para pintar que se pueda adecuar al diseño del espacio. Con pintura de colores para paredes, podemos pintar flores, ornatos de hojas, animales, dibujos animados para la habitación de nuestros hijos, etcétera.
- Al finalizar, podemos preguntarnos: ¿cómo ha cambiado la energía de este lugar de nuestra casa con este mural que acabamos de hacer? Esta misma pregunta también se la podemos hacer a distintos miembros de nuestras familias o a amigos. También, podemos sacar fotografías del antes, durante y después de haber realizado el mural, con la intención de compartirlo en alguna de nuestras redes sociales.
- Objetivo: crear en nuestras casas un espacio bello en el cual refugiarnos cuando necesitamos paz.

### 2. Mural exterior

- Consigna: entre varias personas elegiremos un tema que nos represente a todos. En un segundo momento, para inspirarnos, buscaremos en internet o en libros y revistas obras de arte que, de alguna manera, estén vinculadas con este tema, y procederemos a crear nuestra propia obra, haciendo varios bocetos con todas las modificaciones que sean necesarias. En un tercer momento, buscaremos una pared o muro y, finalmente, procederemos a traspasar el boceto que más adecuado sea para la superficie que debamos pintar. Lo más práctico en estos casos es dividirse en equipos para las distintas tareas.
- Al finalizar, podemos preguntarnos: ¿por qué y cómo el mural que hemos pintado ha cambiado la energía de este lugar?, ¿qué opinaron los vecinos del barrio cuando lo vieron?

- Objetivo: contribuir a la estética del barrio en el que pintamos nuestro mural; también podemos dejar un mensaje simbólico a través de una imagen.

**3. Mural en azulejos**

- Consigna: este ejercicio se puede hacer de manera individual o grupal y en distintas versiones: 1) si trabajamos en grupo, una de las posibilidades es que cada una de las personas pinte un azulejo (con pinturas acrílicas, por ejemplo), partiendo desde una propuesta temática o inspirados en un tema y estilo libre para luego, pegar cada azulejo, uno al lado del otro, sobre una pared o muro; 2) podemos pintar directamente sobre una pared de azulejos ya hecha.
- Al finalizar, podemos preguntarnos: ídem a la anterior propuesta.
- Objetivo: ídem a la anterior propuesta.

**4. Mural móvil**

- Consigna: haremos nuestro muro sobre una sábana grande. Podemos pintar con pinturas acrílicas y/o marcadores, o también podemos bordar parte de nuestra obra o cocerle botones o pegarle algún otro material como pequeñas piedritas o hilos de colores. Al terminar, debemos colgar esta sábana sobre una pared. Este ejercicio es ideal para hacer exposiciones en las escuelas, ya que las sábanas se pueden montar y desmontar fácilmente y cada curso puede hacer su propio mural.
- Al finalizar, podemos preguntarnos: ídem a la anterior propuesta.
- Objetivo: ídem a la anterior propuesta.

**5. Mural con elementos sólidos**

- Consigna: elegiremos una pared y dibujaremos en ella una creación a la cual le iremos pegando diferentes materiales: piedras de colores, láminas de metal, mimbre, etc. Otra versión de esta clase de mural es construirlo a base de un solo material; por ejemplo, tapitas de plástico de botellas descartables.
- Al finalizar, podemos preguntarnos: ídem a la anterior propuesta.
- Objetivo: ídem a la anterior propuesta.

En la imagen 7, compartimos un ejemplo de un mural realizado en una de las paredes del departamento de la artista plástica argentina María Presta, su autora. Los murales en las paredes del interior de nuestras casas suelen tener imágenes que, por alguna razón, hemos elegido por ser significativas para nosotros; como este maravilloso ángel, que para su autora supo ser un símbolo de protección.

**Imagen 7.** Mural interior con carga simbólica de protección, creado por la artista plástica María Presta

## Grafitis

Se cree que el origen de los grafitis se remonta a las inscripciones de carácter satírico o crítico que han quedado en paredes del Imperio Romano; por ejemplo, las de las casas de las ciudades de Pompeya y Herculano (conservadas hasta hoy en día debido a que fueron enterradas bajo las cenizas del volcán Vesubio, y que convocan millares de turistas al año). Los grafitis de este imperio, al igual que los actuales, podían tener distintas consignas: políticas, religiosas, insultos, declaraciones de amor; en este aspecto, son muy famosos los inscriptos en las paredes de las catacumbas romanas, destacándose los de San Calixto. También, son muy comunes de ver en cárceles de todas las épocas, por ejemplo. En épocas más cercanas a nuestra civilización, en cambio, los marineros y piratas tenían por costumbre dejar inscripciones con corchos quemados de las iniciales de sus nombres o sobrenombres en piedras o paredes de grutas en las costas donde amarraban sus barcos.

En los años 60, los grafitis recobran una mayor popularidad en la ciudad de Filadelfia, Estados Unidos. Si bien en un principio se usaban para llamar la atención de los enamorados, más adelante comenzaron a armarse grupos de grafiteros militantes de diferentes causas que plasmaron otro tipo de mensajes con un mayor compromiso político e ideológico, con mucha incidencia en los cambios sociales que se avecinaban. Por ejemplo, solían representar el signo de la paz en épocas de guerra. En los años 70, en cambio, surgió un movimiento a partir de la música del hip-hop; y por primera vez, comenzaron a pintarse vagones de trenes con aerosol. Los grafiteros plasmaban sus propios nombres o frases con letras y caracteres típicos del cómic. En definitiva, la costumbre de escribir el propio nombre y expresarse mediante la pintura de imágenes en propiedades y lugares públicos continúa siendo una clase de arte que aún tiene mucha vigencia en la actualidad, como una forma de arte callejero. Una de las figuras más famosas del grafiti actual es el artista británico Banksy.

### *Definición*

Es una de las variantes modernas, urbanas y contemporáneas de la pintura mural. El término grafiti deriva del término plural de origen italiano *graffiti*, que significa "marcas o inscripciones hechas raspando o rayando un muro".

*Técnicas*

Se pueden pintar de forma espontánea o con un estilo creativo textos con frases abstractas o ingeniosas, con el fin de divulgar conceptos o cosas que se necesitarían cambiar a nivel social. Se trata de un movimiento urbano cuyo objetivo es enviar un mensaje provocando un impacto visual y no pasar desapercibidos.

En cuanto al lugar en el que se inscriben, pueden abarcar desde la corteza de los árboles hasta vidrieras de un comercio, un baño público o los muros de una casa abandonada.

Los materiales que se pueden usar son variados: acrílicos en espray, aerosoles de colores, pintura de paredes, biromes, etcétera.

El estilo con que se pueden pintar son muchos; generalmente incluyen distintos elementos, por ejemplo:

- Inscripción
- Dibujo
- Relleno
- Destellos
- Colores brillantes
- Burbujas
- Fondo

*Clasificación*

Se pueden clasificar por los lugares en donde se realizan: utilizando dibujos para tapar defectos de paredes, rehabilitar fachadas de casas antiguas, persianas o puertas, vagones de trenes, plazas y otros lugares públicos. También, se los pueden clasificar en base a los contenidos de los temas y textos que se pintan, o a los materiales que se utilizan. Por ejemplo:

1. **Firma del artista**: el objetivo del artista es escribir su nombre. Esto se puede hacer con un estilo personal y único; con letras pintadas en dos colores o con un estilo más sofisticado y con varios colores.
2. **Lemas**: se pintan en lugares públicos y tienen el objetivo de transmitir preocupaciones ecologistas, temas del feminismo o de la política, etcétera.
3. **Grafiti privado**: es aquel que se hace en los baños. Pueden ser poemas; reflexiones personales o dibujos, por ejemplo.

En el mundo de los grafitis existen diferentes corrientes, las cuales, de forma resumida, se pueden clasificar según su estilo:

- **Grafiti wild style**: estilo salvaje, con líneas y trazos desordenados.
- **Grafiti model pastel**: con dibujos de formas tridimensionales complejas.
- **Grafiti tags**: se realizan firmas mediante una técnica sencilla.
- **Grafiti tags con outlines**: similar al estilo anterior, pero se hace un borde a las letras.
- **Grafiti dirty**: se dibuja con algunos errores adrede, y colores irritantes.
- **Grafiti bubble letter**: se escribe con letras que parecen infladas.
- **Grafiti throw ups**: se dibuja una gran cantidad de imágenes en el menor tiempo posible.
- **Grafiti block letter**: se escribe con letras de trazo grueso y de gran tamaño que pueden ser leídas desde lejos.
- **Grafiti íconos**: se crea una imagen con colores originales, con la finalidad que llame la atención y no sea olvidada fácilmente.
- **Grafiti carácter**: se crean personajes, algunos, similares a los de cómic.
- **Grafiti abstracto**: se crean imágenes abstractas sin una forma reconocible.

## Talleres

### 1. Grafitis con estilo

- Consigna: elegiremos aquel estilo con el cual nos sintamos más identificados y crearemos un grafiti. Primero, podemos diseñarlo en una hoja o cartulina para recortarlo armando un esténcil, y más tarde, plasmarlo sobre una superficie donde la gente pueda apreciarlo.
- Al finalizar, podemos preguntarnos: ¿nos sentimos más identificados con este estilo que con otros?, ¿por qué?, ¿cómo refleja los rasgos de nuestra personalidad?; ¿qué quisimos transmitir?
- Objetivo: conocernos a nosotros mismos y transmitir un mensaje social.

## 2. Firma

- Consigna: pintaremos un grafiti de nuestra propia firma o nombre; también, podemos utilizar nuestro apodo o un seudónimo.
- Al finalizar, podemos preguntarnos: ¿es posible reconocernos en este grafiti?, ¿qué emociones nos ha despertado al verlo terminado?, ¿cuándo éramos niños, nos gustaba escribir nuestro nombre en las paredes?
- Objetivo: darnos a conocer a nosotros mismos, fortalecer nuestra autoestima.

## 3. Lema rotulador

- Consigna: con un rotulador de trazo grueso, escribiremos en la tapa o contratapa de alguna de nuestras carpetas un lema o una frase que transmita un mensaje.
- Al finalizar, podemos preguntarnos: ¿en qué nos representa la frase que escribimos?, ¿se trata una frase de carácter pacifista o provocador?, ¿qué frase hubiésemos escrito un año atrás?
- Objetivo: definir y transmitir un pensamiento que represente nuestros ideales.

## 4. Privado

- Consigna: crearemos un grafiti que escribiremos y/o pintaremos con el material que deseemos (aerosoles, aerógrafo, acrílico, etc.) en nuestra habitación.
- Al finalizar, podemos preguntarnos: ¿En qué nos representa la frase que escribimos? ¿Se trata una frase de carácter pacifista o provocador? ¿Qué frase hubiésemos escrito un año atrás?
- Objetivo: definir y transmitir un pensamiento o una imagen que represente nuestros ideales.

En la imagen 8, compartimos un grafiti realizado por Ezequiel Aguirre.

**Imagen 8**. Arteterapia en acción con grafitis que transmiten ideales. Foto: Ezequiel Aguirre, @kielosx

## Esculturas

Mármoles, bronces, cemento, resinas, plásticos, chapas... La mística de realizar esculturas proviene de la profunda curiosidad que provoca el hecho de querer saber qué imagen esconde cada material, qué mensaje nos dará. En este aspecto, el gran escultor argentino Leo Vinci, explica lo que a continuación transcribimos:

> El mármol es hipnótico, no puedes dejar de trabajarlo. No me pasa solo a mí. Noto que a mis alumnos les pasa lo mismo: parás porque estás cansado, pero no sé qué tiene, con esa cosa de ir sacando materia y descubriendo una imagen, que es un esfuerzo mayor, pero te atrapa. ¡Me cargan amigos míos con que soy el Alberto Migré de la escultura! Yo prefiero que me digan esas cosas y no "¡Qué hermosa!, ¡qué lindo sería tener esto en mi jardín!". Yo estoy diciendo cosas en cada obra, lo que siento y pienso. Y yo somos todos. No pretendo hacer algo personal, sino que me asumo como uno más que reacciona en un lenguaje que es la escultura. Por eso digo que lo mío es humanista y existencial.
>
> (...)
>
> La escultura es como la poesía porque genera metáforas y la metáfora muestra más a fondo lo que uno quiere mostrar que una descripción demasiado directa. Así que estoy convencido de que mis esculturas son metáforas. Y toda metáfora tiene

> detrás un pensamiento que la genera: se utiliza para que ese pensamiento llegue con mayor intensidad a los demás. Exagero o modifico la realidad, como hacen los poetas. Pienso que todos los que hacemos alguna creación necesitamos dominar un lenguaje, un oficio. Pero ese conocimiento no nos da jerarquía mayor que los demás (…) Cada creador elige el lenguaje con el que mejor se siente. Yo tengo la característica de sentir placer en el hacer: construir, atacar el material, usar mi cuerpo trabajando y generando imágenes…[59]

Otro de nuestros grandes escultores contemporáneos, Antonio Pujía, explica cómo el arte de la escultura está íntimamente ligado con el trabajo por la memoria social:

> AP: (…) Desde las cuevas de Altamira hasta hoy, el arte no es solo una actividad expresiva del ser humano. Es memoria para la sociedad.
>
> Periodista: El trabajo artístico (…) tiene que ver más con lo espiritual, con uno mismo, más que con lo que comúnmente se entiende por trabajo.
>
> AP: Por supuesto, si analizamos todo esto nos encontramos con una puerta que se llama misterio, que nos impulsa. Una forma de explicarlo sería la religiosa. En el arte plástico sucede algo muy importante, que no sé si viene genéticamente o de dónde. La cuestión es que nos vemos impulsados a expresarnos mediante imágenes de la sociedad en la que vivimos (…) En la mayoría de los casos en las sociedades subdesarrolladas como la nuestra, dominadas por la maldad, nosotros intentamos representar lo opuesto. Pero los representantes del pueblo y los encargados de la educación general no consideran a esta parte de la cultura como un trabajo necesario para la vida humana.[60]

La experiencia de esculpir es única, maravillosa. Ante los ojos de un escultor un pedazo de piedra, un hierro, una muñeca rota o un objeto cualquiera puede transformarse en infinitas posibilidades

---

[59] Zacharías, MP. "Metáforas cuerpo a cuerpo", entrevista a Leo Vinci, *El Cronista Comercial*, 26/1/2012.

[60] Wolf, N. "Antonio Pujía: una vida modelada", entrevista a Antonio Pujía, *Revista MUTT*, 6/3/2017.

si es que se lo dobla, arruga, agujerea... Con sus manos el escultor se transforma en Dios cada vez que da vida a un pedazo de tierra o de arcilla.

Para ser escultores no es necesario tener la destreza y el genio de Miguel Ángel; tan solo es preciso ser un sensible observador que detecte en los objetos ordinarios que tenemos a nuestro alcance, incluso, por qué no, en los desechos de la basura, potenciales obras de arte. Es verdad que hay increíbles esculturas talladas en mármol, pero también las hay construidas en pedacitos de ramas, lápices, velas, alambres, clavos, o creadas a partir del ensamble de varios objetos y/o materiales. Cada objeto es único y puede atraernos tras despertar en nosotros una o varias ideas creativas en particular que deseemos comunicar.

*Definición*

Disciplina artística que trata de representar o crear objetos y figuras en tres dimensiones.

*Técnicas*

En cuanto a los materiales, las esculturas se pueden realizar modelando arcilla, porcelana en frío, cera; también, tallando madera, yeso, piedra, telgopor, hielo; se las puede trabajar con resinas, o simplemente uniendo distintas cosas, como alambres, cartones, pedazos de objetos. En cuanto a las herramientas, se puede trabajar prácticamente con cualquier utensilio: estecas, devastadores, cinceles, mazos, espátulas, motosierras, estructuras en alambre, esponjas, ácidos, pinceles, pigmentos de colores y distintas pátinas.

*Clasificación*

Las esculturas se pueden clasificar, según sus materiales o temas:

1. **Técnica con un material**: escultura hecha a partir de una sola técnica en particular; por ejemplo, una escultura tallada en yeso.
2. **Técnica mixta**: se pueden mezclar dos o más técnicas en una sola obra; por ejemplo, mármol con bronce, piedra con arcilla, arcilla con parafina y con alambres, y cualquier otro material que se nos ocurra, las posibilidades son infinitas. La escultura puede crearse a base de la mezcla de técnicas y/o materiales. Podemos empezar nuestra escultura tallando telgopor o goma espuma

y luego ir agregándole distintos objetos que rescatamos de la basura o fragmentos de materiales de objetos de reciclaje, entre otras posibilidades.

3. **A partir de consignas**: se trata de crear una escultura partiendo de la propuesta de un tema en particular. Podemos modelar en plastilina a cada uno de los miembros de la familia haciendo algo o cumpliendo un rol; y luego, armar una escena en la cual estén interactuando en base a una maqueta, por ejemplo.

## Talleres

### 1. Esculpiendo la imagen corporal

- Consigna: cerraremos los ojos para conectarnos con nuestras sensaciones corporales. Especialmente, prestemos atención a aquellas partes del cuerpo en las que sentimos dolor o incomodidad; también, a aquellas que como no nos duelen pasan desapercibidas en nuestro diario vivir. Estemos atentos a qué emociones van surgiendo en nosotros a medida que vamos percibiendo uno u otro órgano: el cerebro, los ojos, los oídos, la boca, el pecho y el corazón, la espalda y los riñones, el estómago, los intestinos, pies, piernas, brazos, manos... ¿Nos sentimos más angustiados o más alegres a medida que vamos percibiendo nuestro cuerpo?, ¿sentimos que el corazón se acelera, que empezamos a bostezar, a llorar? Tratemos de establecer un vínculo entre cada emoción que sentimos y cada parte de nuestro cuerpo Luego, a continuación, vamos a intentar plasmar todo esto, modelando nuestro cuerpo en un trozo de arcilla; pero, no a nuestro cuerpo real sino, a nuestro cuerpo tal y como lo sentimos e imaginamos. En este ejercicio no interesa la perfección ni el realismo; simplemente, deben modelarse tal como se sienten en su cuerpo de manera subjetiva.
- Al finalizar, podemos preguntarnos: ¿qué características posee el cuerpo que hemos esculpido?; ¿está fragmentado?, ¿en qué área se halla fragmentado?, ¿en la parte genital, en el cuello, en las piernas?; ¿le hicimos alguna zona más destacada que otra, más grande, demasiado pequeña, más gorda, más flaca?; ¿nos produce rechazo, ganas de abrazarlo, de protegerlo?; ¿tiene nuestra misma contextura física o es distinto?; ¿en qué nos identificamos con este cuerpo?; ¿qué le diría nuestro padre a este cuerpo de arcilla?, ¿y

nuestra madre?, ¿nuestros hermanos?, ¿nuestra pareja?; ¿coinciden sus conceptos sobre nuestro cuerpo con el amor que nos tenemos a nosotros mismos?

- Objetivo: abrir un espacio para conectarnos con nuestra imagen corporal y con las diferencias y similitudes que puede tener con nuestro cuerpo real. También, se trata de un ejercicio que nos hace tomar consciencia de cómo nuestro cuerpo físico está directamente vinculado a nuestro cuerpo emocional y a todo lo que nos fueron diciendo a lo largo de nuestra vida.

En la imagen 9, compartimos una escultura creada en porcelana en frío que representa la imagen corporal de una niña púber que en su primera infancia fue violada. Cuando observamos este cuerpo fragmentado podemos entender mejor cómo es que se puede llegar a sentir una sobreviviente en estos casos. (Esta clase de sesiones de arteterapia deben ser supervisadas siempre por un terapeuta profesional).

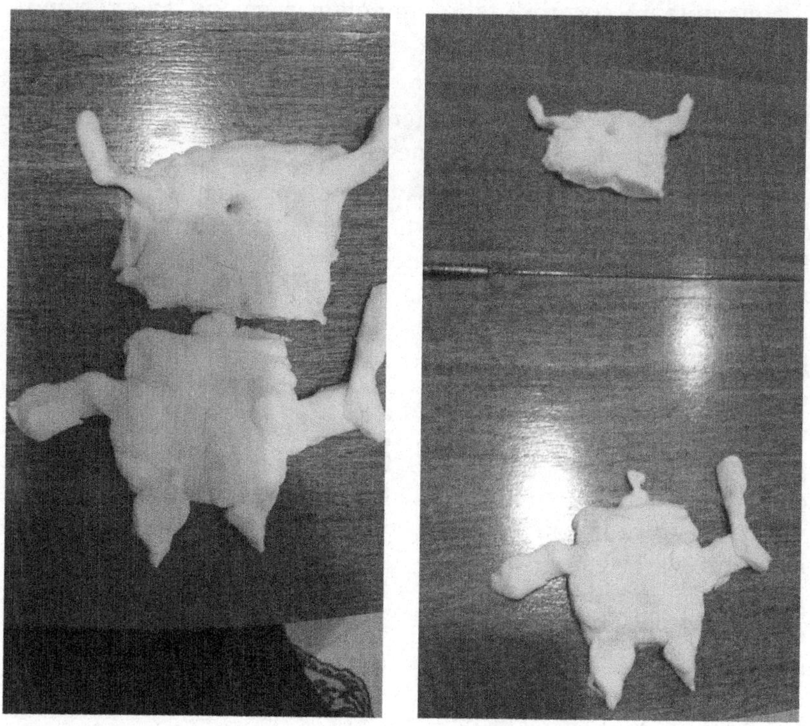

**Imagen 9**. Esculturas en porcelana fría creada por una niña para representar su imagen corporal

## 2. Esculpiendo la ira

- Consigna: cerraremos los ojos para conectarnos con una situación que nos provoque mucha ira; prestaremos atención a si se trata de una persona en particular, a algo que nos han dicho, a un sentimiento de frustración, de pérdida y duelo, a un trauma que hemos tenido. Luego, vamos a plasmar este sentimiento en algo que modelaremos en un trozo de arcilla, crealina o porcelana en frío. Debemos expresar toda esa ira acumulada o reprimida dejándonos llevar, sin tener vergüenza de golpear con fuerza la arcilla o romperla o clavarle un objeto como una tijera, por ejemplo.
- Al finalizar, podemos preguntarnos: ¿cómo nos hemos sentido antes y después de hacer este ejercicio?; ¿hemos podido notar que después de terminar estamos menos estresados?; ¿podemos interpretar algún simbolismo en la escultura?, ¿nos identificamos con ella?; ¿si alguien la ve, podría decir que se trata de una escultura que transmite ira o, por el contrario, transmite paz, o aburrimiento, incertidumbre, impotencia, miedo, frustración u otro estado emocional que podríamos relacionar como el disparador de nuestra ira?
- Objetivo: poder expresar e intentar comprender nuestras emociones negativas a través de la escultura.

En la imagen 10, compartimos la escultura de una calavera ensangrentada con una tijera clavada hecha en porcelana en frío, que fue creada en una sesión de arteterapia por un niño que solía ser agresivo con sus compañeros de la escuela; pero que, en realidad, se trataba de una víctima de incesto, con lo cual, recibía amenazas de muerte a diario. A veces, los niños y niñas hacen figuras que pueden resultar espeluznantes como un modo de condensar varios significados simbólicos: miedo a ser asesinado, ira o ganas de matar a quien lo hizo sufrir, daño psíquico, ideación suicida. (Esta clase de sesiones de arteterapia deben ser supervisadas en todos los casos por un terapeuta profesional).

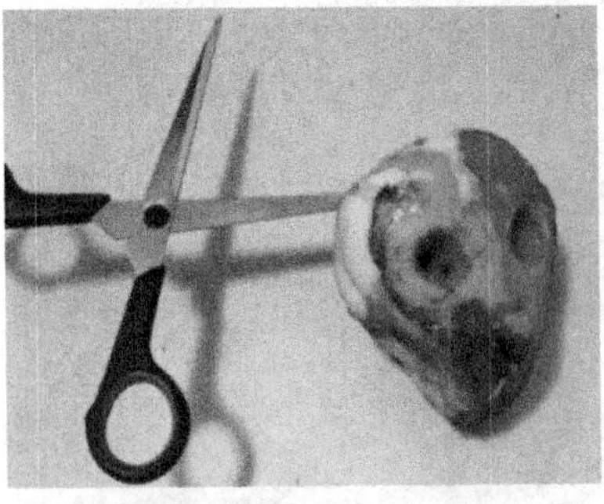

Imagen 10. Escultura de calavera ensangrentada creada en una sesión de arteterapia por un niño que se mostraba agresivo como mecanismo de defensa ya que, en realidad, temía ser asesinado

## 3. Esculpiendo el trauma

- Consigna: cerraremos los ojos e intentaremos conectarnos con alguna situación traumática que hayamos vivido y que aún nos angustie, sin importar si para los demás eso sería un trauma real o fantaseado. Luego, haremos una escultura con los materiales que elijamos.
- Al finalizar, podemos preguntarnos: ¿cómo nos hemos sentido?, ¿nos hemos angustiado, o por el contrario, este ejercicio nos ha servido para hacer una especie de catarsis emocional?; ¿al hacer este ejercicio se nos vinieron más imágenes de recuerdos traumáticos?
- Objetivo: conectar con las experiencias dolorosas suele servir para terminar de elaborarlas y expulsarlas definitivamente de nuestra vida con el propósito de que ya no nos influyan negativamente.

En la imagen 11, compartimos una escultura realizada en arcilla y pintada con témperas y acrílicos creada por una sobreviviente de violencia sexual en su infancia. Se trata de una serpiente que puede interpretarse como un símbolo fálico; sin embargo, su autora decidió clavarle una tijera para representar su empoderamiento actual frente a lo que siempre le produjo temor. La escultura dentro del arteterapia es una excelente técnica para elaborar traumas. (Esta clase de sesiones de arteterapia deben ser supervisadas en todos los casos por un terapeuta profesional).

**Imagen 11**. Serpiente con tijera, escultura en arcilla creada por una sobreviviente de violencia sexual en la infancia

## 4. Esculpiendo al peor enemigo

- Consigna: pensaremos en alguna persona con la cual hayamos tenido una mala relación y que nos haya dañado de alguna manera. Luego, con cualquier material y técnica haremos una escultura que represente a este enemigo.

- Al finalizar, podemos preguntarnos: ¿la figura que hemos creado es pequeña, mediana o grande?, ¿produce miedo a quien la ve o por el contrario produce risa, sarcasmo, burla?, ¿en qué nos sentimos identificados con esta imagen?
- Objetivo: este ejercicio no solo tiene una función catártica, también nos ayuda a tomar consciencia de cómo este enemigo a influido en nuestra vida.

## 5. Esculpiendo futuros

- Consigna: a diferencia de los ejercicios anteriores, en esta oportunidad no debemos cerrar los ojos ni pensar ni recordar ni imaginar nada en particular. A partir de la consigna "Debemos esculpir nuestro futuro", nos vamos a poner de inmediato manos a la obra, lo cual permitirá que nuestro inconsciente fluya sin trabas y exprese lo que realmente desearíamos.
- Al finalizar, podemos preguntarnos: ¿al ver lo que hemos esculpido, nos hemos llevado una sorpresa?, ¿representa algo que ya habíamos imaginado o se trata de algo que nuestra familia imaginó para nosotros?; ¿qué características tiene la obra?, ¿es dinámica y llena de movimiento o es estática?, ¿tiene una imagen que podríamos asociar con la tristeza o con la esperanza y la alegría?; ¿es una imagen enroscada y ensimismada, o una imagen que da la sensación de tener el torso erguido y la cabeza en alto?
- Objetivo: conectar con nuestros deseos y aspiraciones, y tomar consciencia de cómo nuestro presente puede tener una influencia directa con la construcción que hacemos de nuestro futuro y de nuestra vida, en general.

## 6. Esculpiendo personajes de ficción

- Consigna: recrearemos en una imagen tridimensional a un personaje de algún cuento que hayamos leído, de una película del cine o la televisión, de un dibujo animado o cómic, que por algún motivo nos llame o nos haya llamado antiguamente la atención. Podemos usar cualquier técnica: papel maché, parafina, arcilla, alambres, porcelana en frío, objetos reciclables, etc. Al terminar, podemos pintarla con acrílicos, témperas, marcadores, etc. Si no lo recordamos bien, para inspirarnos, podemos buscar su imagen por internet y copiarla, aunque sin la intención de llegar a la perfección.

- Al finalizar, podemos preguntarnos: ¿qué simbolismo tiene el personaje o qué mensaje social tiene lo que hace en la historia en la que está?; ¿en qué se nos parece este personaje?, ¿qué características o habilidades tiene?; ¿nos gustaría tener sus habilidades?, ¿cómo las utilizaríamos en la vida cotidiana?; ¿qué parte de su cuerpo nos costó más hacer?, ¿cómo la podríamos relacionar con nosotros?
- Objetivo: tomar consciencia de nuestras habilidades y dones.

En la imagen 12, podemos observar cómo en las copias de los personajes de ficción también suelen filtrarse la personalidad, las percepciones, las emociones y los traumas del autor. Es el caso de esta escultura, realizada por un adolescente violado analmente en su primera infancia. Obsérvese cómo le colocó una especie de parche en la zona anal y cómo se negó a continuar pintándola en la parte posterior del cuerpo. (Esta clase de sesiones de arteterapia deben ser supervisadas en todos los casos por un terapeuta profesional).

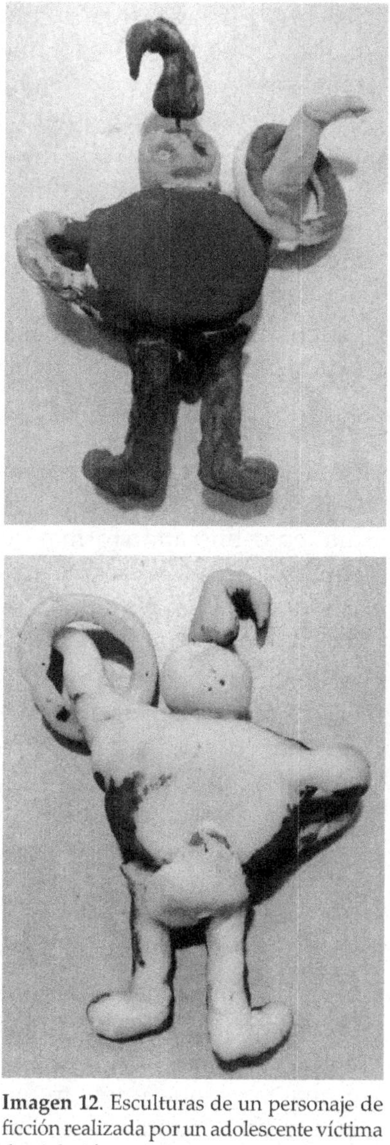

**Imagen 12**. Esculturas de un personaje de ficción realizada por un adolescente víctima de violación

## 7. Esculpiendo poemas

- Consigna: elegiremos un poema que nos inspire para hacer una obra tridimensional, es decir, una escultura. Nos detendremos a leerlo varias veces para hacer una interpretación más allá de las palabras y frases textuales, intentando sondear en su mensaje simbólico. Entonces, procederemos a condensar todos sus conceptos más representativos en una imagen que plasmaremos como una escultura usando cualquier material y técnica.

- Al finalizar, podemos preguntarnos: ¿por qué nos gusta ese poema?, ¿en qué nos sentimos identificados con la escultura que hemos hecho?, ¿nos representa en algún aspecto relacionado con algún recuerdo de nuestro pasado, con el presente o con lo que deseamos para el futuro?
- Objetivo: conectarnos con el lado poético de alguna de nuestras experiencias.

**8. Esculpiendo ramas**

- Consigna: saldremos a recolectar ramas con distintas formas y tamaños; luego, nos detendremos a observar a cada una con detenimiento, buscando formas que nos inspiren una idea creativa. A continuación, tomaremos un cúter, una cuchilla u otro elemento afilado que nos permita ir tallando la madera; por último, de modo opcional, la podemos lijar para que quede más prolija.
- Al finalizar, podemos preguntarnos: ¿la imagen tallada es abstracta o figurativa?, ¿está en movimiento o representa algo estático?; ¿la imagen de la escultura pertenece al reino mineral, vegetal, animal o humano?; ¿la imagen que hemos tallado en la madera me representa desde algún lugar?
- Objetivo: conectarnos con el aquí y ahora, desarrollar la imaginación, la tolerancia a la frustración y la paciencia.

**9. Esculpiendo velas**

- Consigna: mantenemos encendida una vela hasta que se consuma parcialmente; luego, la apagamos y la dejamos enfriar. Entonces, nos detendremos a contemplarla tratando de descubrir formas e imágenes, que intentaremos delinear ayudándonos con una esteca, un punzón, una cuchara, un cuchillo o, incluso, nuestras propias uñas, por ejemplo.
- Al finalizar, podemos preguntarnos: ¿qué mensaje nos ha dado la vela (mi inconsciente)?; ¿podemos reconocer en alguna figura

que hayamos descubierto un símbolo, un número, un hueco?, ¿en qué nos sentimos identificados con la forma que ha adquirido la vela?

- Objetivo: abrir nuestro campo perceptivo y desarrollar la imaginación.

**10. Esculpiendo basura**

- Consigna: recolectaremos objetos reciclables de todo tipo y forma; y seleccionaremos aquellos que más se adecúen a la idea que tenemos en mente. Luego, deberemos pegar y ensamblar cada elemento para dar forma a nuestra escultura.
- Al finalizar, podemos preguntarnos: ¿qué características tienen los materiales que hemos utilizado para crear nuestra obra?, ¿son desechos tecnológicos, de comida, papeles o libros viejos?; ¿cómo podríamos relacionar de manera simbólica los materiales de nuestra obra con nosotros mismos?, ¿y con la sociedad?; ¿nos sentimos o nos hacen sentir, algunas veces, viejos, desechables, inservibles, buenos para nada?; ¿a qué cosas antiguamente no les dábamos valor y hoy rescatamos como muy positivas?
- Objetivo: ejercicio ideal para hacer con adultos mayores; pero también con adolescentes y con cualquier persona. Se trata de aprender a rescatar y valorar aspectos de nuestra propia personalidad que no son valorados por quienes nos rodean o, incluso, ni siquiera, por nosotros mismos.

**11. Esculpiendo comida**

- Consigna: elegiremos un material comestible, puede ser pan (o miga de pan), una manzana u otra fruta, fideos de diferentes formas y colores, harina, lo que más a mano tengamos en casa, y con esto crearemos una escultura.
- Al finalizar, podemos preguntarnos: ¿hemos elegido un solo material comestible o varios?, ¿qué quisimos transmitir en nuestra obra?

**Imagen 13**. Serpiente asada

- Objetivo: aprender a desarrollar la creatividad saliendo de los paradigmas convencionales que dicen que una escultura debe hacerse con ciertos y determinados materiales.

Podemos observar, en las imágenes 13 y 14, cómo una niña víctima de violencia psicológica y física hizo de comer una serpiente asada y una torta envenenada con masas y plastilinas de colores. (Esta clase de sesiones de arteterapia deben ser supervisadas en todos los casos por un terapeuta profesional).

**Imagen 14**. Torta envenenada

## Manualidades

Frecuentemente, suele confundirse a las manualidades con las artesanías; por lo tanto, vamos a diferenciar ambos conceptos. Etimológicamente, la palabra "artesanía" proviene del latín *artis-manus*, que significa "arte realizado con las manos". Las artesanías son objetos realizados manualmente con ayuda de herramientas muy sencillas, y prescindiendo de maquinarias; en este aspecto, se diferencian del trabajo en serie e industrializado por ser objetos únicos e irrepetibles. Se considera a las artesanías como objetos culturales porque son una representación de los distintos contextos de su producción, la historia, el paisaje, y el clima de cada lugar. Se trata de toda técnica manual creativa, para producir individualmente –o en talleres familiares– objetos de diferentes usos que se pueden comercializar (aunque no masivamente como los objetos industrializados).

Las manualidades, en cambio, si bien son trabajos realizados con las manos y casi sin ayuda de herramientas, tienen una finalidad más recreativa. Básicamente, se trata de un entretenimiento que puede hacer cualquiera: niñas y niños, adolescentes, adultos y personas con discapacidad. También, al realizar trabajos de reciclaje y reparación, constituyen una excelente actividad para ejercitar y desarrollar la motricidad gruesa y fina, y son utilizadas en la terapia ocupacional.

*Definición*

Todas aquellas actividades y hobbies que hacemos con nuestras manos para entretenernos y que contribuyen no solo al desarrollo de la creatividad; también nos ayudan a concentrarnos alejando los pensamientos negativos. Hacer manualidades es similar a una especie de meditación en movimiento, terminamos generando un ambiente de paz y tranquilidad. Son una buena excusa para efectuar trabajos en grupo y aprender a expresar ideas y sentimientos y mejorar el desarrollo emocional y social.

*Técnica*

Se basa en la reutilización y el reciclaje de objetos viejos con el fin de convertirlos en cosas nuevas. Vale destacar que cuando trabajamos con niñas y niños debemos tener en cuenta que deben evitarse los materiales peligrosos (como el vidrio) y el procedimiento de la tarea a realizar debe ser sencillo y fácil de hacer. En definitiva, se pueden hacer un sinfín de manualidades con los más diversos materiales:

- Tela
- Cartón
- Papel
- Cartulina
- Plástico
- Fieltro
- Alambre
- Vidrio
- Plástico
- Lana

Además, hay que tener en cuenta que la realización de manualidades incluye el desarrollo de ciertas y determinadas habilidades manuales, por ejemplo:

- Bordar
- Recortar
- Pegar
- Picar
- Iluminar
- Dibujar
- Modelar
- Trenzar
- Tejer

*Clasificación*

Ayudados con herramientas simples como tijeras, punzones, reglas o pegamentos, por ejemplo, y en función de la edad, se pueden realizar algunos de los siguientes trabajos:

- **Papel maché**: diferentes objetos y figuras tales como animales, siluetas, entre otras.
- **Modelados**: de plastilina, masa de modelar, arcilla, masa de pan, porcelana en frío.
- **Tarjetería**: con cartulinas de colores u hojas brillantes y transparentes y sellos decorativos, etcétera.
- **Bordados**: sobre cuadrados o tiras de telas.
- **Tejidos**: collares y pulseras, alfombras, ponchos.
- **Jabones**: utilizando moldes con diferentes formas.
- **Figuras de escayola**: usando moldes con diferentes formas.
- **Maquetas y cajas**: con cartones reciclados.
- **Velas de cera virgen**: empleando moldes con diferentes formas.
- **Decoración de tortas**: modelando con masa de pan y pintando con pintura comestible sobre el motivo elegido.
- **Pintura sobre madera**: bandejas, estantes, sillas, mesas.
- **Pintura sobre tela**: almohadones, sábanas, remeras.
- **Costura**: banderas, servilletas, manteles.

## Talleres

Existen cientos de tutoriales en YouTube y en internet que enseñan hermosas manualidades. A continuación, solo compartiremos algunas de las más sencillas, para hacer junto con niñas, niños, adolescentes y personas con discapacidad. Son actividades ideales para que los abuelos compartan con sus nietos. No plantearemos preguntas en esta sección, ya que se trata de ejercicios orientados tan solo a desarrollar la concentración, algunas habilidades psicomotrices y mejorar la manera de vincularnos. En definitiva, la idea es que estas manualidades abran un espacio lúdico de encuentro entre los niños, las niñas y los adultos, sean estos el arteterapeuta, el psicólogo, psicopedagogo, el terapista ocupacional, o la propia familia: abuelos, mamá o papá, por ejemplo.

## 1. Comida con masas

- Materiales: masas, plastilinas, masa de harina, colores, etcétera.
- Consigna: modelaremos comidita para las muñecas. Podemos hacer fideos, pizzas, pancitos, papas fritas y hasta una torta de cumpleaños. Si no tenemos masas para modelar, este ejercicio también puede realizarse con una simple masa hecha con harina y un poco de agua.

## 2. Frutero con papel maché

- Materiales: papel, pegamento, pincel (para aplicar el pegamento), lija, globo y pinturas.
- Consigna: cortaremos pequeños trozos de papeles de diario (también podemos utilizar papel higiénico o pañuelitos descartables) e ir pegándolos con plasticola sobre la mitad de un globo con la superficie previamente aceitada. Repetiremos el proceso dos o tres veces hasta que logremos una superficie fuerte. Luego, lo dejamos secar, pinchamos el globo, desmoldamos y procedemos a lijar la superficie para emparejarla. Por último, con acrílicos de colores pintaremos la superficie con un motivo que elijamos o tan solo con colores que nos gusten.

## 3. Cuadro de madera

- Materiales: plato de madera, témperas, acrílicos u otras pinturas para madera y pinceles. Si calcamos un diseño: papel de calcar y lápiz.
- Consigna: para este ejercicio podemos crear o calcar algún dibujo o diseño sobre la superficie del plato; luego lo pintaremos de varios colores. Al final, le podemos dar una capa de barniz o de laca transparente opaca o brillante para protección y acabado, pero esto es opcional. Luego de que la pintura se seque, nuestra obra quedará terminada cuando la colguemos en una pared o, simplemente, la apoyemos sobre un mueble, como adorno. En otra oportunidad, podemos usar esta misma técnica para pintar piedras de cualquier tamaño, forma y color.

## 4. Tarjetas

- Materiales: cartulina u hojas comunes blancas o de color; plasticolas con brillantinas, pincel, esponja, marcadores.

- Consigna: procederemos a doblar en dos el papel; y luego, por fuera (también, puede ser por dentro) lo iremos pintando con los diseños que se nos vayan ocurriendo. La idea es hacer tarjetas divertidas y descontracturadas, llenas de imaginación, para regalar a nuestros amigos y a las personas que queremos.

**5. Pulseras**

- Materiales: lanas o hilos de colores, aguja de croché y tijera.
- Consigna: la idea es tejer cadenitas de croché con lanas o hilos de colores; pero, si nos resulta demasiado difícil, podemos empezar haciendo pulseras con simples nudos manuales. ¡También quedan muy lindas!

**6. Vestidos para muñecas**

- Materiales: globos, medias, pedacitos de telas y tijera, gomitas plásticas.
- Consigna: haremos un vestido elastizado *strapless* a una de nuestras muñecas Barbies con un simple globo, al cual tan pronto como le cortemos con una tijera sus extremos, ya estará listo para ponérselo. Podemos hacer otro vestido con una técnica similar; pero, por ejemplo, usando una media, la cual ajustaremos a la medida del cuerpo de la muñeca con una tirita o una simple gomita elástica.

**7. Lapicero**

- Materiales: arcilla o porcelana en frío, pegamento, colores y pincel.
- Consigna: construiremos un lapicero modelando tiritas o viboritas de arcilla o porcelana en frío, que iremos enroscando y pegando primero en una base, y luego las iremos colocando sobre los bordes de esta base, pegando una encima de la otra, para levantar las paredes hasta unos diez centímetros de alto. Una vez seco el lapicero, lo pintamos.

**8. Casa para muñecas**

- Materiales: caja de cartón, rollos de papel higiénico, pegamento y pinturas.
- Consigna: haremos una casita para muñecas con una caja de cartón. Es muy fácil, tan solo tenemos que dibujarle en su superficie interna el diseño de las habitaciones, cocina y comedor, y pintarlo

con témperas. También, si lo deseamos, le podemos agregar una chimenea pegada al techo exterior, realizada con un rollo (o medio) de papel higiénico. Si queremos una casa más grande, pegamos varias cajas; cada una de las cuales, será una habitación en sí misma.

**9. Muebles para muñecas**

- Materiales: porcelana en frío.
- Consigna: modelaremos una cama, una mesa y unas pequeñas banquetas redondas para poner en nuestra casita de muñecas. Si nos damos maña, podemos modelar pequeños cubos para hacer la cocina o el lavarropas, por ejemplo.

**10. Velas decoradas**

- Materiales: velas comunes, plasticolas con brillantina, recortes, pétalos.
- Consigna: decoraremos las velas pegándoles pétalos de flores, palabras recortadas de una revista o corazones de papel glasé. Luego, con un pincel podemos hacerle una cubierta con cera derretida –o también con plasticolas con brillantinas– con el objetivo de proteger el adorno y que quede firme.

## Taller de música

La música es uno de los estímulos fundamentales para el ser humano. Resulta casi imposible imaginarse cómo transcurrirían nuestros días en el planeta Tierra sin ningún tipo de música ni canciones; tal vez serían demasiado serios y solemnes, tal vez, sin alegría ni festejos, o tristes, grises, con una cierta atmósfera depresiva, sin alma. La música es un reflejo de la gama de nuestras emociones; pero también un estímulo imprescindible que nos llena de esperanza aun en los momentos más conflictivos de nuestra vida.

Toda cultura humana ha estado atravesada siempre por la música. Parecería que es parte de nuestra naturaleza; aun cuando los niños son demasiado pequeños para tocar algún instrumento musical, cuentan con su voz para cantar o expresarse a través de sonidos musicales, tal como es el caso de los bebés. Se sabe que las niñas y niños que cantan tienen el sistema autoinmune más fuerte y son más seguros; y, frecuentemente, cuentan con una autoestima más elevada que les permite estar mejor preparados para ser buenos estudiantes.

Al tocar un instrumento musical, escuchar música o cantar se activan ambos hemisferios cerebrales; es por esa razón que la música cumple una importante función en el desarrollo cognitivo humano. Estimula las conexiones neuronales, habilidades relacionadas con la concentración y la memoria o el pensamiento lógico-matemático; colabora con la adquisición del lenguaje y el aprendizaje de lenguas extranjeras; el desarrollo psicomotriz; el desarrollo social, las relaciones interpersonales y la inteligencia emocional. En definitiva, la música no solo cumple las funciones del entretenimiento, la diversión, la comunicación o la ambientación, sino que además es fundamental e imprescindible en el desarrollo de habilidades psicológicas.

*Definición*

Suele definirse como el arte de combinar sonidos y silencios en una secuencia temporal, teniendo en cuenta las leyes de la melodía, la armonía y el ritmo. Como manifestación artística, la música cumple la función de expresar emociones, pensamientos, ideas, percepciones y es por eso que tiene una importante función dentro del arteterapia.

*Técnicas*

Si bien las distintas culturas pueden tener instrumentos musicales en común, la música será ejecutada de maneras diferentes dependiendo de su contexto (celebraciones religiosas, anuncios publicitarios, bailes, etcétera).

En la estructura de la música se pueden considerar cuatro importantes elementos:

1. **Estilo musical**: jazz, ópera, rock, hip hop, blues, country, salsa, flamenco, tango, música de cine, heroica, romántica, religiosa, entre otros.
2. **Melodía**: sucesión de sonidos que es percibida como una sola entidad.
3. **Ritmo**: manera en que se organizan las diferentes notas musicales, la dinámica de la música.
4. **Sonido**: sensación producida en el oído por un conjunto de vibraciones que se propagan por diferentes medios, por ejemplo, el aire y el agua. Los sonidos tienen cuatro parámetros: altura (sonidos graves o agudos); duración (vinculado al ritmo); intensidad (fuerza con que se produce) y timbre (lo que diferencia y caracteriza a cada instrumento; por ejemplo, la voz).

*Clasificación*

La música se puede clasificar según:

1. Los instrumentos musicales:
   - **Música vocal**: toda música en que interviene la voz. Puede ser *a cappella* (música vocal sin ningún tipo de acompañamiento); o "música coral" (conjunto de voces).
   - **Música instrumental**: toda obra musical interpretada solo con instrumentos musicales tales como pianos, violines, guitarras, bajos, trompetas, etc. La música instrumental puede ser sinfónica (ejecutada por una orquesta); música de cámara (ejecutada con un grupo reducido de instrumentos); o música electrónica (ejecutada por instrumentos electrónicos).
2. Su función: música cinematográfica, religiosa, profana; dramática; de danza, etcétera.

A su vez, en la actualidad, se habla de tres grandes familias o géneros:

1. **Música culta**: se trata de la música clásica.
2. **Música folklórica**: música que suele transmitirse de forma oral a través de las generaciones y que conserva los valores de una determinada cultura. Tiene un carácter étnico (por ejemplo, la samba, la jota, ritmos latinos, etcétera).
3. **Música popular**: conjunto de estilos musicales que se difunden por todos los medios de comunicación y que, por lo tanto, resultan conocidos en todas las naciones y culturas. Se la puede escuchar en discotecas, cafeterías, pubs, etc. Por ejemplo, la música pop; el heavy metal, etcétera.

## Talleres

La música es una excusa ideal para trabajar los distintos problemas surgidos en torno a las violencias. Proponemos armar distintos talleres, por ejemplo:

### 1. Escuchando música

- Consigna: escucharemos distintos estilos de música (sin letra) e intentaremos adivinar a qué estilo musical pertenecen; si es que se trata de música clásica, folklórica, china, africana, si es un himno, etcétera.

- Al finalizar, podemos preguntarnos: ¿cuál de estos ritmos nos ha gustado más?, ¿por qué? ¿En qué se parece ese ritmo a nuestra personalidad? ¿Cuál podría elegir para que represente en nuestra vida un momento de calma y paz, un momento de consuelo, de tristeza, de furia y enojo, de incertidumbre o miedo?
- Objetivo: desarrollar la memoria musical, aprender a escuchar la música con el objetivo de usarla como un medio para generar estados emocionales y para conocernos más a nosotros mismos.

**2. Seleccionando canciones**

- Consigna: buscaremos en nuestros teléfonos celulares diferentes canciones. Luego, haremos los siguientes ejercicios: 1) dentro de un grupo, cada compañero puede presentarse haciendo escuchar su canción favorita y/o una canción que, por algún motivo, refleje su personalidad; 2) podemos seleccionar algunas canciones que representen diferentes épocas de nuestra vida (jardín de infantes, escuela primaria, escuela secundaria, juventud, madurez, vejez); o también, diferentes momentos en mi vida (la mañana, la tarde, la noche, la hora del baño, el deporte, las vacaciones, etc.); o, por ejemplo, nuestros deseos, ideas y pensamientos, nuestros miedos y distintos estados de ánimo, etcétera. Este ejercicio puede tener tantas variantes como música existe.
- Al finalizar, podemos preguntarnos: ¿qué canción nos gustó más?, ¿con qué momento de nuestra vida la podríamos relacionar?; ¿cómo nos sentimos haciendo este ejercicio?; ¿pudimos conectarnos con algún recuerdo que creíamos olvidado?
- Objetivo: abrir un espacio de autoconocimiento y autorreflexión.

**3. Inventando canciones**

- Consigna: crearemos la letra y la música de una canción (de manera individual o grupal).
- Al finalizar, podemos preguntarnos: ¿resultó un ejercicio fácil o difícil?, ¿qué fue más fácil en el proceso de la creación, hacer la letra o la música?, ¿cuál es el significado simbólico de esta canción?, ¿a quién le podríamos dedicar esta canción?
- Objetivo: abrir nuestro campo de percepción y creación artística; fomentar la autoestima.

## 4. Traduciendo letras

- Consigna: buscaremos una canción que nos guste en otro idioma y traduciremos la letra (también se puede realizar el ejercicio con letras en español, con el objetivo de releerlas, comentarlas y reflexionar sobre ellas buscando paralelismos con la propia historia personal).
- Al finalizar, podemos preguntarnos: ¿coincide el significado de la letra con el ritmo de la música?; ¿cuál es el simbolismo profundo de la letra?, ¿cómo la podríamos interpretar?; ¿ahora que sabemos lo que se dice en esta canción, la seguiríamos escuchando?
- Objetivo: tomar consciencia del significado de las letras de canciones que escuchamos simplemente porque nos agrada la melodía, desconociendo la intención de su mensaje.

A modo de ejemplo, transcribimos la letra de *Resistiré,* canción elegida por muchas personas en momentos críticos de su vida:[61]

Cuando pierda todas las partidas
Cuando duerma con la soledad
Cuando se me cierren las salidas
Y la noche no me deje en paz.

Cuando sienta miedo del silencio
Cuando cueste mantenerme en pie
Cuando se rebelen los recuerdos
Y me pongan contra la pared.

Resistiré erguido frente a todo
Me volveré de hierro para endurecer la piel
Y aunque los vientos de la vida soplen fuerte
Soy como el junco que se dobla
Pero siempre sigue en pie.

Resistiré, para seguir viviendo
Soportaré los golpes y jamás me rendiré
Y aunque los sueños se me rompan en pedazos
Resistiré, resistiré.

---

[61] Manuel de la Calva (música), Carlos Toro Montoro (letra), intérpretes Dúo Dinámico (1988) *Resistiré,* en *En forma* [álbum]. España: CBS.

Cuando el mundo pierda toda magia
Cuando mi enemigo sea yo
Cuando me apuñale la nostalgia
Y no reconozca ni mi voz.

Cuando me amenace la locura
Cuando en mi moneda salga cruz
Cuando el diablo pase la factura
Si alguna vez me faltas tú.

Resistiré, erguido frente a todo
Me volveré de hierro para endurecer la piel
Y aunque los vientos de la vida soplen fuerte
Soy como el junco que se dobla
Pero siempre sigue en pie.

Resistiré para seguir viviendo
Soportaré los golpes y jamás me rendiré
Y aunque los sueños se me rompan en pedazos
Resistiré, resistiré.

*Resistiré* es una de las canciones favoritas de aquellas personas resilientes, que han atravesado –o atraviesan aún– enfermedades, traumas, violencias, y se resisten a perder las esperanzas, a ser vencidas por las circunstancias adversas de la vida.

### 5. Creando una banda musical

- Consigna: formaremos una banda musical en la cual tocaremos con distintos instrumentos musicales creados por nosotros mismos. Para esto, construiremos tambores, bombos u otros elementos de percusión con cajas de distintos tamaños y materiales; podemos utilizar las tapas de metal de algunas cajas de lápices, por ejemplo, para que hagan de platillos de una batería, y tocar usando lápices a modo de baquetas o escobillas. Si tenemos un xilofón, armónica, silbato, ukelele, guitarra o piano de juguete, también los incorporaremos a nuestra banda, pero sin dejar de lado los instrumentos caseros que hemos creado.

- Al finalizar, podemos preguntarnos: ¿qué hemos aprendido de esta experiencia?; ¿podría decirse que hemos descubierto nuevos sonidos?, ¿cuáles?; ¿qué instrumento nos gustó más?
- Objetivo: tomar consciencia de que podemos hacer música casi con cualquier elemento (incluso, sacudiendo varillas o ramas de una planta) ya que, en realidad, aunque muchas veces no lo notemos, toda la naturaleza que nos rodea en cierto punto es musical, porque se expresa constantemente con distintos tipos de sonidos: desde aquel que hace el viento hasta los cantos de los pájaros o grillos.

**6. Cantando**

- Consigna: buscaremos una canción que nos guste y otra de un estilo que no escuchemos a diario, como por ejemplo, ópera. Luego, a medida que las escuchamos, deberemos ir cantando nosotros también, tal y como si estuviéramos haciendo un karaoke.
- Al finalizar, podemos preguntarnos: ¿qué hemos podido descubrir?; ¿somos desafinados o afinados?; ¿tenemos una capacidad vocal mucho más grande de la que habíamos imaginado?, ¿podríamos llegar a ser un tenor o una soprano?; mientras cantábamos, ¿podíamos respirar profundo, llenando los pulmones de aire?, ¿cómo nos sentimos entonces?; y después de haber cantado, ¿cómo nos sentimos?
- Objetivo: abrir el campo perceptivo a nuevas melodías e incentivar habilidades musicales.

En la imagen 15, compartimos una orquesta improvisada por un niño en el espacio de arteterapia.

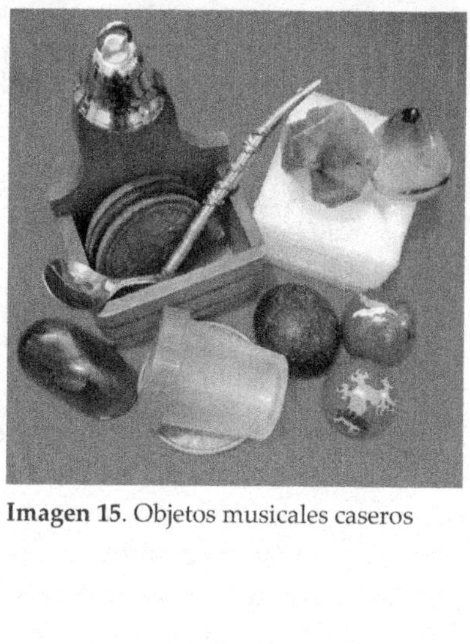

**Imagen 15**. Objetos musicales caseros

## Taller de danza

María Fux, una bailarina y coreógrafa argentina, máximo exponente de la danzaterapia a nivel mundial, quien aún ejerce su profesión con 98 años de edad, y tiene escuelas en todo el mundo donde se capacitan profesores de danza y gimnasia, psicólogos, terapistas ocupacionales, fisioterapeutas, médicos, docentes que trabajan con personas con discapacidad, gerontólogos, etc., suele explicar que el movimiento y la danza son tan importantes porque ayudan a sonreír y a decir "Yo puedo". En un reportaje que le hicieron hace unos años atrás, dijo:[62]

> El movimiento produce un cambio en la parte interna y externa del cuerpo. Moverse siempre hace bien y la Danzaterapia hace cambiar a la gente, no para que se transforme en un artista sino para poder permanecer más equilibrado en la vida. Para practicar Danzaterapia no hay límite de edad mínima ni máxima, pueden hacerla niños muy pequeños o personas de cien años o más.

La artista continúa explicando:

> No me canso de remarcar que no soy psicóloga, no hago interpretaciones, ni doy recetas. Soy una artista que, a través de un trabajo creativo, ha encontrado un método que logra cambios con la gente, mediante el movimiento. Lo único que hago es estimular las potencialidades que todos tienen. Yo nunca hablo de curar, sino de cambiar. Y cualquiera sea el tipo o gravedad del problema, siempre habrá algo que se pueda modificar (...) El cuerpo responde a los sentimientos y conocerse a través de los movimientos es muy beneficioso... Además, siempre me ha interesado el silencio, aunque el silencio absoluto no existe, sino que mi memoria musical está llena de sonidos, de ruidos, de palabras (...) Bailo con la risa y bailo con mi sombra que no me deja sola; y danzo la ternura; y bailo el amor y la poesía...

A partir de esto, podemos entender que no importa ser bailarina o bailarín profesional, todos los seres humanos tienen el derecho y la necesidad de expresarse a través de su cuerpo: amas de casa, personas en buen estado físico o excedidas de peso, con un alto coeficiente intelectual o con síndrome de Down, personas con discapacidades mentales o físicas, que usan silla de ruedas, si son

---

[62] Blardone, S. "María Fux: El cuerpo responde a los sentimientos", reportaje en *Infobae*, 20/7/2013.

jóvenes o ancianos, no videntes, hipoacúsicos. Todo el mundo puede bailar desde sus propias capacidades, desde sus propias diferencias. Respecto de esto, María Fux supo ser una revolucionaria:[63]

> La revolución comienza por nuestro propio cuerpo. El sistema lo sabe y por eso se lo apropia con la moda, la imagen, la belleza impuesta, la medicina (...) Es peligrosa una persona que se sienta dueña de sí misma, con un cuerpo único y diferente que no sea objeto de la valoración de otro, ni objeto de consumo ni de explotación. Si sacásemos todos los atributos esperados por un sistema de consumo, desaparecería la discapacidad del imaginario colectivo... ¿Por qué cambia la mirada del colectivo social hacia un artista o un deportista cuando tiene una discapacidad? ¿Acaso no nació artista o deportista y por un hecho circunstancial pasó a tener una no-función en alguna de las partes de lo que forma su cuerpo? ¿Discapacitado para quién? ¿Discapacitado para quién? ¿Para una sociedad de consumo que busca seres humanos "completos" para la maquinaria de producción? ¿Por qué se sobrevalora cuando una persona con una disfunción es artista o deportista? ¿Acaso no son aptos para la mirada de esta sociedad que está en una búsqueda continua de perfección?

### *Definiciones*

Luego de aclarar que la diferencia entre la danzaterapia y la expresión corporal es que esta última tiene un lenguaje que consiste en un núcleo que suele ir repitiéndose constantemente, en otro reportaje María Fux define qué es la danzaterapia:[64]

> Es decirle al cuerpo "Sí, puedo", aún con sus propios límites; es explorar los lugares que no se conocen; es compartir con la gente que tiene más problemas, la búsqueda, extraña y maravillosa, de ese algo del cuerpo que siempre es posible que se mueva.

Ahora bien, respecto a la danza en particular, en cambio, nosotros podríamos definirla como un tipo de arte que se vale de los movimientos de las distintas partes del cuerpo a partir de ritmos musicales, desplazándose en el espacio y el tiempo, para expresar sentimientos humanos y símbolos culturales. Sus principales objetivos son:

---

[63] Martínez, D. "Danzaterapia, María Fux y un cambio de mirada sobre la discapacidad", reportaje de *Diario La Izquierda*, 9/9/2016.

[64] Melgar, A. "La búsqueda en la vida se nutre de dudas", entrevista a María Fux, *Pagina/12*, 20/10/2004.

1) expresarse, 2) entretenerse, 3) interactuar socialmente, 4) hacer arte, 5) hacer rituales religiosos. Desde este punto de vista es una forma de comunicación no verbal.

Si bien dentro de la cultura occidental se cree que la danza comenzó en la civilización griega con el culto al dios Dionisos, la realidad es que, desde épocas prehistóricas, los seres humanos siempre han tenido la necesidad de expresar corporalmente sus estados de ánimo. Así, la danza solía utilizarse para rituales de acontecimientos de importancia a nivel social: se usaba de forma ritual para festejar ceremonias de fecundidad, cacería, guerras, nacimientos, muertes, bodas, casamientos, etc. Sin embargo, la danza también se puede utilizar en el deporte (patinaje artístico sobre hielo o sobre ruedas, natación sincronizada, gimnasia rítmica, artes marciales). Y por último, no podemos dejar de mencionar que algunos animales también bailan a la hora de hacer cortejos en épocas de apareamiento, por ejemplo.

Los bebés sienten el ritmo de los latidos de su corazón; a partir de esta sensación corporal se irá constituyendo la primera cadencia de la música y la danza. Poco a poco, ellos van realizando movimientos rítmicos: al principio, se mueven para ir descubriendo su cuerpo; luego, para imitar a sus seres queridos; y más tarde, como un reflejo de su mundo emocional. Así, podemos observar a niñas y niños que, aún sin saber caminar, cada vez que escuchan alguna música o canción que les gusta, se mueven de forma espontánea al son de su melodía.

En definitiva, como la danza está en el ADN humano, fue natural que con el tiempo se desarrollara la danzaterapia como un método de psicoterapia. Específicamente, se originó durante la década de 1920 en Alemania con Rudolf von Laban y algunas de sus alumnas, como la bailarina alemana Karoline Sophie Marie Wiegmann. Más tarde, discípulos suyos emigraron a Estados Unidos para continuar desarrollando esta disciplina con personas con distintos traumas y discapacidades, en sus aspectos tanto teóricos como prácticos. En este punto, podríamos mencionar a:

1. Tina Keller-Jenny: psiquiatra y psicoterapeuta, discípula de Carl Jung. Fue pionera en integrar a la psicoterapia los movimientos del cuerpo y la danza.
2. Mary Whitehouse: se formó como bailarina en la danza moderna en Europa y Estados Unidos. Diseñó y desarrolló el método junguiano en danzaterapia.

3. Trudi Schoop: bailarina profesional, emigró de Suiza a California y allí comenzó a trabajar en danzaterapia con personas con enfermedades graves, como las psicosis.
4. Marian Chace: desde una orientación psicoanalítica, su método consistía en reflejar y analizar los movimientos de los pacientes para luego relacionarlos con sus conflictos. En el año 1965 fundó la Asociación Norteamericana de Danza Terapia (ADTA, por sus siglas en inglés).
5. María Fux: bailarina, coreógrafa y danzaterapeuta, con escuelas donde enseñan su método en diferentes países. Ha desarrollado su propio método en la danzaterapia, orientado a pacientes con distintos tipos de discapacidades (sordomudos, síndrome de Down, parálisis, no videntes, enfermedades mentales, entre otras).

Desde sus inicios, la danzaterapia fue desarrollándose en distintas áreas y sus técnicas fueron aplicándose en la rehabilitación de distintos tipos de pacientes: psiquiátricos, oncológicos, neurológicos. También, dentro de la danzaterapia existen diferentes orientaciones: de pareja, de familia, de grupo, en consejería, etcétera.

Este tipo de terapia parte del concepto de que el cuerpo no está separado de la mente ni de las emociones; por el contrario, forman una unidad psicofísica. De esta manera, las distintas posturas y movimientos corporales no solo son un reflejo de los sentimientos, pensamientos, modo de percibir el mundo, sino que, a su vez, las posturas y movimientos externos pueden ser capaces de influir en el mundo interno de la persona.

La ADTA define la danzaterapia como: "El uso psicoterapéutico del movimiento para promover la integración emocional, cognitiva, física y social de un individuo".

En la danzaterapia, se analizan no solo los movimientos, las posturas corporales, sino también los gestos, la mímica, el ritmo y la velocidad, la forma de utilizar el espacio y la manera de respirar, todo lo cual sirve para realizar un diagnóstico de la persona. En definitiva, la danzaterapia es toda aquella forma de psicoterapia (con base psicoanalítica) en la que los terapeutas se valen de los distintos tipos de movimientos y sus interacciones para facilitar expresarse de manera auténtica, hacer consciente lo inconsciente y, en definitiva, lograr hacer cambios internos en los procesos cognitivos, emocionales y corporales de los pacientes.

A veces, la danzaterapia se confunde con la biodanza –creada por Rolando Toro en 1960 en 1960–, la cual, si bien es un método de autodesarrollo que utiliza distintos tipos de música, cantos, movimientos y encuentros con el grupo con el objetivo de expresar las emociones para profundizar en el autoconocimiento de la naturaleza de uno mismo y de los demás, específicamente está orientada a estimular cinco líneas de vivencias: 1) la vitalidad; 2) la sexualidad; 3) la creatividad; 4) la afectividad y 5) la trascendencia.[65]

*Técnicas*

La danzaterapia se basa en la danza, la cual, técnicamente, puede ser interpretada por una pareja, por varios bailarines o de forma individual, por personas de todas las edades y con distintas capacidades, como ya mencionamos anteriormente. Es una clase de danza que suele estar muy relacionada con el teatro ya que, muchas veces, requiere de una coreografía; es decir, de crear estructuras de movimientos y hacer una puesta de escena, pudiendo utilizar también distintos tipos de ritmos musicales, vestuarios o performances, por ejemplo.

La danza está compuesta de distintos elementos que están interrelacionados:

1. **Movimiento corporal**: distintos cambios de posiciones del cuerpo a lo largo del espacio y tiempo.
2. **Ritmo**: sucesión de movimientos suaves y fuertes.
3. **Música**: cualquier estilo musical; incluido el silencio, o el texto de una poesía.
4. **Expresión corporal**: los movimientos de brazos y manos, así como los gestos, son un medio de comunicación del bailarín.
5. **Expresión facial**: la mímica, es decir, los gestos simbólicos, pueden expresar estados de ánimo, emociones y la personalidad de un personaje a través de la mirada, la boca, la tensión de la mandíbula.
6. **Espacio**: lugar donde ocurre la danza. Consta de tres dimensiones: alto, ancho y largo.
7. **Estilo**: conjunto de rasgos característicos de una determinada danza.

[65] Toro, R. *Biodanza*, Santiago de Chile: Cuarto Propio, 2008.

El uso preponderante de uno u otro elemento puede variar. Según el género del baile puede predominar el ritmo o el uso del espacio, etcétera.

*Clasificaciones*

En cuanto a la danza en sí misma, existen muchos tipos de bailes que dependen de factores motivacionales, sociales, culturales, artísticos, estéticos, morales, así como del virtuosismo. Los géneros de danza se podrían clasificar en tres grandes grupos:

1. **Danzas populares** o **folklóricas**: tienen la función de transmitir la cultura tradicional.
2. **Danzas clásicas**: o ballet, son herencia de la antigüedad.
3. **Danzas modernas**: generalmente, las suelen bailar la juventud y representan una forma de identidad social, ideología, forma de vestir (rock, breakdance, rap, trap, hip hop, electrónica, etcétera).

Ciertos y determinados géneros musicales tienen una forma de danza específica; por ejemplo, la música clásica con el ballet clásico. Sin embargo, un mismo género musical, a su vez, puede bailarse de diferentes maneras, con diversas coreografías y estilos; por ejemplo, el tango o la música disco.

En cuanto a la danzaterapia, existen cuatro métodos, que se interrelacionan y complementan entre sí:

1. **Técnica de la danza**: a través de la técnica se aprenden distintos estilos de danzas, a partir de movimientos sencillos, giros y gestos. Tiene como objetivo reproducir movimientos para expresar y aprender a percibir mejor los distintos estados de ánimo y las emociones localizadas en cada parte del cuerpo.
2. **Imitación**: frecuentemente, los pacientes no saben cómo expresar sus estados de ánimo; en estos casos, imitar movimientos de otras personas u otros que el terapeuta les puede indicar resulta de gran ayuda. Compararse con otras personas es un método muy práctico para hacerse consciente de uno mismo, por identificación o por contraposición. A su vez, si el terapeuta percibe que el paciente se encuentra frente al bloqueo de una determinada emoción que no sabe cómo expresar mediante la danza, puede imitar lo que él interpreta o enseñarle movimientos que sean compatibles o reflejen aquello que necesita expresar.

3. **Improvisación**: se trata de ser espontáneo en los movimientos evitando planear una coreografía, dejarse llevar por los impulsos, por la intuición, por lo imprevisto y lo no planificado. Es el propio paciente quien decide cómo utilizar el cuerpo, el ritmo, la fuerza, el espacio y el tiempo. Paradójicamente, este método de danzaterapia resulta muy inquietante para pacientes que son inseguros y que les cuesta dejar de ser racionales. Realizar movimientos con el cuerpo de manera espontánea y hacer uso de su libertad puede conectar con una sensación de vacío interno; pero, también, resulta muy positivo para hacer una catarsis de emociones tóxicas o para conectarse con el subconsciente y recordar traumas o situaciones olvidadas. En este punto, vale aclarar que en pacientes con trastornos psicóticos de personalidad no se debe trabajar con el subconsciente, sino más bien con la realidad del mundo externo para ayudarlos a formar una estructura yoica más fortalecida.
4. **Creación**: consiste en combinar distintas estructuras de movimientos mediante la técnica de la danza y la improvisación, intentando representar distintas emociones, ideas y/o historias con ciertos y determinados movimientos precisos y planificados. Se diferencia de la improvisación en que los movimientos pueden volver ser reproducidos una y otra vez por la persona que los creó o por otros. En este caso, el paciente se transforma en una especie de coreógrafo para sí mismo, puede elegir un tema, los sentimientos a representar y la música, controlando y cambiando movimientos y ritmos, espacio, entre otros elementos.

## Talleres

### 1. Improvisando

- Consigna: seleccionaremos diferentes clases de melodías (música sin letras cantadas; por ejemplo, Beethoven, Mozart, Vivaldi, Piazzola, o también música heroica, china, indú, de meditación con cuencos tibetanos, sonidos de viento, agua). Luego, bailaremos de forma espontánea dejándonos llevar por los diferentes ritmos, improvisando coreografías. Si así lo queremos, podemos utilizar diferentes elementos tales como elásticos, sogas, pañuelos, cintas de colores, aros, pelotas. Si estamos bailando al aire libre, podemos integrar diferentes elementos de la naturaleza (por ejemplo, la tierra, el agua, el aire y la brisa, las plantas).

- Al finalizar, podemos preguntarnos: ¿cómo nos hemos sentido improvisando un baile?; ¿qué reacciones tuvieron quienes nos observaban?; ¿qué elementos integramos en nuestra coreografía improvisada?, ¿fue un pañuelo, un aro, una soga?, ¿por qué habremos elegido esos elementos?, ¿tienen para nosotros un significado o un simbolismo en particular?
- Objetivo: conectarnos con nuestro cuerpo, pero a la vez sentirnos como parte de la naturaleza, como parte de un todo integrado.

**2. Imitando coreografías**

- Consigna: bailaremos alguna coreografía preferida de YouTube (puede ser de danza clásica, africana, contemporánea, jazz, zapateo americano o de alguna cantante de música pop, o de cualquier ritmo con el que nos identifiquemos por alguna razón).
- Al finalizar, podemos preguntarnos: ¿cómo nos hemos sentido haciendo este ejercicio?
- Objetivo: desarrollar habilidades psicomotrices, perceptivas y de memoria.

**3. Creando coreografías**

- Consigna: jugaremos a crear una coreografía. Para eso, elegiremos una experiencia de nuestra vida (positiva o negativa) y buscaremos una música o una canción que pueda representarla. Luego, diseñaremos la coreografía y la bailaremos. Quienes nos estén viendo deberán adivinar qué clase de experiencia quisimos contar. Este ejercicio, también, se puede hacer de otra manera: agregando una segunda coreografía que represente una experiencia totalmente diferente a la que elegimos contar en un principio.
- Al finalizar, podemos preguntarnos: ¿por qué será que quisimos contar esa experiencia y no otra que quizás nos haya marcado más, o al contrario?; ¿cómo nos sentimos al bailar?, ¿tuvimos dificultades para bailar en algún momento?, ¿en qué momento o momentos?; ¿qué repercusión tuvo nuestro baile en los espectadores?
- Objetivo: percibir cómo nuestras experiencias de vida tienen una repercusión directa no solo en nuestro esquema corporal sino en la manera en cómo movemos el cuerpo.

### 4. Bailando una poesía

- Consigna: elegiremos una poesía y luego representaremos su significado a través de un baile improvisado o con una coreografía que podamos crear.
- Al finalizar, podemos preguntarnos: ¿por qué elegimos esta poesía y no otra?, ¿de qué manera nos representa?, ¿por qué elegimos bailarla de esta manera?; ¿qué opinaron nuestros compañeros de grupo al verla?
- Objetivo: ser más conscientes de la conexión que hay entre la poesía, la danza, las vivencias emocionales y nuestra vida.

### 5. Viendo una película

- Consigna: veremos una película o serie relacionada con la vida de algún bailarín para luego analizarla y comentarla. Por ejemplo, *Billy Elliot* (Stephen Daldry, 2000), *El cisne negro* (Darren Aronofsky, 2010), *Fama* (Alan Parker, 1980), *Flash Dance* (Adrián Lyne, 1983), *Footloose* (Herbert Ross, 1984), *Five Dances* (Alan Brown, 2012).
- Al finalizar, podemos preguntarnos: ¿con qué personaje de la historia nos sentimos más identificados?, ¿por qué?, ¿qué características de nuestra personalidad tiene?; ¿podría decirse que esta película o serie nos ha motivado?, ¿para qué?
- Objetivo: motivarnos a salir de nuestra zona de confort y esforzarnos para conseguir nuestros objetivos, sin darle tanta importancia a lo que los demás puedan opinar o a las circunstancias adversas de la vida.

### 6. Viendo un show de danza

- Consigna: ver un show de danza por internet u organizar una salida para ir al teatro y ver un espectáculo de danza. Luego, relatar o compartir la experiencia.
- Al finalizar, podemos preguntarnos: ¿qué fue lo que más nos gustó?; ¿cómo nos sentimos en el teatro?; ¿nos imaginamos a nosotros mismos bailando sobre un escenario?; ¿alguna vez, bailamos sobre un escenario?, ¿y cuando éramos niñas/os, en actos escolares?, ¿cómo solíamos sentirnos entonces?, ¿nos sentíamos cohibidos ante la mirada de los demás o lo disfrutábamos?, ¿cómo habla esto de nuestra personalidad?
- Objetivo: aprender a disfrutar y a conectarnos con otros mundos diferentes al de nuestras vidas cotidianas, pero no por eso menos importantes.

### 7. Bailando la historia

- Consigna: representaremos los diferentes momentos de nuestra vida (por ejemplo, niñez, adolescencia, adultez; o nivel inicial, nivel primario, secundario, universitario, campo laboral, familiar, etc.). Para esto, elegiremos la música y crearemos una coreografía en tres, cuatro o más actos, que luego bailaremos. Podemos integrar a otras personas para que bailen con nosotros, representando diferentes papeles.
- Al finalizar, podemos preguntarnos: ¿cómo nos hemos sentido?; ¿hemos podido darnos cuenta de algo en particular?; ¿nos ha costado bailar algún acto más que el otro?, ¿por qué?; ¿a qué acto le dimos mayor importancia o se destacó de los demás?; ¿cuál ha sido la devolución que hicieron los espectadores o compañeros de grupo?; ¿qué pensarían nuestros padres, abuelos, madres si hubiesen visto la representación?
- Objetivo: tomar consciencia de nuestro cuerpo historiado, atravesado por todas las emociones y experiencias que hemos vivido.

### 8. Bailando el silencio

- Consigna: crearemos una coreografía con una música que elijamos en la que habiten silencios que también bailaremos a nuestra manera.
- Al finalizar, podemos preguntarnos: ¿cómo nos hemos sentido bailando los silencios?; ¿cuánto lugar ocupó el silencio en este baile?; ¿pudimos conectarnos con alguna emoción en particular en los momentos de silencio?; ¿el silencio posibilitó escucharnos, sentirnos desde otro lugar?, ¿cuál?; ¿cómo nos llevamos con los momentos de silencio en nuestra vida cotidiana?
- Objetivo: se trata de un ejercicio de introspección, de toma de consciencia de nosotros mismos, de nuestra propia naturaleza, de nuestra propia alma más allá del cuerpo.

## Taller de teatro

Como muchas artes, el origen del teatro se remonta a los antiguos rituales que se les hacían a los dioses y su popularidad es abrumadora hasta la actualidad. Esto no es una casualidad. Cada vez que vamos al teatro a ver una obra, es como si entrásemos a una especie de dimensión paralela en donde todo puede ser posible porque, al fin y al cabo, está sucediendo ahora, frente a nosotros. La ficción se hace real: se puede escuchar el sonido de la respiración de los actores, sentir su transpiración, sus nervios, sus tropiezos; nada que ver con el cine, en donde todo parece demasiado perfecto, y en cierto punto, distante. El teatro, en cambio, tiene la particularidad de hacernos partícipes, de involucrarnos en la historia de otras personas; quienes, desde algún lugar, nos representan. Y mientras los actores interpretan distintas personalidades y roles, los espectadores comenzamos a identificarnos con uno u otro de los personajes hasta que, poco a poco, caemos en la cuenta de que en realidad todos somos todos, ya que cada quien podría ser un aspecto de nuestra personalidad, el eco de alguna de las tramas de nuestra propia historia.

*Definición*

La etimología de la palabra "teatro" proviene de una palabra griega *theatron* que significa "lugar o espacio para contemplar". Se trata de un tipo de arte escénico que busca representar historias actuadas frente a espectadores o público, valiéndose además de una combinación de escenografía, música y sonido, maquillaje y vestuario.

El teatro, al igual que sucedió con la música y la danza, se originó en la prehistoria, con las ceremonias y rituales mágicos vinculados al culto a los dioses, a la caza o a las cosechas, por ejemplo. Así, las obras de teatro se fueron popularizando y extendiendo a lo largo de todas las civilizaciones humanas:

- En el Antiguo Egipto (2500 a. C.) comenzaron a representarse obras dramáticas basadas en la muerte y resurrección de los dioses.
- En la ciudad de Atenas, en la antigua Grecia, entre los siglos V y VI a. C., aparecieron las primeras obras de teatro, que fueron representadas primero en las plazas y más tarde en anfiteatros con hasta 12.000 espectadores. En aquella época, los actores se valían de máscaras, músicas, cantos, poesías y danzas, para actuar obras dramáticas acerca de la vida de los dioses, leyendas heroicas o críticas humorísticas a los políticos de turno.
- Los teatros romanos comenzaron a construirse en el siglo I a. C. con varias plantas, y sus espectáculos –con temas similares a los de Grecia– eran representados sobre una plataforma.

- En las culturas prehispánicas de América, los mayas utilizaron el teatro para representar obras cuyos temas giraban en torno a sus eventos históricos y ciclos agrícolas. Los aztecas e incas, en cambio, ponían el acento en historias teatrales relacionadas con eventos religiosos y eventos acontecidos en las guerras.
- En África las ceremonias y rituales religiosos eran representadas con maravillosos espectáculos haciendo hincapié en la música, así como en un vestuario muy colorido.
- En la edad Media de Europa, a partir del siglo XI, comenzaron a representarse historias bíblicas adentro de las iglesias, con un fin educativo.
- Durante el Renacimiento, en la Europa del siglo XVI y XVII, comenzaron a construirse teatros con salas cubiertas. En Inglaterra, empezaron a representarse las obras de William Shakespeare; mientras que en España se pusieron de moda las obras de Lope de Vega y Calderón de la Barca.
- En los siglos XVIII y XIX, se empezó a oscurecer el auditorio para que se el público pudiera prestar mayor atención a la historia que se estaba representando; y también, se comenzó a dar mayor importancia a las escenografías, utilizando decorados para cada acto, vuelos o desapariciones de personajes en escena, por ejemplo.

*Técnicas*

En el teatro, intervienen nueve elementos principales: 1) actores, 2) guion, 3) audiencia, 4) vestuario, 5) maquillaje, 6) escenografía, 7) iluminación, 8) música o sonido y 9) director.

En lo que se refiere específicamente al guion de la obra de teatro, puede estructurarse a partir de distintos elementos: 1) presentación, 2) desarrollo, 3) desenlace, 4) actos, 5) escenas y 6) diálogos, 7) acotaciones.

*Clasificaciones*

Existen diferentes clases de teatro:

- **Teatro cómico**: se representan historias cuyo eje central gira en torno a exaltar defectos, debilidades o torpezas del personaje. Generalmente es el propio protagonista quien narra las propias tragedias de su historia, aunque desde una perspectiva burlesca y en un tono sarcástico que provoca que los espectadores se rían.

- **Teatro trágico**: los protagonistas interpretan circunstancias dramáticas y difíciles de sus vidas, que los afectan directamente a ellos o a quienes los rodean. Las historias suelen desarrollarse en un ambiente de tristeza y sensación de impotencia, e incluso de peleas o muerte.
- **Tragicomedia**: combinación de tragedia con comedia. Muchas veces, en su trama se encuentran distintas clases sociales.
- **Entremés**: representaciones que se realizan en los espacios intermedios que quedan entre una obra y la otra.
- **Teatro infantil**: representaciones hechas mediante un tipo de lenguaje sencillo y entendible, dado que están dirigidas a las niñas y niños; aunque no necesariamente los actores deben ser niños, pueden ser adultos.
- **Teatro pedagógico**: se trata de obras cuyo objetivo es enseñar y/o transmitir conocimientos respecto de un determinado tema y están destinadas a un público en particular.
- **Teatro mímico**: los personajes de este tipo de obras suelen llamarse mimos, y se caracterizan por no utilizar la voz como instrumento de comunicación sino su lenguaje corporal y gestos.
- **Teatro absurdo**: se basa en una trama carente de significado y con diálogos repetitivos, en la cual resulta difícil distinguir un principio, un desarrollo y un desenlace. Este tipo de teatro refleja y/o cuestiona aspectos de nuestra sociedad y del hombre.
- **Teatro de inmersión**: en este tipo de obras se rompe la barrera entre los actores y el público, dado que este último puede entremezclarse en el espacio escénico y/o interactuar con los distintos personajes.
- **Auto sacramental**: su trama gira en torno a temas éticos, morales y/o religiosos; se representan episodios de la Biblia, etcétera.
- **Monólogo**: este tipo de obra es representada por un solo actor, quien puede actuar el rol de uno o varios personajes.
- **Ópera**: obra de teatro en la cual se dialoga cantando. Las hay de diferentes clases; por ejemplo, ópera romántica, seria, legendaria, bufa.
- **Farsa**: obra cómica; aunque, a diferencia de la comedia, se puede representar un asunto inverosímil o poco realista.
- **Vodevil**: comedia en la cual se representan bailes e interpretan canciones que se caracterizan por ser tan alegres como frívolas.

- **Zarzuela**: género creado en España por Calderón de la Barca; se representa una historia dramática en la cual se van alternando los diálogos con las canciones.
- **Sainete**: obra popular en cuyo argumento se ridiculizan costumbres y vicios sociales, y se caracteriza por ser breve y jocosa.

Además, existe otra clasificación basada en los tipos de teatro:

- **Pantomima**: los actores cuentan una historia haciendo uso del lenguaje corporal y gestual, evitando hablar.
- **Teatro de títeres y marionetas**: en este caso, los muñecos sustituyen a los actores. En general, son obras que están destinadas a un público infantil, aunque no necesariamente.
- **Teatro de sombras**: se origina en China e India y se trata de un estilo teatral que se caracteriza por proyectar sobre una pantalla sombras (de las manos formando distintas figuras o de muñecos, por ejemplo).
- **Teatro negro**: crea una ilusión de objetos y muñecos animados levitando. Para lograr tal efecto, se ilumina con luz negra a los objetos, títeres y muñecos, los cuales son manipulados por titiriteros que al estar vestidos de negro y actuar delante de una pantalla o fondo negro quedan invisibilizados. Podemos nombrar como ejemplo, al Teatro Negro de Praga, una de las compañías más famosas del mundo.
- **Teatro callejero**: se trata de un tipo de teatro que se representa al aire libre y en espacios públicos, el cual puede ser gratuito o cobrarse "a la gorra". Al no contar con una sala con asientos, el público se ubica alrededor de los actores, quienes desarrollan la historia sin necesidad de tener una escenografía.
    - **Teatro invisible**: es una variante del teatro callejero, pero se diferencia de este en que la gente ignora que está presenciando una obra teatral.
    - **Teatro al aire libre**: si bien la obra se representa al aire libre, se diferencia del teatro callejero en que se pueden realizar presentaciones y shows con grandes escenografías y montajes.
- **Teatro de mimo**: se trata de un arte dramático del movimiento en el que se representa mediante el propio cuerpo y el rostro vivencias, pensamientos, ideas, estados emocionales como calma, dudas, incertidumbre, miedo, tristeza, risas, enfado e ira, terror, vergüenza, etc. A diferencia de otros tipos de representaciones teatrales

basadas en el texto y la palabra, aquí, por el contrario, se trata de imitar sin palabras; por tal razón el mimo se valdrá de las pausas, balanceos, ritmos, peso, resistencia, vacilaciones. Básicamente, el objetivo del mimo es hacer visible lo invisible mediante los movimientos de su cuerpo y de sus gestos. El clásico vestuario que utilizan los mimos incluye colores neutrales o tan solo el blanco o el negro (por ejemplo, pantalones y galera negros, guantes y camisa blanca); a su vez, suelen pintarse el rostro de blanco. Uno de los mimos más destacados a nivel mundial ha sido Marcel Marceau.

- **Teatro de clown**: en sus representaciones intenta mostrar cuán ridícula y absurda puede llegar a ser la naturaleza humana; con tal motivo, trabaja con el doble propósito de hacer reír tanto al público como a sí mismo, y para esto se basa en las torpezas y los errores que las personas cometemos a diario. Joaquín Baldín explica cuál es la diferencia entre el clown y el payaso:[66]

> El clown descubre algo irrelevante (un objeto minúsculo, por ejemplo) pero que toma una gran dimensión en su mundo, este elemento complica al personaje y logra desde su torpeza una manipulación del elemento absolutamente ajena a su utilidad original, el clown se mantiene impávido, a lo sumo mira a los espectadores y deja escapar una suave y nerviosa sonrisa, busca complicidad, no lo logra, pretende hacer reír, esperar ansioso a que el público responda a su acción, pero como el público sigue inmutable el clown asume que nadie se ríe e intenta con más torpeza (...) El clown debe lograr que se rían de él, que es el motor del accionar absurdo y estrafalario, es el actor grotesco en su máxima expresión (...) En la misma situación, el payaso no espera ansioso la respuesta del público, el payaso sale a su encuentro y lo hace cómplice, pero antes de llegar: ¡Plop!, cae dando estrafalarias piruetas, logrando que se rían de él. También, lo logra, simplemente llega al mismo puerto, pero por otro camino que no está muy alejado del camino que aborda el actor o el mimo para llegar al clown (...) Para hacer reír el clown se debe entregar por completo sabiendo que es el símbolo de lo que el público no quiere ser (aunque, en la vida pasamos muchas situaciones parecidas a las que vive un payaso, nos desubicamos en los lugares más insólitos, somos solemnes en donde reina la alegría, nos tropezamos en la calle y en el intento de levantarnos nos caemos definitivamente, la gente ríe, nosotros no, sencillamente queremos hacerlo bien y no podemos (...). El clown,

[66] Baldín, J. "Técnicas de teatro de mimo y clown", entrevista en Radio y Cultura a Joaquín Baldín, en el programa *Vamos por las sobras*.

en cambio, está ajeno a esto, el clown busca desde su positivismo crónico querer hacer todo bien y llega a ser molesto al punto de ser un ser obsesivo y marginal (...) El clown es un niño que vive desde su inocencia en un mundo de adultos, gobernado por adultos y que él, desde su simplicidad, trata de cambiar. Un ser que desde su no ser se reencuentra con la inocencia de un niño pero que tiene la madurez de un niño grande.

## Talleres

### 1. Representar una obra

- Consigna: crearemos una obra de teatro que dure entre cinco y diez minutos. Para esto, elegiremos a los actores principales y secundarios de nuestra historia, que escribiremos en una hoja. Luego, procederemos a representarla (podemos disfrazarnos). Vale aclarar que los demás actores o bien pueden ser miembros del grupo en el cual estamos participando, o bien pueden ser muñecos u objetos que hagan de tales. Otra opción es que imaginemos al resto de los actores y representemos la obra hablando tal y como si estuviesen presentes.
- Al finalizar, podemos preguntarnos: ¿cuál ha sido el argumento de la obra?, ¿coincide con algún momento de nuestra vida?; ¿cómo fueron las características de los vínculos entre los personajes de la obra?, ¿tienen algún parecido con los vínculos que establecemos en nuestra propia vida?; ¿cómo nos sentimos hablando con actores imaginarios?; ¿a veces sentimos que nadie nos ve?; ¿nuestra obra tuvo un principio, un desarrollo y un final, o le faltó el final?; ¿los espectadores lograron entenderla?, ¿qué opinaron ellos?
- Objetivo: tomar de consciencia acerca de cómo nos vinculamos o cómo resolvemos los conflictos vinculares.

### 2. Interpretar una obra

- Consigna: elegir y leer una obra de teatro ya publicada, estudiar su letra y representarla con todos los participantes del grupo.
- Al finalizar, podemos preguntarnos: ¿cómo nos hemos sentido con esta experiencia?; ¿qué fue lo que nos ha gustado más y lo que nos ha gustado menos de esta experiencia?; ¿nos ha resultado muy difícil memorizar la letra, o nos ha costado más

representar las emociones de nuestro personaje?; ¿con cuáles de los personajes nos sentimos más identificados?; ¿nos hubiese gustado interpretar a otro de los personajes?, ¿por qué?; ¿qué puntos en común tiene esta obra con nuestra propia vida?
- Objetivo: desarrollar habilidades sociales.

### 3. Interpretar un personaje

- Consigna: elegir interpretar alguno de los personajes (principales o secundarios) de una obra de teatro ya escrita y publicada por otro autor. El personaje y el rol que interpretemos debe ser igual al del libro; pero, debemos contextualizar o recrear la trama de la historia en otro período histórico.
- Al finalizar, podemos preguntarnos: ¿cómo nos hemos sentido?; ¿en qué nos identificamos con el personaje que hemos elegido?, ¿a qué personaje o persona de mi vida actual nos recuerda?; ¿en qué nos hizo reflexionar este ejercicio?; ¿en algún momento, hemos percibido que varias personas de nuestra familia han repetido una historia similar o les han acontecido sucesos parecidos? (Abuela, madre, hija y nieta víctimas de abuso sexual; o víctimas de robos o enfermedades o poseedoras de una misma característica de personalidad, por ejemplo).
- Objetivo: descubrir patrones universales de la conducta humana y arquetipos de vínculos.

### 4. Actuar en espejo

- Consigna: actuar un rol improvisado y hablar dirigiéndonos a la imagen de nosotros mismos que vemos en un espejo, haciendo de cuenta que se trata de otra persona. Podemos hacer que la persona del espejo permanezca en silencio o, por el contrario, que nos conteste; en este último caso, nosotros mismos deberemos ponerle la voz a dicha imagen. Coloquemos el acento en la espontaneidad de este ejercicio; si al principio nos cuesta empezar a hablar, podemos abrir un libro en cualquier parte y elegir la primera palabra que leamos, como para "romper el hielo" y animarnos a comenzar.
- Al finalizar, podemos preguntarnos: ¿cómo nos hemos sentido con este ejercicio?, ¿hemos podido notar que esa persona a la que le hablábamos se parecía a alguien de mi familia?, ¿le hablábamos en términos duros o de manera compasiva?

- Objetivo: descubrir aspectos ocultos de nuestra sombra o aspectos negados de nosotros mismos; nuevas facetas de nuestra personalidad; también, conectarnos con nosotros mismos y nuestra historia, creencias, deseos, nuestras maneras de percibir y de juzgarnos a nosotros mismos.

**5. Crear vestuarios**

- Consigna: crearemos dos personajes opuestos; pero, tan solo a partir del vestuario.
- Al finalizar, podemos preguntarnos: ¿qué personajes hemos creado?, ¿qué características tienen cada uno de ellos si los pudiésemos describir con cinco palabras?, ¿podríamos decir que se trata de dos aspectos de nuestra propia personalidad o de dos roles que cumplimos en distintos contextos de nuestra vida?
- Objetivo: reflexionar sobre cómo la ropa y el vestuario suelen influir en nuestros vínculos y en nuestro estado de ánimo, autoestima, etcétera.

**6. Crear escenografías**

- Consigna: elegir una obra de teatro ya escrita y publicada, y crear su escenografía con los elementos que tengamos a mano.
- Al finalizar, podemos preguntarnos: ¿qué hemos aprendido de esta experiencia?, ¿cómo nos sentimos?, ¿si nuestra propia casa fuera una escenografía, de cuál obra de teatro podría ser?
- Objetivo: tomar consciencia de los ambientes que habitamos y cómo estos suelen ser reflejo de nosotros mismos.

A modo de ejemplo, compartiremos las fotografías de una obra que hizo un niño sobreviviente de incesto. Ante la propuesta de pintar algo, se encerró en el baño del consultorio y pintó todas las paredes con témpera roja (que había traído escondidas en el pantalón). Comenzó a jugar adoptando el rol de un monstruo asesino que acababa de matar a un niño; y luego, entre gritos y risas quiso sacar fotografías tal y como si se tratase de una obra de teatro o cine y él fuera el director (ver imagen 16).

Si bien las imágenes pueden llegar a ser fuertes para los espectadores sensibles, no son otra cosa más que la metáfora del miedo que perseguía al niño: el miedo a ser asesinado por su agresor sexual. Esta obra teatralizada constituyó una catarsis emocional para su autor, que, junto con su psicoterapia le ayudó a sanar las heridas de su trauma. (Esta clase de sesiones de arteterapia deben ser supervisadas en todos los casos por un terapeuta profesional).

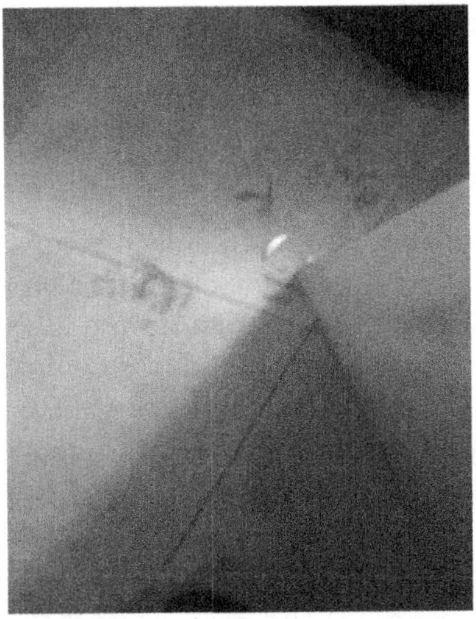

**Imagen 16**. Escenografía creada por un niño víctima de incesto

## 7. Improvisar

- Consigna: actuaremos improvisando: 1) una pelea, 2) una escena de amor, 3) una escena traumática, 4) la venta de un producto, 5) un momento feliz, 6) un momento triste, 7) un duelo, 8) un parto, 9) una escena absurda, 10) una tragedia, etc. Las escenas que representemos no deben pertenecer a nuestra vida; simplemente, las imaginaremos como si fuesen de la vida de otra persona cualquiera. Podemos representar estas y otras propuestas que se nos ocurran. Si estamos en grupo, una opción es que todos vayan improvisando todas y cada una de las escenas; o, por el contrario, seleccionar al azar una escena por participante. El tiempo de duración de cada escena puede ser de cinco a diez minutos.
- Al finalizar, podemos preguntarnos: ¿con qué escena o tema nos sentimos más a gusto a la hora de interpretar?, ¿con cuál nos sentimos más incómodos o nos costó más interpretar?, ¿por qué?; ¿cuál de todas las escenas nos representaría más a nosotros y

a nuestra manera de actuar en nuestra propia vida?; ¿pudimos conectarnos con las emociones del personaje en cada representación?; ¿descubrimos algún aspecto de nosotros mismos?

- Objetivo: dado que nadie representa algo de manera neutral, sino que proyectamos aspectos de nosotros o de las experiencias que hemos vivido en cada cosa que creamos, la finalidad de este ejercicio es autodescubrir cosas de nosotros mismos o conectarnos con vivencias que, tal vez, no recordábamos demasiado.

**8. Monólogo**

- Consigna: crear y representar un monólogo de un tema cualquiera que elijamos, con un estilo dramático; luego, en un segundo momento, representar el mismo tema, pero, con un estilo humorístico, a la manera de un show de *stand up*.
- Al finalizar, podemos preguntarnos: ¿cuál de los dos estilos nos resultó más fácil de interpretar?, ¿con cuál de los dos estilos nos identificamos más?, ¿cuáles podrían ser los tres beneficios y los tres perjuicios de tomarnos la vida de manera dramática o de manera irónica y con sentido del humor?, ¿cuáles son los momentos de nuestra vida en que tenemos más sentido del humor y cuáles son los momentos de nuestra vida en que somos más dramáticos?
- Objetivo: tomar consciencia de aspectos opuestos de nuestra propia personalidad y la manera en cómo reaccionamos ante ciertos y determinados estímulos o vivencias.

**9. Mimos**

- Consigna: con la técnica de los mimos que describimos anteriormente, realizaremos una serie de representaciones mediante: 1) poses y gestos, 2) ritmos, 3) disociando o coordinando distintas partes del cuerpo, 4) caminando en forma recta o diagonal, corriendo, etc. En nuestra representación, podemos utilizar uno de estos métodos o todos. Otro ejercicio para hacer a partir de la técnica del mimo es representar una estatua.
- Al finalizar, podemos preguntarnos: ¿hemos podido movernos y expresarnos con facilidad, o nos costó hacer una representación sin que medie la palabra?, ¿qué hemos podido descubrir de nuestro cuerpo?, ¿cómo reaccionaron nuestros espectadores?

- Objetivo: tomar consciencia de cómo nuestro cuerpo refleja nuestras emociones, ideas, percepciones, etcétera.

### 10. Clowns

- Consigna: con la técnica del clown que describimos anteriormente, realizaremos una serie de representaciones utilizando: 1) un elemento imaginado, 2) elementos descartables, 3) improvisaremos utilizando una nariz roja, valija, sombreros, anteojos.
- Al finalizar, podemos preguntarnos: ¿cómo nos hemos sentido como clowns?; ¿alguna vez nos ha tocado experimentar una situación absurda?, ¿cómo hemos reaccionado?; ¿en nuestras vidas, cómo enfrentamos el miedo al ridículo?; ¿somos personas con sentido del humor o estamos muy pendientes de lo que los demás piensen de nosotros?
- Objetivo: liberarnos del temor al ridículo y desarrollar el sentido del humor aprendiendo a no tenerle tanto miedo a las situaciones absurdas o sin sentido.

### 11. Interpretar personajes opuestos

- Consigna: crearemos y/o interpretar una escena eligiendo a uno de los personajes; luego, en un segundo momento, cambiamos de rol e interpretamos la misma escena, pero desde un personaje totalmente diferente y con otra personalidad, valores y ética, nivel sociocultural o socioeconómico.
- Al finalizar, podemos preguntarnos: ¿cómo me he sentido?; ¿qué aspectos en común tienen ambos personajes?; ¿qué aspectos incompatibles tienen estos dos personajes? ¿Con cuál de los dos personajes nos identificamos más?, ¿por qué?; ¿podría decirse que ambos personajes representan dos aspectos opuestos que conviven en la personalidad de un mismo individuo?; si fuesen dos aspectos de nuestra propia personalidad, ¿cuál sería el aspecto más consciente y aquel más negado o inconsciente de nuestra propia personalidad?; ¿alguno de estos personajes me hace acordar a alguien que conozco?, ¿a quién?
- Objetivo: abrir un espacio de autoconocimiento e integrar los aspectos de nuestra "sombra" o inconsciente a nuestra consciencia.

## Títeres

La técnica de los títeres tuvo su origen en la prehistoria, cuando los hombres comenzaron a manipular el fuego y a observar y a jugar con las sombras que sus propios cuerpos y manos reflejaban en las paredes de las cavernas. Más tarde, hace unos 4000 años, los títeres empezaron a popularizarse tanto en Oriente con en Occidente, hasta un punto tal que en China había artesanos especialistas en fabricar títeres. También, en tumbas de Egipto se pudieron encontrar muñecos articulados realizados en piezas de marfil y madera que podían ser manipulados a través de cuerdas.

Los títeres, al ser simples y aparentes muñecos inofensivos, algunos con voces chillonas y graciosas, en el antiguo Imperio Romano y Griego, o en la India, tenían la función de representar temáticas sociales controvertidas de manera graciosa a la vez que dejaban reflexionando al público. Hoy en día sucede algo similar; también son utilizados para representar cuentos con profundas historias de manera simple, las cuales, son muy bien aceptadas por todo tipo de público, tanto infantil como adulto.

Por más que quien lo maneje no esté escondido detrás de un retablo, no importa la edad que tengamos, cuando estamos frente a frente con un títere, muy pronto comenzamos a interactuar con él tal y como si se tratase de un ser con vida propia. Lo que sucede es casi inexplicable; es como si de pronto la realidad objetiva quedara en suspenso y recuperáramos el pensamiento mágico infantil, que parte del supuesto de que todo aquello que se mueve tiene vida.

Esta última cualidad que distingue a los títeres ha hecho que en la actualidad también puedan ser utilizados con fines psicoterapéuticos. En este aspecto, por ejemplo, es muy interesante observar cómo las niñas y niños que atraviesan por distintas clases de trastornos y traumas, si bien suelen negarse a responder las preguntas de los profesionales, suelen responder natural y espontáneamente a esas mismas preguntas si es que se las hace un títere.

Quizás los títeres hayan tenido siempre tanta popularidad entre los seres humanos porque, desde algún aspecto, muchas veces las personas nos sentimos como títeres manipulados desde la política, los movimientos sociales, las circunstancias de la vida, el destino…

*Definición*

Los títeres son muñecos diseñados para ser manipulados y fueron utilizados desde la antigüedad, en la China y en los imperios romano y griego, como personajes dentro del teatro para hacerlos actuar.

La persona que manipula a los títeres se llama "titiritero", y es considerado un verdadero artista, ya que manejarlos (especialmente, a aquellos que tienen distintas partes de su cuerpo móviles) requiere de mucha destreza y coordinación. En sus representaciones, los titiriteros se valen del artilugio de modificar el tono de su voz y hacerla un tanto chillona.

A través del movimiento y la acción, el titiritero dota a los títeres de vida, generalmente con el objetivo de utilizarlos como personajes dentro de la historia de una obra teatral. Aunque vale destacar que los títeres también pueden tener una función lúdica, o pueden usarse con un objetivo pedagógico o terapéutico por los pedagogos y psicólogos, respectivamente.

*Técnicas*

Básicamente, los títeres pueden fabricarse empleando cualquier tipo de material que no resulte pesado de manipular; por ejemplo: 1) telas, 2) medias, 3) madera, 4) vasos de plástico, 5) papel maché, 6) tejidos de croché, 7) goma espuma de poliestireno, 8) porcelana en frío, etcétera.

A su vez, a la hora fabricarlos debe tenerse en cuenta que su ropa (vestuario), así como las expresiones que se puedan pintar en su rostro, coincidan con la de un determinado personaje.

Algunos de los titiriteros profesionales suelen representar sus obras manipulando los títeres escondidos del público detrás de un retablo, decorado o escenario de cartón, madera o cortinas.

Finalmente podemos decir que los títeres hablan a través de la boca de quienes los manipulan con distintos tonos de voz y/o imitando voces chillonas que, frecuentemente, pueden resultar graciosas al público infantil.

*Clasificación*

Existen diferentes clases de títeres:

- **Títere de guante**: es aquel que tiene forma de guante y que se lo maneja desde la parte inferior, introduciendo la mano dentro de él.
- **Títeres de dedos**: son de pequeño tamaño y para manipularlos se insertan en los dedos.
- **Títeres de varilla**: el titiritero debe usar sus dos manos para manejar un solo títere, utilizando un sistema de varillas para mover sus dos brazos y cabeza.
- **Títeres de peana**: poseen un soporte de madera (muchas veces, en forma de cucurucho) y son movidos a través de una varilla que tienen insertada por dentro del cuerpo del muñeco.
- **Títeres de sombras**: se trata de figuras planas y articuladas que son movidas por una serie de varillas, detrás de una pantalla transparente iluminada con un foco de luz, dando origen a sombras chinescas.
- **Marionetas**: títeres manipulados a través de un sistema de hilos o cuerdas aferrados a sus extremidades, cabeza y demás articulaciones.
- **Bunraku japonés**: muñecos de gran tamaño, manipulados por titiriteros que se colocan detrás de estos, a la vista de los espectadores.

## Talleres

En algunos de los talleres que describiremos a continuación, lo que proponemos será fabricar nuestros propios títeres con el objetivo de experimentar el trabajo con diferentes materiales y proyectar distintos aspectos de nosotros mismos en cada uno de los personajes. A partir de esto, podremos improvisar y crear una obra de títeres que representaremos para los compañeros de nuestro grupo o para espectadores imaginarios; en estos casos en particular, es interesante observar cómo en sus terapias individuales o en los juegos que hacen en sus casas, los niños y niñas representan la obra frente a un público de muñecos.

**1. Fabricantes de títeres**

- Consigna: crear personajes de títeres utilizando varias técnicas (si carecemos de la guía de un arteterapista, averiguaremos cómo hacerlos consultando tutoriales de YouTube). Así, de esta manera, podemos fabricar:
  - Títeres de porcelana en frío
  - Títeres con medias
  - Títeres con vasos de plástico
  - Títeres con telas y croché
  - Títeres con papel, cartulina, cartón, rollos de papel higiénico, goma eva
  - Títeres con guantes
  - Títeres con cucharas de madera

**2. Representar una obra con títeres creados por nosotros**

- Consigna: reunir todos los títeres que hayamos creado e improvisar una obra basada en un cuento infantil.
- Al finalizar, podemos preguntarnos: ¿nos fue difícil improvisar una obra o nos divertimos?, ¿supimos imitar diferentes tonos de voz o expresiones vocales?, ¿cuál de los personajes nos gustó interpretar más y cual menos?, ¿cómo reaccionaron nuestros espectadores? (Si no los tenemos podemos filmar nuestra obra para compartirla y mostrársela a nuestros amigos).
- Objetivo: hacer una catarsis de sensaciones, emociones, pensamientos de una manera divertida y lúdica.

**3. Teatro de sombras**

- Consigna: representar una obra de títeres usando la proyección en una pared de la sombra de nuestras manos; también, podemos agregar la sombra de otros elementos.
- Al finalizar, podemos respondernos: ¿cuál fue el argumento de nuestra obra?, ¿cuál fue el personaje que interpretamos y qué características tiene?, ¿cómo podríamos identificarnos con este personaje?, ¿qué aspectos de nuestra vida o de nuestra personalidad aún permanecen en sombras y nos cuesta aceptarlos como propios?

- Objetivo: darnos cuenta y conectarnos con los aspectos de nosotros mismos que solemos rechazar.

**4. Somos ventrílocuos**

- Consigna: jugar a que somos ventrílocuos; para eso, elegiremos un títere y crearemos o improvisaremos un show en el cual lo haremos hablar con nuestra propia voz; pero, sin que nadie note que somos nosotros. Si estamos trabajando con un grupo de niños/as o de adolescentes, una idea divertida es armar un concurso de ventrílocuos.
- Al finalizar, podemos preguntarnos: ¿coinciden las características simbólicas del títere que utilizamos con aspectos de nuestra propia personalidad?; ¿nos resultó difícil hacerlo hablar sin que nadie notara quién le ponía la voz?; ¿pudimos expresar pensamientos propios respecto de alguien o algo, a través del personaje del muñeco?; ¿a veces nos sentimos un poco como el muñeco?, ¿existen personas que quieren manejar nuestros pensamientos o que nos obligan a decir lo que ellos quieren?, ¿o, por el contrario, insistimos en que los demás digan y hagan tal o cual cosa?
- Objetivo: tomar consciencia de cómo acostumbramos a expresarnos a través de un doble discurso, o de forma directa e indirecta.

**5. Representar una obra de teatro con títeres de goma espuma**

- Consigna: trabajaremos para crear una obra con títeres de goma espuma, pero poniendo especial énfasis en que los distintos personajes vayan cambiando drásticamente sus expresiones faciales.
- Al finalizar, podemos preguntarnos: ¿qué gestos acostumbramos hacer con la cara, o somos más bien inexpresivos?; ¿cómo inciden los gestos que hacemos en las reacciones que los demás luego tienen para con nosotros?; ¿hacemos muchas expresiones con los ojos?, ¿cuáles, por ejemplo?
- Objetivo: tomar consciencia de cómo las expresiones faciales (tanto las nuestras como las de los demás) suelen influir en nuestras reacciones conductuales.

En la imagen 17, compartimos la variedad de expresiones faciales que pueden llegar a adoptar los títeres de goma espuma; razón por la cual, resultan de tanta utilidad para trabajar en los espacios de arteterapia.

**Imagen 17**. Variedad de expresiones faciales en títeres de goma espuma

## Máscaras

Tradicionalmente, las máscaras se utilizaban –y siguen utilizándose– como parte de las celebraciones de carnaval (por ejemplo, en el carnaval de Venecia); en bailes de disfraces, en la lucha libre profesional o para representar obras teatrales.

En la época de la peste negra, en Europa, los médicos comenzaron a usar máscaras con narices aguileñas. Más adelante, máscaras similares comenzaron a ser empleadas por mercaderes venecianos para no ser reconocidos por sus clientes a medida que ascendían de clase social a la nobleza; se tapaban la cara con el fin de no ser reconocidos fácilmente como astutos estafadores o tacaños frente a su comunidad.

Las culturas precolombinas usaron máscaras de madera, terracota, jade, ónix, plumas, oro y plata que simbolizaban divinidades, héroes y hasta personajes arquetípicos como el ángel, diablo o la doncella.

Actualmente, las máscaras son muy usadas dentro del arteterapia para implementar conceptos de Carl Jung, como por ejemplo el de la persona y la sombra. Sucede que, paradójicamente, ocultando el rostro de una persona, la máscara delata su verdadera identidad o estado emocional.

*Definición*

La palabra "máscara" está presente desde la antigüedad y puede encontrarse en los idiomas de distintas culturas: *mascus* en latín; *maskharah* en árabe; *masque* en francés; *maschera* en italiano; masquèra en gallego.

Las máscaras son un tipo de ornamento que representan distintos arquetipos simbólicos provenientes del inconsciente colectivo, así como del inconsciente individual de cada persona. Una de sus principales funciones es ocultar la cara de una persona. Si bien son similares a las caretas y ambas palabras funcionan como sinónimos, las caretas se usan específicamente para cubrir un rostro disimulando sus rasgos característicos.

Su uso se remonta a la antigüedad, en las representaciones teatrales de las festividades de egipcios, griegos, romanos, chinos. Se cree que su aparición en la historia coincide con la toma de consciencia de sí mismo (identidad individual) y una mayor percepción y empatía del hombre respecto de su entorno, que le permitió construir primero máscaras de animales y más tarde máscaras que personificaban distintos estados de ánimo o a sus dioses.

*Técnica*

Antiguamente, las máscaras se fabricaban con cortezas u hojas de los árboles, con cuero, marfil o madera. Pero, en la actualidad, se las puede construir utilizando cualquier tipo de materiales e, incluso, combinarlos entre sí; por ejemplo: 1) papeles y cartones de distintas texturas, 2) látex, 3) plumas, 4) alambres, 5) distintos tipos de pinturas, 6) texturas brillantes, 7) papel maché, 8) adornos, 9) terciopelo, 10) maquillajes, etcétera.

Las máscaras pueden adquirir formas planas, curvas o formas más realistas y anatómicas, como si fuesen una especie de casco que cubre la totalidad de la cabeza; estas últimas, especialmente, deben contar con algún tipo de agujero o apertura por donde se pueda ver y respirar.

*Clasificación*

Según su función, se pueden clasificar en:

- Máscaras protectoras:
  - Con filtros: fabricadas con gomas elásticas que se ajustan cubriendo nariz y boca. Sirven para protegerse y no respirar malos olores o partículas nocivas para la salud como químicos, gases y polvo.
  - Máscaras de buceo: están conectadas a un tanque de oxígeno.
  - Máscaras de oxígeno: usadas en la medicina.
  - Máscaras deportivas: cumplen la función de proteger el rostro para que no se lastime en hockey, esgrima, fútbol americano.
  - Máscaras de soldador: para protegerse de las chispas y el fuego, son usadas por herreros, forjadores, artistas, etcétera.
  - Máscaras espaciales: placas transparentes que se colocan en la parte frontal de los cascos en los trajes de los astronautas.
  - Máscaras medievales para protegerse de pestes.
  - Máscaras para protegerse de virus: también llamadas mascarillas, tapabocas o barbijos.
- **Máscaras punitivas**: en la antigüedad, solían usarse como una forma de castigo o tortura, para que la persona sufriese una humillación pública.
- **Máscaras ceremoniales**: empleadas en ritos y ceremonias religiosas.

- **Máscaras faciales**: en cosmética, se hacen como un tratamiento para el cuidado de la piel, la limpieza de cutis, contra las arrugas.
- **Máscaras mortuorias**: en la antigüedad, cuando moría un personaje famoso, se le hacía una máscara de yeso al rostro de su cadáver, con el objetivo de obtener un molde realista con el cual crear un retrato o una escultura de su cabeza.
- **Máscaras vivas**: se fabrican con yeso sobre el rostro de una persona. Se emplean para crear un determinado personaje que el actor deberá interpretar tras colocársela en el contexto de una obra de teatro o en el cine.
- **Antifaces**: tipo de máscara de un material flexible que cubre la mitad superior de la cara con dos aberturas para los ojos.
- Máscaras venecianas.
- Máscaras carnavalescas.
- **Máscaras festivas** o de entretenimiento: se llevan fiestas de disfraces, bailes, casamientos, cumpleaños, espacios lúdicos.

## Talleres

### 1. Fabricantes de máscaras

- Consigna: crear máscaras utilizando varias técnicas (si carecemos de la guía de un arteterapista, averiguaremos cómo hacerlas consultando tutoriales de YouTube). Así, de esta manera, podemos fabricar:
- Máscaras de cartón o goma eva
- Máscaras con cascos
- Máscara de papel maché
- Máscaras de porcelana en frío
- Máscaras de plástico
- Maquillaje

### 2. Máscaras opuestas

- Consigna: construir y pintar una máscara con el material que elijamos. A la hora de crear no debemos pensar ni planificar demasiado lo que vamos a hacer, tenemos que ponernos manos a la obra y dejarnos fluir. Una vez que terminemos de hacer la máscara, construiremos otra (si es posible con otro material o técnica); pero que el estado de ánimo que refleje sea opuesto a la primera.

- Al finalizar, podemos preguntarnos: ¿qué características tiene la primera máscara, y la otra?; ¿nos recuerdan a alguien conocido?; si pudiésemos, ¿a quién le regalaríamos cada máscara?; ¿con cuál nos sentimos más identificados?; ¿podríamos decir que una de las máscaras representa cómo la gente nos ve, mientras que la otra, cómo nos vemos o cómo somos verdaderamente en la intimidad?
- Objetivo: diferenciar quién es uno mismo de cómo nos pueden ver los demás.

**3. Máscaras de familiares**

- Consigna: construiremos una máscara que represente a cada una de las personas de nuestra familia. (usamos diferentes técnicas y materiales). Otra cosa que no debemos olvidar es que cada máscara no tiene porqué ser una representación hiperrealista sino, por el contrario, debe tener algún detalle distintivo que simbolice a la persona que estamos representando (anteojos, bigotes; si se trata de alguien malhumorado, el ceño fruncido, etcétera).
- Al finalizar, podemos preguntarnos: ¿cuál es la máscara que más nos costó hacer?, ¿por qué?; ¿cuál de las máscaras nos parece la más linda?; ¿cuál es la máscara que podría dar más miedo?; si tuviéramos que elegir quedarnos con alguna de estas máscaras, ¿con cuál nos quedaríamos?
- Objetivo: repensar los vínculos con nuestra familia.

**4. Máscara de la ira**

- Consigna: con la técnica y el material que elijamos construiremos una máscara que represente la ira. Puede tratarse de nuestra propia ira frente a una injusticia, por ejemplo; o la ira de otra persona que conozcamos, la ira del planeta, etcétera.

- Al finalizar, podemos preguntarnos: ¿qué características tiene la máscara que hicimos?, ¿es la ira de quién o de qué cosa representada?, ¿se trata de una máscara que da miedo a quien la observe, o produce otro tipo de emociones como asombro? Supongamos que esta máscara fuese el rostro de una persona real, ¿qué efecto estaría queriendo producir en quiénes lo rodean?, ¿miedo, manipulación, impotencia, frustración?
- Objetivo: conectarnos con una de nuestras emociones negativas: la ira. Reflexionar sobre qué otras emociones están incluidas en ella.

**5. Máscara del futuro**

- Consigna: construiremos una máscara que nos represente a nosotros mismos, pero dentro de treinta años.
- Al finalizar, podemos preguntarnos: ¿es parecida a cómo me veo hoy?, ¿muy distinta?; ¿cuál es su expresión?; ¿qué gesto tiene?; si fuese una persona real, ¿qué podríamos decir de ella?, ¿se trata de una persona cuyo rostro refleja alegría, paz, tranquilidad, sabiduría, vitalidad o, por el contrario, se trata de un rostro que refleja amargura, rigidez, disconformidad, frustración, impotencia, terror, cansancio, muerte?
- Objetivo: reflexionar acerca de qué deseamos y cómo nos proyectamos hacia el futuro.

En la imagen 18, compartimos una serie de máscaras realizadas a lo largo de más de veinte años en espacios de arteterapia con pacientes supervivientes de delitos sexuales. En este caso, resulta interesante observar cómo todas estas máscaras, al ser construidas y pintadas, de una u otra manera, fueron adquiriendo los rostros de sus agresores, con rasgos característicos tanto de su físico real como de la impronta emocional traumática vivida. (Esta clase de sesiones de arteterapia deben ser supervisadas en todos los casos por un terapeuta profesional).

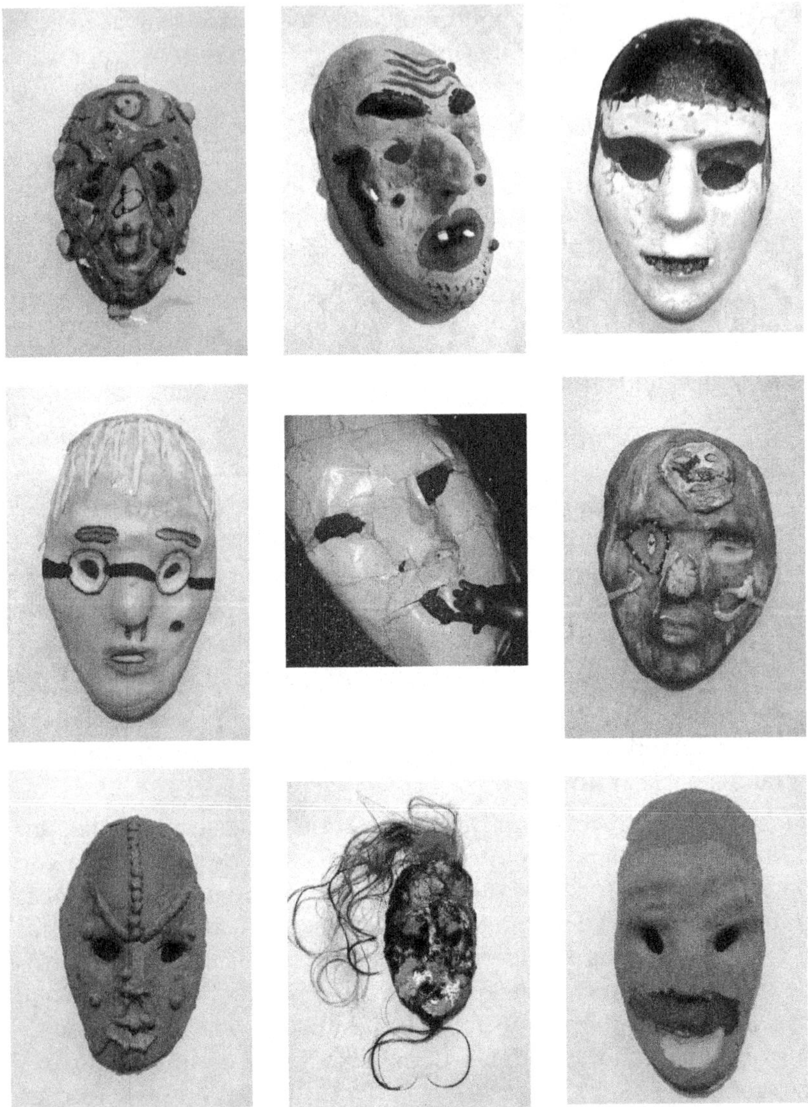

**Imagen 18**. Máscaras realizadas en espacios de arteterapia con pacientes supervivientes de delitos sexuales

## Taller de fotografía

Respecto del uso que en arteterapia se puede hacer de la fotografía, Mónica Pupo dice:[67]

> El simple hecho de capturar el momento, aprender a observar, detallar, ver en contexto, buscar ángulos que destaquen y transmitan lo que nos interesa, enaltecer la belleza de todo aquello que nos rodea y facilitar el discurso visual, son las oportunidades y posibilidades que la fotografía nos ofrece como crecimiento y conocimiento personal creativo, el cual proyectamos a otros...

Efectivamente, el hecho de tomar fotografías (de forma individual o grupal) no solo constituye un arte en sí mismo sino un proceso terapéutico, dado que facilita adquirir otra mirada de los instantes de la vida, de las cosas y de las personas que nos rodean. Esto, a su vez, fomenta cambios positivos en la conducta, favorece la sociabilidad, reduce el estrés y posibilita el desarrollo de ciertas habilidades yoicas relacionadas con la percepción y la toma de consciencia.

Jo Spencer, fotógrafa británica considerada como una de las pioneras en el uso de la fotografía como terapia, tras ser diagnosticada con cáncer de mama en 1982, comenzó a documentar su lucha contra esta enfermedad utilizando la cámara fotográfica como una herramienta de autoconocimiento y autoexploración de sus emociones más profundas. En 2017, Ana María Arévalo también utilizó el arte de la fotografía como un modo de encontrar algún tipo de significado en la metástasis del cáncer de testículos de su marido.

Desde este punto de vista, la fotografía constituye un testimonio de lo que acontece en nuestro interior y en nuestro entorno, de cómo percibimos, sentimos y pensamos un determinado hecho; y es por esa razón que se constituye como un tipo de narrativa visual. Además, la fotografía es terapéutica porque arroja una nueva luz, una nueva perspectiva sobre aquellos aspectos de nuestra vida que considerábamos negativos.

### Definición

Etimológicamente, el término "fotografía" significa "escribir o grabar con la luz". Proviene de dos palabras griegas: *phos* y *graf*, que se traducen como *foto* (luz) y *grafia* (grabar, escribir, dibujar). De

---

[67] Pupo, M. "La fotografía como arteterapia", *El Universal*, 9/7/2019.

esta manera, la fotografía puede definirse como un procedimiento para capturar imágenes duraderas debido a una técnica basada en la acción de la luz.

Constituye un modo de comunicación visual en cualquier cultura y sociedad de la actualidad, ya que se trata de una tecnología que no solo permite captar imágenes, sino que, además, se ha transformado en un instrumento científico, de investigación y documentación.

*Técnica*

En 1824, el francés Joseph Nicéphore Niépce inventó el primer procedimiento fotográfico, cuyas imágenes eran obtenidas a través de una técnica que requería muchos días, a base de betún de Judea extendido sobre una placa de plata. Años más tarde, en colaboración con Louis Daguerre, logró el primer proceso fotográfico exitoso. Sin embargo, la técnica aún seguía siendo complicada: se empleaba una cámara oscura en la cual se proyectaba una imagen captada desde un dispositivo colocado en pequeño agujero, con una lente especial y un soporte a base de un químico sensible a la luz; la imagen era revelada utilizando vapores de mercurio y de yodo muy dañinos para la salud.

En 1840, William Henry Fox Talbot, desarrolló un procedimiento para tomar fotografías y hacer copias basado en un sistema de captación de la imagen en negativo, el cual, una vez pasado a una hoja de papel se invertía a positivo.

En 1888, George Eastman lanza la cámara Kodak con el carrete de película fotográfica que sustituía las antiguas placas de vidrio.

En 1931, se inventa el flash.

En 1948, se inventa la fotografía instantánea de polaroid, la cual era revelada por una cámara especial en tan solo un minuto.

Si bien en 1915 se capturó la primera fotografía a color, recién en la década de 1970 comenzarán a popularizarse.

En 1990, aparecen las primeras fotografías digitalizadas; su uso se hará masivo a partir del año 2000 con la popularización de los teléfonos móviles. A diferencia de las antiguas fotografías, son fáciles de tomar y almacenar en cantidad, factor que revolucionó a la sociedad a la vez que provocó un cambio en las modalidades de comunicación.

La fotografía comenzó a extenderse a mediados del siglo XIX, en una sociedad preindustrial en la que se estaban realizando grandes descubrimientos tecnológicos y científicos. Y, luego de más de un siglo y medio, ha ido evolucionando: de ser analógica a digital, de blanco y negro a color, de ser plana a ser tridimensional, y hasta llegar a tener movimiento.

*Clasificación*

La fotografía constituye no solo un medio para registrar distintos tipos de objetos o personas; además, ha sido un medio muy útil para capturar un sinfín de fenómenos. Según sus características y el uso que se le dé, existen diferentes tipos de fotografías, entre ellos:

- **Fotografía ultra rápida**: capta con total nitidez los fenómenos que el ojo humano no puede llegar a ver puesto que se desarrollan en tiempos muy breves.
- **Fotografía de baja velocidad**: registra los fenómenos extremadamente lentos.
- **Fotografía microscópica**: capta cosas a una escala microscópica.
- **Fotografía aérea**: registra imágenes de distintas regiones geográficas de nuestro planeta.
- **Fotografía astronómica**: registra objetos celestes como los planetas, galaxias, agujeros negros.
- **Fotografía orbital**: tipo de fotografía aérea que registra imágenes de la superficie de la Tierra desde dispositivos instalados en satélites o aviones.
- **Fotografía científica**: en este caso, la fotografía se emplea como una estrategia de investigación para captar y almacenar imágenes a partir de la verificación de datos. A su vez, tiene una finalidad educativa desde la divulgación científica para el público en general.
- **Fotografía infrarroja**: se trata de una técnica que permite fotografiar espectros lumínicos no visibles al ojo humano. Suele utilizarse con fines científicos, en la medicina, por ejemplo, para el diagnóstico del cáncer.
- **Fotografía ultravioleta**: al igual que la anterior, suele usarse con fines científicos, por ejemplo, para investigaciones forenses.
- **Macrofotografía**: un pequeño objeto o animal, como una hormiga o un insecto, puede fotografiarse a una escala de mayor tamaño para apreciar sus detalles.

- **Fotografía de difuntos**: sacar fotos de los familiares fallecidos vestidos con la ropa que solían usar constituyó una práctica muy extendida a medida que se popularizó el uso de la fotografía hasta las primeras décadas del siglo XX.
- **Fotografía subacuática**: está diseñada para realizar tomas bajo el agua con fines científicos, deportivos recreativos.
- **Fotografía periodística**: el reportaje gráfico es un género del periodismo que se basa en la toma de fotografías como un método de investigación y difusión de una noticia o de algo que se quiera transmitir o hacer saber. Los fotoperiodistas cumplen un rol fundamental a la hora de registrar y documentar sucesos en las guerras.
- **Fotografía de la naturaleza**: se trata de fotografías de paisajes, siempre han sido muy populares.
- **Fotografía de moda**: composiciones efectuadas con artículos de moda tales como joyas, ropa, zapatos, etcétera.
- **Fotografía glamour**: pone el acento en el atractivo de la persona, buscando poses que transmitan sensualidad y felicidad, por ejemplo. En la actualidad, se han hecho muy populares en las redes sociales como Instagram o Facebook.
- **Fotografía publicitaria**: se toman imágenes de un determinado producto con el objetivo de generar un deseo que promueva su compra.
- **Fotografía tradicional**: se refiere a las fotografías sacadas con rollos de fotos que son revelados con procedimientos químicos.
- **Fotografía digital**: por ejemplo, aquellas tomadas desde los teléfonos celulares.
- **Fotografía documental**: su objetivo es registrar imágenes de distintos estratos sociales que reflejen distintas condiciones de vida.
- **Retrato fotográfico**: tuvo una gran popularidad y en su momento reemplazó los retratos pintados.
- **Fotografía artística**: a diferencia de cómo fue considerada en sus orígenes, a medida que muchos de los antiguos pintores fueron cambiando de profesión y se hicieron fotógrafos, comenzó a ser considerada como un arte que mostraba al objeto o sujeto fotografiado desde una perspectiva subjetiva.

- **Fotografía terapéutica**: con la popularización de los teléfonos celulares y la invención de la fotografía digitalizada, desde hace unos años a esta parte, sacar fotografías constituye una forma de terapia para muchas personas, ya que se les ha facilitado expresar sus emociones a otras personas a través de imágenes que generan empatía en el entorno.
- **Fotografía con teleobjetivo**: tienen el efecto de comprimir la perspectiva de los elementos captados; es decir, de juntarlos dando la sensación de que están más cerca uno de los otros de lo que en realidad están. Se usa para fotografiar objetos lejanos y ponerlos en primer plano.
- **Fotografía con gran angular**: al contrario que las fotografías realizadas con teleobjetivo, amplían las distancias en las imágenes, dando la sensación de que los objetos están más alejados entre sí de lo que en realidad están. Suelen utilizarse para las tomas de vistas panorámicas o paisajes, por ejemplo.
- **Fotografía *selfie***: se trata de un autorretrato, es decir, de una foto que la persona se saca a sí misma.

## Talleres

### 1. Historia personal en diez fotos

- Consigna: buscaremos diez fotografías que representen diez momentos de nuestra vida y que, por alguna razón, nos hayan marcado. Luego, las fotocopiaremos o imprimiremos para pegarlas en una cartulina.
- Al finalizar, podemos preguntarnos: ¿por qué elegimos estas fotos?; ¿qué momentos representan?; ¿hay alguna etapa de nuestra vida que, como la pubertad, por ejemplo, no esté incluida en las fotos elegidas?; ¿aparecen familiares y amigos, o la mayoría son de vacaciones, paisajes, casas?; ¿en nuestra selección de fotos podemos observar que nos hemos olvidado de incluir a alguna persona de la familia?; ¿se trata de fotos con imágenes tristes o con imágenes alegres?, ¿llenas de acción, que retratan momentos heroicos, de triunfo, o retratan imágenes de gente sentada, seria y solemne, por ejemplo?; ¿con cuál de todas las fotos nos quedaríamos?, ¿por qué?

- Objetivo: abrir un espacio para mirar nuestras vidas en perspectiva, valorizando tanto los momentos positivos como los momentos negativos, porque nos han dejado un aprendizaje.

## 2. Álbum de familia inventada

- Consigna: buscar en revistas imágenes de distintas personas que por algún motivo nos resulten llamativas (no importa que sean lindas o feas). Luego, imaginaremos que estamos en una película de ciencia ficción en la cual, por alguna razón, nuestra familia ha desaparecido y aparecemos en otro lugar con otra familia. ¿Quiénes serían nuestra madre, padre, hermanos, tíos, abuelos, sobrinos? Para formar a nuestra nueva familia, seleccionaremos imágenes que representen a cada uno de los miembros y las pegaremos en una cartulina.
- Al finalizar, podemos preguntarnos: ¿qué características tiene nuestra nueva familia?, ¿hay más varones que mujeres o más mujeres que varones?, ¿hay más gente adulta o hay más niños/as o adolescentes?, ¿a qué clase social pertenecen?, ¿se trata de una familia deportista o una familia de intelectuales, comerciantes?, ¿de qué nos imaginamos que cada uno de los miembros de nuestra nueva familia se ocupan?, ¿trabajan o estudian?, ¿quién es el más malo y quién el más bueno?, ¿quién es el más inteligente y quién el más aventurero?, ¿en qué tres cosas se parece esta nueva familia con nuestra familia actual, y en qué tres cosas son muy distintas?
- Objetivo: abrir un espacio para reflexionar sobre nuestros vínculos familiares; también, sobre nuestra familia idealizada y la real.

## 3. Fotografía libre

- Consigna: tomaremos varias fotografías de distintos objetos, personas, animales, plantas, situaciones, paisajes, etc. Luego, elegiremos las tres que más nos gusten y las tres que menos nos gusten; después, la que más nos guste y la que menos nos guste.
- Al finalizar, podemos preguntarnos: ¿qué es lo que más nos llamó la atención respecto de cada imagen que decidimos fotografiar? Respecto de aquellas imágenes que terminamos por elegir como la mejor y la peor o la que menos nos gustó, ¿a qué nos hacen recordar, con qué cosas de nuestra historia personal las relacionamos? (Por ejemplo: "Me gusta la fotografía que muestra una tarde de lluvia porque la asocio a momentos de mucha felicidad, ya que pasé

muchas vacaciones de mi vida en la montaña donde solía nevar y llover"). ¿Las imágenes que seleccionamos tienen más animales que personas, o más vegetación, o más cosas del reino mineral? ¿Aparecen imágenes de personas de mi familia?, ¿quiénes?

- Objetivo: desarrollar nuestra percepción y reflexionar sobre cómo muchas veces proyectamos nuestras vivencias pasadas en cosas o personas que hay a nuestro alrededor.

**4. Intercambio de miradas**

- Consigna: fotografiar rostros en primer plano; pueden ser de personas o de animales. Luego, imprimiremos las imágenes por duplicado y haremos lo siguiente: recortaremos los ojos de cada personaje y se los pegaremos en la foto de otro personaje; es decir, intercambiaremos miradas.
- En caso de no tener un teléfono celular o una cámara, podemos hacer este mismo ejercicio recortando ojos y miradas de personas y animales de revistas.
- Al finalizar, podemos preguntarnos: ¿qué rasgos en común vemos en los ojos de todas las imágenes?; ¿qué ojos fotografiamos más, de animales o de personas, de mujeres o de hombres?; ¿pudimos fotografías los ojos de algún bicho o insecto?; cuando intercambiamos los ojos y/o las miradas, ¿pudimos notar que el sujeto en cuestión fue como que adquirió otra personalidad?, ¿por qué nos imaginamos que pudo suceder?; ¿qué representan para nosotros los ojos?; ¿cómo influye la mirada en la expresión de una persona?, ¿por qué?
- Objetivo: se dice que los ojos son la única parte visible de nuestro cerebro, el reflejo de nuestra alma, y las puertas por donde dejamos entrar el mundo que nos rodea. Este ejercicio tiene la finalidad de que podamos repensar con qué clase de imágenes alimentamos nuestra mente y cómo este tipo de contenido termina influyendo en la expresión de nuestra cara y, en definitiva, en cómo nos expresamos en la vida.

**5. Fotografía abstracta**

- Consigna: tomar fotografías de imágenes abstractas, que no tengan ningún contenido figurativo; es decir, en las que no podamos reconocer a ninguna figura.

- Al finalizar, podemos preguntarnos: ¿se trata de imágenes coloridas o monocromáticas?; ¿cuáles son los colores que generalmente más se destacan en todas las imágenes?, ¿se trata de colores fríos o cálidos?; ¿hay fotos en blanco y negro?; ¿podemos reconocer en algunas de nuestras imágenes abstractas, algunas imágenes de figuras?, ¿cuáles, por ejemplo?
- Objetivo: desarrollar nuestra imaginación y la manera en cómo percibimos la realidad.

**6. Efectos especiales**

- Consigna: tomar fotografías de objetos varios, paisajes, etc., y agregarles efectos especiales que sean opuestos al tema o al contenido de la imagen; por ejemplo, podemos agregarle lluvia a la imagen de un paisaje soleado.
- Al finalizar, podemos preguntarnos: ¿cuál de las imágenes nos impactó más?, ¿cuál fue la más creativa?, ¿quisimos dar algún mensaje simbólico con algún efecto especial que le hayamos puesto a alguna de las imágenes?
- Objetivo: abrirnos a la posibilidad de un cambio de paradigmas, desarrollando nuestra imaginación y creatividad.

**7. Fotomontaje**

- Consigna: seleccionar al azar varios objetos; luego, en un segundo momento, procederemos a colocarlos de cierta y determinada manera para que, entre todos, puedan conformar otra imagen. Después, tomaremos algunas fotografías desde distintos ángulos.
- Al finalizar, podemos preguntarnos: ¿qué objetos seleccionamos?, ¿fue por alguna razón en particular?; ¿la imagen de nuestro fotomontaje simboliza algo en particular?, ¿qué?; ¿quisimos dar algún mensaje con nuestro fotomontaje?
- Objetivo: desarrollar una mirada creativa sobre las cosas que nos rodean.

**8. Cazadores de sombras**

- Consigna: buscaremos entre las sombras (de placares, sábanas, cajones, plantas, etc.) o en las manchas de humedad en las paredes, por ejemplo, formas que por alguna razón nos llamen la atención. Les tomaremos fotografías, las imprimiremos en un papel y luego, deberemos destacar con un marcador la o las formas que pudimos percibir sobre estas sombras o manchas.

- Al finalizar, podemos preguntarnos: ¿a qué me recuerda esta imagen?, ¿con qué clase de emoción podría relacionar esta imagen?
- Objetivo: este ejercicio puede tener varios objetivos; por ejemplo, puede ayudarnos a desarrollar nuestra percepción respecto del mundo que nos rodea y/o de nuestras propias "sombras". A su vez, también podríamos interpretarlo como un juego creativo en el cual imaginamos que aquello que las formas e imágenes que hemos descubierto entre las sombras y manchas, podrían llegar a representar algún tipo de mensaje para nuestra vida.

### 9. Fotografía

- Consigna: seleccionar un grupo de elementos (pueden ser personas, objetos, animales, etc.) y tomarle una fotografía con un lente teleobjetivo; luego, tomarle otra toma, pero, utilizando un lente gran angular. En caso de no tener una máquina de fotos profesional que cuente con distintos tipos de lentes, podemos fotografiar con nuestros teléfonos celulares intentando imitar ambas perspectivas.
- Al finalizar, podemos preguntarnos: ¿Qué objetos seleccionamos?, ¿por qué? Si colocamos una foto al lado de la otra y las comparamos, ¿qué podemos observar? Si fuésemos periodistas o publicistas, por ejemplo, ¿las podríamos utilizar para dar algún tipo de mensaje?, ¿cuál?
- Objetivo: desarrollar la capacidad de percibir y analizar los problemas desde distintos ángulos.

### 10. Fotografías misteriosas

- Consigna: tomar fotografías que generen un efecto de intriga y misterio en quienes las observen. Para eso, podemos fotografiar cosas (personas, animales, objetos quemados o derretidos, etc.) no solo con diferentes efectos de luz sino, además, desde distintos ángulos y perspectivas; por ejemplo, desde arriba, abajo, lateral izquierdo o derecho, volando a mucha velocidad, moviendo la cámara y generando un efecto "corrido", de muy cerca o de muy lejos, etcétera.

- Al finalizar, podemos preguntarnos: ¿Es posible decir que la perspectiva o el ángulo desde el cual observamos algo influye en nuestros conceptos y preconceptos o prejuicios? ¿Cómo relacionamos esto con los descubrimientos científicos? ¿Cómo relacionamos este ejercicio con la manera que nosotros mismos miramos la vida?

- Objetivo: reflexionar sobre cómo nuestros preconceptos y prejuicios suelen ser producto del ángulo o la perspectiva parcial desde la cual lo miramos.

En la imagen 19, compartimos la experiencia de un taller sobre la ira. En este caso, se le propuso al paciente hacer una serie de fotografías sobre algo en estado de putrefacción. De esta manera, en una sesión de psicoterapia, dibujó de forma espontánea el pene de su violador, al cual terminó tachando y rompiendo con furia para, luego, quemarlo en el fuego de una vela y hundir sus fragmentos en un vaso con agua que dejó pudrir adentro de una jaula durante el lapso de dos semanas. El resultado que se obtuvo se puede apreciar en las impresionantes fotografías que finalmente se tomaron: por entre los papeles en descomposición, apareció la misteriosa imagen de un rostro, el cual el paciente interpretó como el rostro de su violador muerto. (Esta clase de sesiones de arteterapia deben ser supervisadas en todos los casos por un terapeuta profesional).

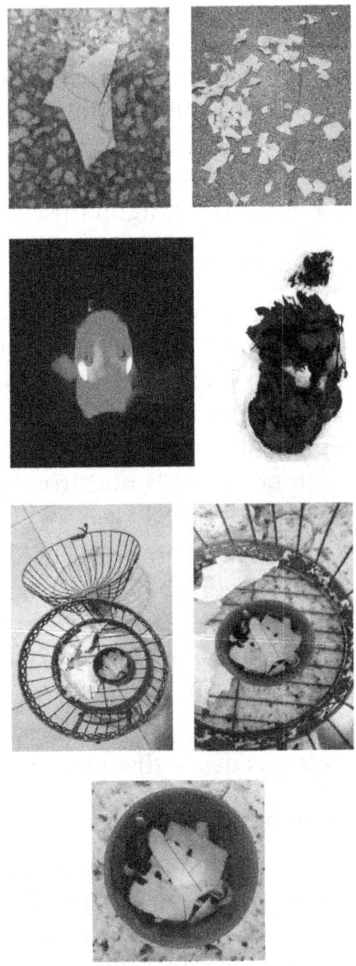

**Imagen 19**. Serie de fotografías de un taller sobre la ira desarrollado en el ámbito de una sesión de psicoterapia

## Taller de construcciones

¿Quién no recuerda cómo jugaba en su infancia a construir guaridas y refugios con mantas debajo de una escalera, de una mesa, de la cama? ¿Quién no ha jugado a armar torres con bloques de madera, castillos con Legos, puentes con pedazos de cartón, pistas de carrera con cuerdas? Hoy en día uno de los juegos de construcción más populares, que casi todos los niños/as elijen en uno u otro momento es Minecraft Word. Si bien los tiempos han cambiado y muchos de los juegos de construcciones han mutado como virtuales para iPads y Play, hay que reconocer que, en el fondo, no hay nada más satisfactorio que sentirse capaz de construir algo, lo que sea, en la vida real, con nuestras propias manos.

Desde su primer año de vida las niñas y niños ya son capaces de coordinar sus movimientos con una cierta destreza que les permite encastrar y apilar piezas; y a medida que van creciendo se transforman en hábiles constructores. Sin embargo, aunque esto pueda parecer un simple pasatiempo, los juegos de construcción son fundamentales en la infancia, no solo porque estimulan la creación sino porque junto a ellos las niñas y niños comienzan a sentirse capaces de construir una vida llena de posibilidades.

*Definición*

Los juegos de construcción son aquellas actividades lúdicas en donde las niñas y niños, valiéndose de pequeños bloques de madera o de plástico, así como de telas o cartones, por ejemplo, copian y crean distintos tipos de objetos. Se trata de una de las principales actividades en las que se centran desde que tienen alrededor de un año hasta los cinco, ya que esta clase de juegos tienen una gran incidencia en la adquisición progresiva de habilidades intelectuales, motrices, psicológicas y emocionales.

Jugar a construir despierta la curiosidad, estimula las ganas de experimentar, de superarse, de cumplir con una meta. No se trata de una simple manipulación de piezas para crear diferentes tipos de estructuras; se trata de ir descubriendo el mundo externo y el interno, las propias capacidades y recursos del yo. A medida que va apilando maderita sobre maderita el niño/a aprende a diferenciar las piezas individuales del conjunto total de la obra creada, y con ello aprende que en grupo y siendo solidarios los unos con los otros podemos crear maravillas. Un niño/a que nunca haya jugado a apilar maderitas será un niño/a con grandes dificultades para relacionarse con otros, para trabajar en equipo, para tener amigos y, en definitiva, para construir una ética de vida con criterios solidarios. Estructuras que forman un todo; parece una tontería, pero constituyen uno de los principales aprendizajes de la primera infancia.

Cuando el niño/a llega a equilibrar las piezas y logra construir una torre más alta, paralelamente a esto, va a darse cuenta por sí mismo que lograr la estabilidad será fundamental para crecer en la vida. Sin embargo, paradójicamente, segundos después procederá a derribarla sin ningún tipo de escrúpulos porque entenderá que para superarse debe practicar una y otra vez, miles de veces, logrando superar la sensación de frustración. A medida que construye el niño/a destruye porque su instinto le dice que nada es absoluto, que siempre hay más para aprender, que la vida es dinámica, que aferrarse al pasado termina desestabilizando, aburriendo, deprimiendo, porque, después de todo, vivir debería ser un desafío, la alegría más grande. No, jugar a construir no es una simple actividad lúdica, es una de las más maravillosas herramientas que estimula el desarrollo integral del ser humano.

Los juegos de construcción tienen una infinidad de beneficios que inciden directamente en la prevención de las violencias en nuestra sociedad. Algunos de estos beneficios son:

- **Estimulan el desarrollo de la psicomotricidad**: apilar los bloques de una torre o construir una casa pegando bloques entre sí permite a los niños/as fortalecer su musculatura y hacer movimientos coordinados con los brazos, las manos, los dedos; también, implica una coordinación visomotriz, entre los ojos y las manos. Adquirir la función de motricidad fina será indispensable para el desarrollo de la inteligencia, así como para una posterior correcta adquisición de la escritura. Desde este punto de vista, este tipo de destreza física promueve el autocontrol de la propia conducta.
- **Estimulan las habilidades perceptivas**: el hecho de construir estimulará que las habilidades visuales, motoras y espaciales se vayan integrando dentro de un todo organizado, logrando la comprensión y la utilización en la práctica diaria de conceptos espaciales tales como: alto-bajo, cerca-lejos, grande-pequeño, lleno-vacío. Con estos logros, paulatinamente, el niño/a va a ser capaz de formar mapas mentales que le permitan analizar, comparar, discriminar, representar y manipular objetos en su mente.

El pensamiento abstracto es algo con lo que no nacemos, es algo que los niños/as deben que aprender, de lo contrario, tendrán grandes dificultades para encontrar soluciones creativas a sus conflictos, porque tendrán una tendencia a analizar las cosas tan solo desde un punto de vista unilateral y egocéntrico.

- **Facilitan el desarrollo de las habilidades cognitivas**: para jugar a construir algo es necesario desarrollar complejas operaciones mentales que implican ser organizado, anticiparse y planificar una meta, saber autorregular la propia conducta, ser empático con nuestro entorno y flexible a la hora de resolver inesperados problemas que naturalmente se pueden ir presentando. No es casualidad que algunas personas sean incapaces de utilizar estrategias operativas para resolver creativamente sus problemas. Cuanto más reactiva e impulsiva sea una persona, menos capaz será de anticipar las consecuencias de las acciones y elecciones.
- **Favorecen el aprendizaje de conceptos**: mientras juegan a construir cosas los niños/as van interiorizando conceptos de matemática y geometría. De manera empírica y natural aprenden lo que es un cuadrado, un rectángulo, un círculo, un rombo, un cubo; también, relaciones de simetría, relaciones y proporciones, así como conceptos tales como qué significa la mitad o el doble de algo, por ejemplo. Más adelante, estas operaciones matemáticas tendrán una incidencia directa en la capacidad de pensar con claridad y lucidez; esto es a través de una lógica inductiva-deductiva.
- **Facilitan el descubrimiento de las leyes físicas**: cuando los niños/as derriban la torre que acaban de levantar son felices porque, a través de este acto, van descubriendo distintas leyes del planeta en el que han nacido; como por ejemplo, la ley de gravedad y otras leyes relacionadas con la resistencia y durabilidad de los distintos materiales. De esta manera, a medida que vayan creciendo, comenzarán a darse cuenta de la correlatividad de muchas de estas leyes pertenecientes al mundo de la física con otras leyes pertenecientes al campo de la psicología conductual y de la ética humana; como, por ejemplo, la ley de causa-efecto.
- **Estimulan la concentración**: los juegos de construcción, además, favorecen la concentración. Ser capaces de prestar atención sin distraerse es una condición imprescindible para el logro de cual-

quier tipo de meta (laboral, académica, etc.). Esto es muy importante, ya que el sentimiento de autorrealización está íntimamente vinculado a la sensación de bienestar y de paz.

- **Fomentan la sociabilización**: los juegos de construcción suelen jugarse entre pares de amigos o entre hermanos. A medida que se va avanzando en el juego, es muy común que surjan discusiones por malos entendidos en torno a reglas o normas sobre quién debe mover primero, quien último, o sobre los roles de cada quien. Así, de esta manera, poco a poco, los niños/as van aprendiendo la importancia de cooperar y colaborar los unos con los otros, de respetarse mutuamente. Este aprendizaje les será fundamental no solo para disfrutar pacíficamente del juego; sino también, de la vida.
- **Ayudan a desarrollar la creatividad**: los niños/as nacen con una creatividad innata. Ellos perciben la vida a través de una óptica mágica; y cuando juegan, quizás por carecer de preconceptos, siempre se les están ocurriendo nuevas ideas acerca de cómo construir casitas, castillos, pistas de autos... Sin embargo, a medida que vayan creciendo, irán dándose cuenta de que aquellas casitas, castillos y pistas de autos también pueden representar otras cosas; y así, con ayuda de la imaginación, poco a poco, el pensamiento concreto irá dando paso al pensamiento simbólico, tan indispensable a la hora de aprender a hablar, leer, entender causas, evitar o resolver problemas; tan necesario a la hora de construir nuevas posibilidades, nuevos escenarios, un nuevo mundo.
- **Fomentan la buena autoestima**: apenas empieza a jugar, muy pronto el niño/a debe aprender a autocontrolarse y armarse de mucha paciencia; especialmente, si quiere hacer efectivo lo que se ha propuesto construir. A partir de esto, irá tomando consciencia que el manejo de las emociones y de los impulsos serán sus principales aliados a la hora de forjarse una armadura para no dejarse vencer frente a la frustración e ir cumpliendo con éxito los objetivos que se haya propuesto. Esto favorecerá la construcción de una buena autoestima y una mayor seguridad en sí mismo, disminuyendo, en consecuencia, muchos de los sentimientos negativos que antes, normalmente, solía proyectar en los demás, y que lo terminaban involucrando en un sinfín de malos entendidos y peleas.

- **Ayudan a valorizar el orden**: jugando a construir cosas los niños/as irán aprendiendo la importancia de reunir las piezas y guardarlas. Poco a poco, por sí mismos –y sin un adulto que los castigue– irán tomando consciencia que jugar en ambientes ordenados estimula la construcción de un pensamiento ordenado, con ideas claras; lo cual, en definitiva, es una de las principales claves para no perder tiempo, para no sentirse confuso, inseguro, vulnerable.

*Técnica*

¿Cómo jugar? En cualquier momento y en cualquier lugar.

¿Dónde jugar? Cualquier superficie será adecuada; aunque se recomiendan superficies planas para los bloques.

¿Con quién jugar? Se puede jugar de forma individual o acompañado.

¿Cuál es el rol de los adultos o los terapeutas? Acompañar, estimular, reconocer los progresos del niño/a; también, compartir un tiempo lúdico.

¿Debemos guardar las construcciones? El niño/a debe saber de antemano que la mayoría de sus obras serán fugaces, dado que estarán condicionadas por el tipo de material.

Efectivamente, los juegos de construcción no exigen un número determinado de jugadores, ni reglas estrictas, ni límite de tiempo para jugarlos. Tan solo se necesitan ganas de montar y desmontar piezas, de armar distintas formas geométricas y otras cosas, como refugios o creaciones de nuevos mundos.

*Clasificación*

Existen muchos tipos distintos de juegos de construcción; no obstante esto, nosotros nos inclinaremos por clasificarlos a partir de las características de sus materiales:

- **Juegos de construcciones con maderas**: si bien existen juegos de maderitas cortadas con diferentes formas geométricas, también se pueden utilizar trozos de ramitas, palitos de helado, o cajas de madera de distintas formas y tamaños, por ejemplo. Con estos materiales de madera, se puede jugar a fabricar diferentes cosas: 1) casas, 2) circuitos de carreras, 5) talleres mecánicos, 6) garajes, 7) establos y corrales, 8) coches, etc. Como ya hemos visto, además de favorecer la psicomotricidad, este tipo de juego ayuda a desarrollar la concentración, la paciencia y la tolerancia a la frustración, entre muchas otras habilidades. También, a entender que lo más divertido en esta vida no se encuentra al final de la meta sino en el mismo camino del trabajo creativo.

- **Juegos de construcciones con cartas**: se trata de apilarlas unas encima de las otras formando distintos tipos de estructuras geométricas. Tienen una función similar al juego de construcciones con maderitas, aunque, por las características del material las construcciones se hacen mucho más inestables. No solo permiten que el niño/a desarrolle la psicomotricidad sino, además, ayudan a meditar sobre conceptos relacionados con lo fugaz y transitorio, con lo no permanente y los cambios como características esenciales de la vida.
- **Juegos de construcciones con Legos**: el material con el que están construidos estos bloques o ladrillos de plástico tiene la propiedad de ser liviano a la vez que se puede unir y despegar con facilidad armando decenas de patrones de distintas formas y tamaños a lo largo, ancho y alto del espacio. Con ellos el niño/a puede desarrollar interés en la tecnología, la ingeniería, las ciencias, las matemáticas, dado que resultan ideales para crear casi cualquier cosa: 1) casas de varios pisos, 2) ciudades, 3) castillos, 4) camas, 5) granjas, 6) robots, 7) aviones, 8) naves espaciales, 9) personas, 10) puentes, 11) autos y camiones, etcétera.
- **Juego de construcciones con mantas y telas**: construir refugios, guaridas y carpas debajo de camas, mesas, escaleras, entre sillones y almohadones, y donde sea. Para ello se utilizan mantas de todos los tamaños y telas como tules o chales dorados o con lentejuelas. Junto con los Legos, este tipo de juegos son los favoritos de casi todos los niños/as; quizás, porque simbolizan la necesidad de protegerse, de esconderse de sus miedos o, simplemente, de jugar a tener el control de quien entra y sale de su vida.
- **Juegos de construcciones con piezas de muñequitos de plástico**: los hay de diferentes marcas, los más conocidos son los Playmovil. Se trata de una serie de pequeños muñequitos de plástico y otros juguetes a pequeña escala con los que el niño/a podrá armar ciudades enteras, distintos tipos de escenarios, personajes con variados roles y profesiones e, incluso, animales y vegetación. De esta manera, construyendo todos estos mundos, es que irán entendiendo el suyo propio.

## Talleres

### 1. Construyendo con distintas técnicas

- Legos
- Maderas
- Cartas
- Mantas y telas
- Cartón
- Ramas de árboles

### 2. Construyendo una fortaleza

- Consigna: con mantas, sábanas, chales, pañuelos, almohadones, broches, sogas y con todo lo que imaginemos, construiremos una fortaleza en algún rincón que elijamos de nuestra habitación, del consultorio o de cualquier espacio en el que nos encontremos (por ejemplo, debajo de una escalera, entre dos sillones o debajo de la mesa o de la cama).
- Al finalizar, podemos preguntarnos: ¿a quién podemos esconder allí?, ¿de quién nos podemos esconder?, ¿podrá ser un espacio íntimo para jugar, leer o crear cosas?
- Objetivo: crear un espacio de intimidad.

**Imagen 20**. Fortaleza construida en el ámbito del consultorio

En la imagen 20, a modo de ejemplo, compartimos la fotografía de una fortaleza construida en el ámbito del consultorio. Este tipo de construcciones suelen ser creadas por los niños/as sobrevivientes y/o supervivientes de violencia sexual en su psicoterapia. Cuando sufren de ataques de pánico o se sienten vulnerables, suelen jugar a esconderse y/o refugiarse allí dentro. (Esta clase de sesiones de arteterapia deben ser supervisadas en todos los casos por un terapeuta profesional).

### 3. Construyendo casas

- Consigna: fabricaremos tres casas: 1) una casa con cartón (utilizamos una caja de cartón dividida por dentro o pintamos sus distintas habitaciones, 2) una casa con maderitas, 3) una casa con Legos.
- Al finalizar, podemos preguntarnos: ¿cuál de las casas es la más fuerte, la que más podría durar en el tiempo sin derrumbarse fácilmente?; ¿cuál de estas casas se parece más a nuestra propia casa real?, ¿por qué?; ¿cuál de estas casas se parece más a la casa que quisiéramos para nosotros en el futuro?, ¿por qué?; ¿qué es lo que más nos gusta de cada casa, y lo que menos nos gusta?
- Objetivo: la casa suele ser un símbolo de la familia; por esa razón, la finalidad de este ejercicio es reflexionar sobre la familia real y la familia idealizada que desearíamos tener. Este ejercicio también podría interpretarse de manera similar al cuento infantil "Los tres cerditos"; en donde podríamos decir que cada casa constituye una etapa de nuestra vida: la casa de paja representaría nuestra etapa infantil e impulsiva; la casa de madera a nuestra juventud; y la casa de ladrillos a una etapa de madurez en la cual las personas ya hemos aprendido a planificar en base a saber evaluar los pros y las contras de nuestras circunstancias de vida.

En la imagen 21, compartimos una casa creada con Legos y ladrillos o bloques de plástico. Este tipo de casas suelen ser construidas por los niños/as en su psicoterapia; especialmente, cuando, por alguna razón, añoran tener una familia "perfecta" e idealizada. También, suelen construirlas como un símbolo de que se sienten a gusto viviendo en su casa.

**Imagen 21**. Casa de bloques de plástico creada por un niño como símbolo de que está a gusto viviendo en su casa

## 4. Construyendo un robot

- Consigna: haremos un robot utilizando Legos (si queremos, también podemos agregarle algún otro tipo de material).
- Al finalizar, podemos preguntarnos: ¿se trata de un robot humano o extraterrestre?; ¿con qué finalidad fue creado?, ¿es bueno o malo?
- Objetivo: trabajar sobre el desarrollo psicomotriz.

En la imagen 22, compartimos un robot creado con Legos. Frecuentemente, con este tipo de construcciones los niños/as quieren mostrarnos sus habilidades psicomotrices.

**Imagen 22**. Robot creado con Legos por una niña que demuestra sus habilidades psicomotrices

## 5. Construyendo una pista de autos

- Consigna: armaremos una pista para autos con maderitas (también, podemos usar bloques de Lego u otros materiales). Este ejercicio es ideal para niños/as que están atravesando por etapas tempranas de su desarrollo psicosexual y aún no tienen muy desarrollada la psicomotricidad ni fina ni gruesa.
- Al finalizar, podemos preguntarnos: ¿qué características tiene el camino?, ¿es largo, corto, ancho, prolijo, desprolijo, cerrado, abierto?
- Objetivo: el desarrollo psicomotriz y el desarrollo de la tolerancia a la frustración.

No todos los niños/as cuentan con habilidades psicomotrices ni con la suficiente tolerancia a la frustración y paciencia necesarias para construir estructuras complejas; algunos, simplemente, son felices cuando logran completar una pista con maderitas para jugar con autitos de carrera (ver imagen 23).

**Imagen 23**. Pista para autitos construida con maderitas

## Conclusión

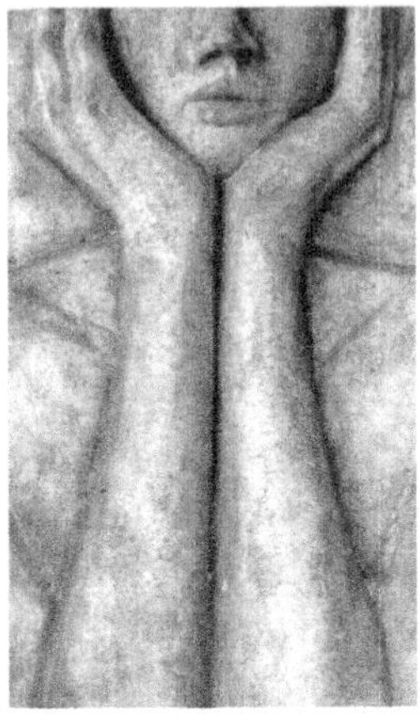
Bajorrelieve

En esta época por la que transitamos, una de cada cinco personas ha sido violada sexualmente en el mundo, o sea, que en la actualidad existen más de 1000 millones de sobrevivientes que están sufriendo las consecuencias de un estrés postraumático comparable al de las víctimas del Holocausto. En esta época por la que transitamos, más de 130 millones de niñas sufren de mutilación genital y más de 700 millones de mujeres han sido obligadas a casarse teniendo menos de quince años. Mujeres asesinadas, niños y niñas víctimas de abusos de todo tipo reflejan una pandemia de violencia tan o más grande que la pandemia del covid-19 por la que en este momento el mundo atraviesa. Son demasiadas las víctimas que claman por justicia social; pero, también, por alguna clase de ayuda psicológica frente a la impotencia, tristeza, ira, ansiedad, angustia, incertidumbre, depresión, baja tolerancia a la frustración, claustrofobia, temor, tedio, vacío existencial… En estos casos, el arteterapia se constituye como una de las herramientas más efectivas a la hora de ayudar a encontrar soluciones creativas a muchos de estos problemas; sin embargo, lamentablemente, la mayor parte de la población no cuenta con los recursos económicos ni con el tiempo suficiente como para invertir en cursos que, muchas veces, resultan demasiado inaccesibles. He aquí este libro, el cual reúne técnicas que cualquier persona podría realizar con casi cualquier material que tenga a mano.

En definitiva, este libro intenta brindar una pequeña ayuda para abordar los efectos de una sociedad que agoniza en sus paradigmas; paradigmas enraizados sobre una identidad que ha sido fundada sobre premisas tales como la hiperracionalidad, el goce de la inmediatez y las conductas reactivas y egoicas frente a las posesiones. Ante este panorama, el arte y solo el arte podrá brindar la dosis de audacia necesaria para sanar viejas heridas y crear una nueva identidad basada en valores espirituales, en una comunicación empática y en una productividad cuya meta se enfoque hacia el desarrollo de una ética del crear para compartir.

# Bibliografía


Aguilera-Luque, AM. "Creatividad organizacional: un estudio cuantitativo de la eficacia de los programas de entrenamiento en creatividad", tesis doctoral, Universidad de Valencia, 2016.

Allen, PB. Arte terapia. Guía de autodescubrimiento a través del arte y la creatividad, Madrid: Gaia, 1995.

Amabile, MT. (1996) *Creatividad en contexto*, Boulder, Westview.

American Psychiatric Association (APA). (2013) DSM-5 *Manual Diagnóstico y Estadístico de Trastornos Mentales*, 5.ta edición, Panamericana, 2018.

Anchústegui, C. "Técnicas básicas psicodramáticas", Instituto Español De Psicoterapia y Psicodrama Psicoanalítico, Madrid, s/f.

"Arteterapia en el ámbito de la discapacidad", 8/3/19. Disponible: <valentiahuesca.org>.

Artiles, F. (1998) *Títeres: historia, teoría y tradición*, Zaragoza: Arbolé.

Baldín, J. "Técnicas de teatro de mimo y clown", entrevista en Radio y Cultura a Joaquín Baldín, en el programa *Vamos por las sobras*.

Barros del Villar, J. "Fractales en la naturaleza. Ecosistemas", 9/12/2010. Disponible: <pijamasurf.com>.

Beltelheim, B. *Psicoanálisis de los cuentos de hadas*, Barcelona: Crítica, 2006.

Blardone, S. "María Fux: El cuerpo responde a los sentimientos", reportaje en *Infobae*, 20/7/2013.

Botton, A. (2013) *El arte como terapia*, Paidhom, 2017.

Campbell, DT. "Variación ciega y retención selectiva en pensamientos creativos como en otros procesos de conocimiento", *Psychological Review* N° 67, 1960.

Carevic Johnson, M. "Teoría de la creatividad", *Psicología-Online*, 7/3/2018.

Castro Arbeláez, MA. "Los beneficios de los juegos de construcción para niños", 26/2/2012, artículo de internet.

Clementín, F. "Juegos de mesa para niños: tipos y beneficios", 2/4/2020. Disponible: <eresmama.com>.

CONAPO. Tipos de violencias, Consejo Nacional de Población, portal del Gobierno de México. Disponible: <www.gob.mx>.

Crombas, P. "Arteterapia, una forma muy creativa de sentirnos mejor", 13/7/2015 Disponible: <eresmama.com>.

Cyrulnik, B. Autobiografía de un espantapájaros. Testimonio de resiliencia: el retorno a la vida, España: Gedisa, 2008.

— *Del gesto a la palabra*, España: Gedisa, 2011.– *El encantamiento del mundo*, España: Gedisa, 1997.

— "Empezar mal en la vida no determina que tu vida tenga que ser desgraciada", entrevista realizada por Marié Morales. Disponible: <http://crecejoven.com/>.

— *Los patitos feos*, España: Gedisa, 2002.

— *Morirse de vergüenza*, España: Debate, 2011.

De Bono, E. El pensamiento creativo: el poder del pensamiento lateral para la creación de nuevas ideas, Paidós, 2019.

— Del gesto a la palabra, España: Gedisa, 2011. El pensamiento lateral: manual de creatividad, Paidós, 2019.

— Del gesto a la palabra, España: Gedisa, 2011. Seis sombreros para pensar, Paidós, 2019.

De los Llanos A.; Borso di Cariminati, M. "El grupo de arteterapia como elemento de mejora en la competencia social de los niños y niñas en educación infantil y primaria", tesis doctoral, 2015.

Desoille, R. Lecciones sobre el sueño dirigido en psicoterapia, Amorrortu, 1945.

Eberle, B. SCAMPER, deja volar tu imaginación, Prufrock, 2008.

Fernández Mouján, O. (2011) *Creación como cura*, Psimática.

Frank, A. (1942-1944) *Diario de Ana Frank*, Buenos Aires: Lea, 2015.

Frankl, V. El hombre doliente: fundamentos antropológicos de la psicoterapia, Barcelona: Herder, 1987.

— El hombre en busca de sentido, Barcelona: Herder, 1987.

— El hombre en busca de su destino, Barcelona: Herder, 1987.

Freeman, J.; Epston, D.; Lobovits, D. *Terapia narrativa para niños*, Barcelona: Paidós, 2001.

Freud, A. *El psicoanálisis infantil y la clínica*, Buenos Aires: Paidós, 1977.

— Normalidad y patología en la niñez, Buenos Aires: Paidós, 1993.

Freud, S. *Obras completas*, traducción López Ballesteros, Madrid: Biblioteca Nueva, 1981.

Fromm, E. *El arte de amar*, México: Paidós, 2011.

— *Miedo a la libertad*, México: Paidós, 2014.

Fux, M. (1998) *Danzaterapia. Fragmentos de vida*, Argentina: Lumen.

— *Danzar con María*. Disponible en YouTube.

— (2001) Después de la caída ¡Continúo con la Danzaterapia!, Argentina: Lumen.

— (2004) *¿Qué es la Danzaterapia?*, Argentina: Lumen.

— (2006) Biografía danzada, después de los 80, ¿qué? Disponible en YouTube.

— (2007) *Ser danzaterapeuta hoy*, Argentina: Lumen.

Gamero, A. "El arte como curación", 13/3/2014, artículo de internet.

Gardner, H. *Mentes creativas*, Barcelona: Paidós, 1995.

Gilligan, S. *Trance generativo*, Rigden Institut Gestalt, 2016.

Goleman D. La inteligencia emocional: por qué es más importante que el coeficiente intelectual, B de bolsillo, 2013.

Grotberg, E. *La resiliencia en el mundo de hoy*, Barcelona: Gedisa, 2006.

Guilford, JP. "Inteligencia, creatividad y sus implicaciones educativas", Robert R. Knapp, 1968.

Gutiérrez Fontaines, M. "Aproximación al arteterapia desde una escucha psicoanalítica", *Fort-da Revista de Psicoanálisis con Niños*, N° 9, 12/2006. Disponible: <fort-da.org>.

Hammer, EF. *Tests proyectivos gráficos*, Buenos Aires-México: Paidós, 2004.

Hermanos Grimm: *Cuentos de hadas*, Alma, 2019.

Instituto Estatal de la Mujeres, Nuevo León. Ley General de Acceso de las Mujeres a una Vida Libre de Violencia. Portal del Estado de Nuevo León, México. Disponible: <www.nl.gob.mx>.

Jiménez Lama, MR. "Transformar y reconstruir a través de los procesos creadores", Universidad de Granada, 2015.

Jung, CG. Arquetipos e inconsciente colectivo, Paidós, 2013.

— El hombre y sus símbolos, Paidós, 2017.

— Las relaciones entre el yo y el inconsciente, Paidós, 2012.

— Recuerdos, sueños y pensamientos, Seix Barral, 2010.

Kasof, J. "Atribución y creatividad", *Encyclopedia of Creativity*, Vol. 1, San Diego: Academic Press, 1995.

Laplanche, J.; Pontalis, JB. *Diccionario de psicoanálisis*, Barcelona: Labor, 1981.

Ley N° 26.485 de Protección Integral a las Mujeres para prevenir, sancionar y erradicar la violencia contra las mujeres en los ámbitos en que desarrollen sus relaciones interpersonales, promulgada 1/4/2009. Ministerio de Justicia de la Nación Argentina. Disponible: <www.jus.gob.ar>.

López Fernández-Cao, M. Breve historia de la arteterapia, s/f.

— (2011) Memoria, ausencia e identidad. El arte como terapia, Madrid: Eneida.

López, MC. (2010) Abuso sexual. Cómo prevenirlo, cómo detectarlo, Buenos Aires: Paidós.

— (2013) "Consideraciones a tener en cuenta en el relato testimonial de los/as niñas y niños presuntas víctimas de delitos sexuales", Buenos Aires, Cuaderno Jurídico Familia, UCA, El Derecho.

— (2013) La búsqueda de la espada mágica: historia real de un largo silencio, Nueva versión actualizada. Buenos Aires: Maipue.

— (2014) Los juegos en la detección del abuso sexual infantil, Buenos Aires: Maipue.

— (2017) "Crónicas de revinculaciones forzadas. La desprotección de los niños víctimas de incesto", *Revista Serie Victimología N° 20: Violencia familiar, protección niños víctimas*; dirigida por Hilda Marchiori. Córdoba, Argentina. Encuentro, Brujas.

— (2017) La entrevista psicológica a niñas y niños víctimas de abusos sexuales, Buenos Aires: Maipue.

— (2018) *El Imperio Azul*, Buenos Aires: Maipue.

—(2018) *El secreto de Suri*, Buenos Aires: Maipue.

—(2018) *Margarita, Trébol y… ¡Puaj!*, Buenos Aires: Maipue.

- (2019) El palacio de los tribunales y el secreto de la cámara Gesell, Maipue: Buenos Aires.

—(2019) Terapia del juego con muñecos en el abuso sexual, Maipue: Buenos Aires.

—(2020) Filomena la grillita y el Coronavirus, Buenos Aires.

López, MC.; Alarcón R. (2010) "Los dibujos de un niño abusado sexualmente", en *Violencia familiar y abuso sexual*, Perú: Unifé.

López, MC.; Müller, MB. (2011) *Los dibujos en el abuso sexual infantil*, Buenos Aires: Maipue.

—(2013) Madres de hierro. Las madres en el abuso sexual infantil, Buenos Aires: Maipue.

—(2018) Prevención del abuso sexual en la infancia: guía docente, Maipue: Buenos Aires.

—(2019) Bullying, ciberbullying, grooming y sexting: guía de prevención, Buenos Aires: Maipue.

Malchiodi, C. "7 técnicas de collages, mandalas", s/f, artículo de internet.

Malpartida, D. (2010) *Psicoterapia psicoanalítica a través del arte*, Buenos Aires: Noveduc.

Manterola Acle, C. "Los mandalas. ¿Qué son y qué significan sus formas y colores?", 2014. Disponible: <guioteca.com>.

"Manual de diferenciación entre artesanía y manualidad", FONART (Fondo Nacional para el Fomento de las Artesanías, de México), (2014).

Marrodán, JLG. (2013) Construyendo puentes: la técnica de la caja de arena, Desclée De Brouwer.

—(2017) La armonía relacional: aplicaciones de la caja de arena a la traumaterapia, Desclée De Brouwer.

Martínez, D. "Danzaterapia, María Fux y un cambio de mirada sobre la discapacidad", reportaje de *Diario La Izquierda*, 9/9/2016.

Maslow, A. (2005) *La personalidad creadora*, España: Kairós.

Mednick, S. "La base asociativa de la creatividad", *Psychological Review* N° 69, 1962.

Melgar, A. "La búsqueda en la vida se nutre de dudas", entrevista a María Fux, *Pagina/12*, 20/10/2004.

Mercado, P. "Escritura y vida. Apuntes para un quehacer en arteterapia", *Arteterapia, proceso creativo y transformación*, N° 2, julio de 2018.

Moccio, F. *Hacia la creatividad*, Lugar, 1991.

—Taller de terapias expresivas, Paidós, 1980.

Moreno, JL. *Psicodrama*, Paidós, 1977.

Nure, S.; Moreno, MC. (2012) *Arte, juego y creatividad*, Madrid: Eneida.

Osborn, AF. Despierta tu mente: 101 maneras de desarrollar la creatividad, Nueva York: Scribners, 1952.

—*Imaginación aplicada*, Nueva York: Scribners, 1954.

Parada, MP. "El arteterapia como puente de comunicación con un adolescente", monografía para optar al postítulo de Terapias de Arte, Mención Arteterapia, Facultad de Artes, Escuela de Postgrado, Universidad de Chile, 2015.

Perls, F. *Dentro y fuera del tarro de basura*, Santiago de Chile: Cuatro Vientos, 1969.

—*Sueños y existencia*, Santiago de Chile: Cuatro Vientos, 1974.

"Por qué necesitas escribir un diario y cómo hacerlo eficazmente". Disponible: <psicopedia.org>.

Pupo, M. "La fotografía como arteterapia", *El Universal*, 9/7/2019.

Ramos, A. "Arteterapia y adolescencia", Universidad Politécnica de Valencia, 2015.

Rivera de Valencia, A. "Arteterapia, un enfoque psicoanalítico", estudio realizado en el Programa Hospital de Día del Centro de Atención Integral en Salud mental de Instituto Guatemalteco de Seguridad Social; USAC (Universidad San Carlos de Guatemala), tesis de licenciatura, 2017.

Rivière, EP. *El proceso creador*, Buenos Aires: Nueva Visión, 1987.

Robles, M. "Escrituroterapia y arteterapia", 2015. Disponible: <arteterapiamario-robles.com>.

Rodulfo, R. (1997) *La problemática del síntoma*, Buenos Aires: Paidós.

Rogers, C. Psicoterapia centrada en el cliente, Barcelona: Paidós, 1997.

Sánchez Alonso, F. "El diario íntimo: Técnicas de retoque con el Photoshop literario", artículo de internet.

Sánchez, AL.; Moreno, FP.; Castro, CM.; Tendero, FC.; Raya Moles, JA.; Jiménez, JR. "Catástrofes: definición, epidemiología, clasificación y principios de tratamiento" en R. Ceballos Atienza, R. *Catástrofes sanitarias y atención a múltiples víctimas, organización y logística*, España: Formación Alcalá, 2018.

Sánchez, MV.; Fernández, Á. "La técnica terapéutica: La caja de arena", Madrid, Grupo Laberinto, 7/8/2015. Disponible: <grupolaberinto.es>.

Sánchez Sánchez, YC. "17 dinámicas de arteterapia para niños y adultos, psicología educativa". Disponible: <lifeder.com>.

Shell, MC. *Títeres, sombras y marionetas*, edición de la autora.

Sierra Puparelli, V. (1992) *La fotografía en el aula*, Akal.

Stevens, JO. "Comunicación interior", "Comunicación con otros", "Viajes imaginarios", "Pares", "Parejas", "Actividades en grupo", *El darse cuenta. Sentir, imaginar y vivenciar. Ejercicios y experiencias en Gestalt*, Santiago de Chile: Cuatro Vientos, 1976.

Teatro de títeres", EcuRed. Disponible: <ecured.cu>.

"Titirología: recopilación sobre historia, técnicas, personajes importantes y todo lo que tenga que ver con el mundo de los títeres", 26/10/12. Disponible: <titirologia.blogspot.com>.

Toro, R. *Biodanza*, Santiago de Chile: Cuarto Propio, 2008.

Torrance, P. "Pruebas de Torrance del pensamiento creativo", *Journal of Creative Behavior*, N° 6, 1974.

Urrutia, AI. "Cómo escribir un cuento de Navidad", 8/12/2015. Disponible: <tiptapp.com.mx>.

Van Gundy, AB. 101 actividades para enseñar creatividad y resolución de problemas, San Francisco, 2005.

—Técnicas de resolución estructurada de problemas, Nueva York, 1988.

Vilaseca, G. Intervenciones del coordinador en psicodrama", 18/3/2011, artículo de internet.

"Violencia y salud mental", Universidad Veracruzana, Facultad de Psicología, Veracruz, México. Disponible: <www.uv.mx>.

Wagensberg, J. Teoría de la creatividad: eclosión, gloria y miseria de las ideas, Barcelona: Tusquets, 2017.

Wehr, G. Carl Gustav Jung. Su vida, su obra, su influencia, Buenos Aires: Paidós, 1991.

Winnicott, D. Los procesos de maduración y el ambiente facilitador. Estudio para una teoría del desarrollo emocional, Buenos Aires: Paidós, 1971.

—*Realidad y juego*, Buenos Aires: Granica, 1972.

Wolf, N. "Antonio Pujía: una vida modelada", entrevista a Antonio Pujía, *Revista MUTT*, 6/3/2017.

Zacharías, MP. "Metáforas cuerpo a cuerpo", entrevista a Leo Vinci, *El Cronista Comercial*, 26/1/2012.

Made in the USA
Monee, IL
19 October 2026

66035249R00177